동상으로 만난
이병철·정주영·박태준

동상으로 만난
이병철·정주영·박태준

"아마존이 별건가?"
삼성·현대·포스코 창업주 3인의 이야기

이상도 지음

좋은땅

들어가는 말

50년 전 한국에서 탄생한 혁신 기업가 이병철 · 정주영 · 박태준

　2021년 7월 현재 세계에서 가장 혁신적인 사업가, 모험적 기업인이 누구냐고 묻는다면 아마존의 창업자 '제프 베조스'를 꼽는 사람이 많을 것이다. 아마존은 세계에서 가장 큰 온라인 상거래 기업으로 실리콘 밸리의 블랙홀이라 불린다. 기업 중에는 혁신적이고 유능한 창업자였던 '스티브 잡스'가 사망했음에도 여전히 애플을 꼽는 사람이 많다.

　미국 싱크탱크 '정책연구소(IPS)'가 3월 공개한 전 세계 억만장자 1위는 아마존 최고경영자 제프 베조스다. 2020년 베조스의 재산은 1780억 달러, 한화로 약 201조 원이다. 2위는 프랑스 루이뷔통모에헤네시(LVMH) 그룹의 베르나르 아르노와 그 가족으로 1626억 달러, 3위는 테슬라 최고경영자 일론 머스크로 1621억 달러, 4위는 마이크로소프트의 빌 게이츠로 1265억 달러, 5위는 페이스북 최고경영자 마크 저커버그로 1017억 달러였다. 부자 순위에서 알 수 있듯이 제프 베조스 외에도 금고에 수백억 달러를 쌓아놓고 있는 슈퍼 갑부는 많다. 그런데도 그를 최고의 혁신가로 꼽는 이유는 사업을 일구면서 보여 준 혁신, 그리고 현재를 넘어 미래 세대를 위한 사업에 투자하고 있기 때문이다. 아마존으로 돈을 번 베조스는 다음 세대를 위한 우주 개발을 하고 있다. 베조스는 2000

년 항공우주산업 기업 '블루 오리진'을 설립했다. 베조스는 평소 "달과 화성에 식민지를 만들 인프라 구축은 우리 세대에서 시작해야 한다."고 강조한다. 또 베조스는 새 원자력 기술인 핵융합을 통해 청정하고 안전한 미래 에너지원을 얻으려고 한다. 그가 투자한 캐나다의 제너럴퓨전은 2025년까지 영국에 핵융합발전소를 세울 계획이다.

우리는 한국에 이런 혁신적인 사업가가 없음을, 미래 세대를 위해 꿈을 꾸는 사람이 없음을 자주 한탄한다. 그러면서 한국에서 이런 기업가들이 나오기 어려울 것이라고 이야기한다. 과연 그런가? 돌이켜 보면 우리나라에도 그를 능가하는 혁신적인 기업가들이 있었다.

2020년 하반기 기업과 언론 등에서 일하는 지인들에게 "동상을 소재로 한국 경제를 일으킨 기업가에 관한 이야기를 쓰려고 한다."며 조언을 구했다. 여러 지인들이 공통으로 추천한 기업가가 바로 이병철 · 정주영 · 박태준 세 사람이었다. 한국에도 경제를 일군 많은 기업인이 있고, 지금도 금고에 수백억 원, 수천억 원을 쌓아 둔 부자들이 있다. 그럼 왜 여러 지인들이 이병철 · 정주영 · 박태준을 한국 최고의 기업인으로 추천했을까? 의견을 종합하면 세 사람은 모두 무(無)에서 유(有)를 만들어 냈다. 이들은 다른 기업을 인수하기보다 스스로 회사를 세웠다. 1967년 정주영은 현대자동차, 1968년 박태준은 포스코, 1969년 이병철은 삼성전자를 창업했다. 또 이들은 자신이 세운 기업을 세계적 초일류 회사로 성장시켰다. 이병철은 반도체 왕국의 창업자, 정주영은 한국 자동차와 조선 산업의 개척자며, 박태준은 철강왕이다. 현대자동차그룹은 현재 한국 1위, 세계 5위권의 자동차 회사다. 포스코는 세계 5위의 철강사, 삼성전자는 세계 메모리 반도체 시장에서 부동의 1위를 질주하고 있다.

5

그러나 그것만으로는 부족했다. 이들은 남들과 뭐가 달랐을까? 지난 1년은 그 답을 찾는 시간이었다. 동상이 세워진 현장을 찾고 그들이 남긴 자서전, 그리고 그들의 이야기를 쓴 수많은 책을 읽으면서 어렴풋이 그 실체를 확인할 수 있었다. 세 사람은 시대를 앞서간 혁신적인 기업가, 그리고 자신이 가진 것을 나눌 줄 아는 사람이었다. 이들은 선비, 농민, 공인, 상인 순으로 직업의 귀천을 따지는 사농공상(士農工商) 신분 질서에 맞섰던 선각자였다. 성리학적 사고가 판쳤던 조선조 후기부터 나라가 망할 때까지 조선 땅에서는 부국강병이라는 말을 찾아보기 힘들었다. 조선의 왕과 사대부들은 임진왜란과 병자호란으로 나라가 망할 뻔한 위기를 겪고도 나라를 부강하게 만들거나 군대를 양성하려는 노력을 제대로 기울이지 않았다. 어쩌면 주자학적 세계관에 사로잡힌 일부 양반이나 왕들에게 부국강병은 그다지 중요한 일이 아니었을 것이다. 그들 입장에서는 중국에 조공을 바치고 생존을 도모하는 게 더 나았다. 이런 퇴행이 백성을 도탄에 빠지게 했고 조선의 멸망을 불러왔다. 이병철·정주영·박태준은 이런 강고한 주자학적 세계관을 거부하고 물건을 만드는 공인이자, 장사하는 상인으로서 세계에 진출했다. 세 사람이 앞장서면서 우리나라는 세계 10위권의 경제 대국으로 성장할 수 있었다.

그렇다고 해서 이들이 유학적 세계관을 완전히 버린 것은 아니었다. 어릴 적 할아버지가 세운 서당에서 유학의 가르침을 배운 이병철과 정주영, 유학의 한 갈래인 양명학적 사고에 감화된 박태준은 덕과 효를 사회에 알리고, 공인(公人)의 자세로 자신이 일군 재산을 사회와 나눌 줄 알았다. 이병철은 오래전 재산을 삼등분해 삼성문화재단을 만들었다. 이를 통해 교육과 문화 사업을 벌였고, 평생 수집한 미술품을 사회에 내놓았다. 정주영은 1970년대 한국 1위 기업이었던 현대건설의 자기 몫을 뚝

떼어 사회공헌을 위한 아산사회복지재단을 만들었다. 포스코 창업자 박태준은 포스코 주식을 한 주도 가져가지 않았고, 철강업계의 노벨상이라 불리는 베서머상 상금 전액을 포스코청암재단에 기부했다.

세 사람은 교육을 통해 미래의 인재를 키웠다. 이병철은 대구대를 인수해 오늘날 영남대의 기반을 닦았고, 성균관대를 인수해 수원 자연과학 캠퍼스를 조성함으로써 현재의 성균관대로 발전하는 데 기여했다. 정주영은 울산대와 울산과학대, 중 · 고교 등 8개 학교를 설립했다. 박태준은 연구중심대학 포스텍을 비롯해 포항과 광양, 인천에 유치원과 중 · 고교 등 모두 14개 학교를 설립했다. 특히 학교를 설립 · 운영하면서 국가의 지원을 받지 않았다. 포스코가 현재 운영하는 학교는 포스텍을 포함해 모두 13개다.

동시에 이들은 나라를 사랑한 사람들이었다. 이병철은 일제의 식민지배가 시작되던 1910년, 정주영은 5년 후인 1915년, 박태준은 식민지배 중반기인 1927년 태어났다. 세 사람은 식민 통치와 남북 분단, 전쟁과 빈곤으로 얼룩진 우리 현대사의 비극을 몸으로 겪었다. 이들이 헤쳐 나온 시대를 보면 국가의 도움을 받은 게 없다고 생각할 수도 있다. 그러나 이병철은 사업보국(事業報國), 박태준은 제철보국(製鐵報國)을 외쳤다. 보국(報國)이란 나라의 은혜를 갚고 나라에 충성을 다한다는 뜻이다. 정주영은 애국애족(愛國愛族)을 강조했다. 그러면서 세 사람은 보국과 애국애족을 행동으로 실천했다. 1962년 세계적 공업단지로 발전하게 되는 울산공업단지의 밑그림을 그린 사람은 이병철이었다. 한국을 세계에 알린 1988년 서울올림픽 유치의 주인공은 정주영이었고, 1997~1998년 IMF 외환위기 때 일본 최고위층을 움직여 한국이 위기를 벗어나는 데 결정적인 역할을 한 사람은 박태준이었다. 세 사람을 이야기하면서 빼놓을 수 없는 사람이 대통령 박정희다. 박정희는 재임 기간 중 정주영과 43회, 박태준과 39회 면담했다. 박정희와 정주영의 만남으로 경부고속도로, 현대중공업이 탄생했고, 박정희와 박태준의 만남으로 포스코가 한국에 건설됐다. 1961년 5·16 직후 최고 권력자 박정희에게 외자도입과 시장경제를 역설한 이병철은 한때 박정희의 경제 교사나 마찬가지였다. 1969년 박정희는 기존 업계의 반발에도 불구하고 이병철의 삼성전자 설립 요청을 수용했다.

38년 전인 1983년 삼성의 이병철은 반도체 산업에 진출하면서 반도체의 중요성을 이렇게 강조했다. "반도체 자체는 제철이나 쌀과 같은 것이어서 반도체 없는 나라는 고등기술의 발전이 있을 수 없습니다. 국가경쟁력을 확보하기 위해서는 피나는 반도체 개발 전쟁에 참여해야만 합니다. 이런 반도체를 외국에서만 수입하면 모든 산업의 예속화를 면할 수 없고 상대국과의 제품경쟁으로 반도체 공급을 중단하면 하루아침에 문을 닫아야 하는 지경을 당하게 됩니다." 2021년 4월 12일 미국의 조 바이든 대통령은 삼성전자를 비롯한 글로벌 반도체·IT·자동차 기업 경영진이 참석한 가운데 미국 현지 생산 중심의 반도체 전쟁을 선포했다. "내가 여기에 있는 것은 우리가 어떻게 미국 내 반도체 산업을 강화할 것인지 말하기 위한 것이다. 당신들이 어떻게 어디에 투자하느냐에 달려 있다." 2021년 봄, 바이든의 반도체 전쟁 선언을 들으면서 "반도체 없는 나라는 고등기술의 발전이 있을 수 없다."는 38년 전 이병철의 말을 떠올리게 된다.

지난해부터 시작된 코로나19 팬데믹으로 한국 사회는 많은 어려움을 겪고 있다. 그러나 우리는 1997년 외환위기도, 2008년 금융위기도 극복했다. IMF 외환위기 때 국민은 나라를 위해 기꺼이 금반지를 들고나왔다. 사회의 화합이 중요했다는 뜻이다. 정치적 혼란이 계속되거나 시장주의가 흔들릴 때 경제는 어려워지고 국민의 삶은 도탄에 빠졌다. 과거 경제를 발전시키고 수많은 위기를 극복하는 과정에서 애국적인 기업인들의 노력이 있었다는 점을 되돌아봐야 한다. 2021년 상반기 삼성전자 주주는 국민 열 명 가운데 한 명꼴인 5백만 명이다. 삼성전자 주주 5백만 명은 삼성전자가 더 이상 개인회사가 아니라는 걸 의미한다. 삼성전자 주식이 오르면 국민은 더 부자가 된다. 이병철이 사업을 시작한 동기이자 이루고 싶었던 꿈인 사업보국은 삼성전자를 통해 실현되고 있는 셈이다.

지난 1년간 전국에 있는 이병철·정주영·박태준의 동상과 조형물을 찾았다. 이병철의 전신 동상은 서울과 대구, 용인에 각 1개가 있고, 서울에 흉상 1개가 있다. 정주영의 흉상은 서울과 울산에 각 3개, 서산에 1개가 있다. 박태준 동상은 광양에 1개, 그리고 포항에 조각상 2개가 있다. 이들 작품 외에도 이들의 역상 조형물과 두상이 전국 여러 곳에 있다.

1년간 이들의 상(像)을 찾으면서 흥미로운 사실을 발견했다. 전국에 있는 정주영 흉상 6개는 정면이 아닌 살짝 왼쪽을 바라보고 있다. 흉상의 시선에는 노동자와 사회의 그늘도 살펴야 한다는 정주영의 뜻이 숨어 있다. 대구 제일모직 공장 터에는 이병철의 동상이 세워져 있다. 하지만 동상이 있는 대구창조캠퍼스 내 제일모직 기숙사, 복원된 삼성상회 건물, 구 제일모직 본관은 5년째 정상적으로 문을 열지 않고 있다. 구속된 삼성의 총수 이재용 부회장과 관련해 정권 눈치보기 말고는 달리 해석할 길이 없다. 광양제철소 박태준 동상, 서울아산병원 정주영 흉상, 구미 박정희 대통령 동상의 작가는 홍익대 김영원 명예교수다. 그러나 광양제철소 박태준 동상과 서울아산병원 정주영 흉상 주변에는 김영원이란 이름이 없다. 작가의 흔적도 심지어 기록도 제대로 남아 있지 않았다. 포항에 있는 포스텍 박태준 조각상을 만든 중국인 작가는 당당히 조각상 정면과 후면에 사인과 낙관을 새겼다. 그런데 한국을 대표하는 기업가 정주영과 박태준의 상을 만든 작가는 이름도 흔적도 없다. 무언가 이상하지 않은가?

이병철은 1987년, 정주영은 2001년, 박태준은 2011년 사망했다. 올해는 이병철 34주기, 정주영 20주기, 박태준 10주기다. 아무쪼록 이 책이 우리 사회에서 경제인들의 역할을 되돌아보는 계기가 되기를 기대한다. 책을 쓰는 과정에서 이병철 자서전《호암자전》, 정주영 자서전《이 땅에 태어나서》,《시련은 있어도 실패는 없다》, 그리고 이대환이 쓴《박태준 평전》을 기본 자료로 사용했다. 이들의 자서전과 평전은 세 사람을 가장 객관적으로 알려 주는 좋은 기록들이다. 많은 부분을 원저에서 그대로 인용했다는 점을 미리 밝힌다. 이병철·정주영·박태준 세 사람은 태어난 순서대로 사망했고 이 책은 그 순서대로 그들의 일생을 따라갔다.

2021 여름
인왕산을 바라보며

목차

삼성 반도체 왕국의 창업자 호암 이병철

이병철
(1910~1987)

    삼성그룹 창업자이자 삼성그룹 초대 회장. 한국경제인연합회 전신인 한국경제인협회 초대 회장을 지냈다. 1910년 경상남도 의령에서 아버지 이찬우(李纘雨)와 어머니 권재림(權在林)의 2남 2녀 중 막내로 태어났다. 본관은 경주(慶州), 호는 호암(湖巖)이다. 할아버지가 세운 서당 문산정에서 공부하다 지수보통(초등)학교를 거쳐 서울 수송보통(초등)학교 3학년에 편입했다. 중동학교 4학년 때 일본으로 유학해 와세다대 정경학과에서 공부하다 2년 만에 그만뒀다. 1936년 마산에서 시작한 정미소가 첫 사업이었다. 1938년 오늘날 삼성그룹의 모태가 되는 삼성상회를 대구에서 창립했다. 이병철은 과일과 건어물을 만주와 중국에 팔고, 국수와 술을 만들어 대구와 경북 일대에 공급하면서 많은 돈을 벌었다. 1947년 서울로 온 이병철은 삼성물산공사를 설립해 무역업에 뛰어들었다. 6·25전쟁 휴전 직전인 1953년 우리나라 첫 산업자본인 제일제당, 그다음 해인 1954년 제일모직을 창업했다. 제일제당과 제일모직을 앞세운 이병철은 1950년대 한국 최고의 부자가 됐다. 이어 1969년 삼성전자를 만들고 1983년 반도체 진출을 선언함으로써 오늘날 세계의 초일류 기업이 된 삼성전자의 초석을 쌓았다. 삼성중공업과 삼성종합화학, 신라호텔과 신세계백화점, 중앙일보와 동양방송, 삼성생명과 삼성화재, 중앙개발과 삼성병원 등 소비재와 중화학공업, 언론, 금융업 등 거의 모든 사업을 영위했다. 성균관대학교를 인수해 운영하는 등 삼성 문화재단과 삼성 사회복지재단을 통해 교육, 문화, 복지, 장학 사업에도 기여했다. 수집벽이 있어 국보나 보물급의 각종 미술품을 수집했고 이를 바탕으로 호암미술관을 지었다. 3남인 이건희에게 그룹을 물려줬다. 2세인 이건희가 사망하면서 현재 3세인 이재용이 그룹을 이끌고 있다. 삼성그룹 외에 CJ, 신세계, 한솔그룹은 이병철의 직계 후손들이 운영하는 범삼성가 그룹이다. 중앙그룹도 이병철의 사돈인 홍진기가 중앙일보를 물려받아 만든 기업으로 이병철과 깊은 연관을 맺고 있다. 사망 1년 전인 1986년 1월 자신의 일생과 사업 내용을 쓴 자서전인 《호암자전》을 남겼다.

용인과 서울,
대구에서 만나는 이병철 상(像)

이병철 동상은 경기도 용인시 호암미술관, 서울 장충동 신라호텔, 대구 삼성창조캠퍼스에 전신상이 있다. 호암미술관 동상은 의자에 앉아 있는 전신 좌상이다. 1988년 1주기 추도식에 맞춰 호암미술관에 있는 이병철의 묘 옆에 조성됐으며 삼성그룹 전체를 대표하는 작품이다. 1990년 세운 신라호텔 동상은 신라호텔 임직원들이 신라호텔의 창업주인 이병철을 기려 만들었다. 대구상공회의소는 2010년 2월 이병철 탄생 100주년을 맞아 옛 제일모직 공장 터인 대구 삼성창조캠퍼스(침산동)에 이병철 청동 입상을 세웠다. 경주이씨 중앙화수회관(서울 종로구 혜화로 35) 입구에는 이병철 흉상이 있다. 흉상은 1968년부터 1987년까지 화수회 총재를 지낸 이병철의 공적을 기려 세웠다. 이밖에 서울 중구 쌍림동 CJ제일제당 본사 1층 로비에는 이병철의 홀로그램 흉상이 있다. 장손자인 CJ그룹 이재현 회장이 할아버지의 유지를 받들기 위해 만들었다. 이 작품은 미디어아트 영상물로 동상은 아니다.

삼성의 정신적 고향 대구
이병철 동상

겨울 추위가 조금 누그러진 2021년 1월 말 대구를 찾았다. 해방 전인 1938년 이병철은 대구에서 오늘날 삼성그룹의 모태가 되는 삼성상회를 세웠다. 그래서 대구는 삼성이나 범삼성가에는 고향이자 정신적 지주 같은 곳이다. 이병철은 삼성상회를 통해 기업가로서의 기반을 구축했다.

이병철은 대구와 경북 일대에서 과일과 건어물을 사서 만주와 중국에 팔았고, 삼성상회 안에 국수공장을 만들어 별표국수란 브랜드로 대구와 경북에 공급했다. 이병철은 6·25전쟁 휴전 다음 해인 1954년에는 제일모직 공장을 대구에 세웠다. 제일모직은 1953년 부산에 세운 제일제당에 이어 이병철이 두 번째로 건설한 대규모 현대식 공장이다. 제일모직은 이병철을 1950년대 한국 제1의 부자로 만들었다. 아울러 이병철의 눈과 귀, 더 나아가 삼성의 두뇌 역할을 한 곳이다.

제일모직 대구공장은 이제 더 이상 옷감을 생산하지 않는다. 공장 앞을 지나는 도로는 이병철의 호를 따서 호암로(湖巖路)로 바뀌었지만 공장을 오가는 직원도, 국내와 해외로 물건을 실어 나르느라 바쁜 트럭도 없다. 제일모직 대구공장은 대구 삼성창조캠퍼스로 바뀌었다. 삼성창조캠퍼스는 벤처창업존, 문화벤처 융합존, 주민생활편의존, 삼성존으로 나뉘어 있다. 대구오페라하우스와 도로 하나를 두고 연결된 삼성창조캠퍼스는 대구 시민들이 문화를 즐기는 곳이자, 편안한 휴식 공간으로 탈바꿈했다. 캠퍼스 곳곳에는 유모차를 미는 엄마, 인라인 타는 아이들, 연인과 손을 잡고 차 한잔을 마시러 온 사람들로 북적인다. 캠퍼스 내 삼성존에는 이병철 동상, 삼성상회 복원 건물, 제일모직기념관이 자리 잡았다. 이병철 동상은 높이 230㎝의 청동 입상이다. 2010년 대구 상공계가 호암 탄생 100주년 기념행사의 하나로 만들었다. 호암 동상을 만지면 부자가 된다는 소문이 나면서 대구시티투어 프로그램에 참석한 외국인에게까지 인기를 누릴 정도로 명성을 얻었다.

대구 삼성창조캠퍼스 이병철 동상, 동상을 만지면 부자가 된다는 소문이 나면서 외국인에게까지 인기를 끌었다.

젊은 시절 이병철은 비싼 순모 양복을 입고 다닌다고 해서 순모선생이라 불렸다. 동상은 순모선생의 모습이 그대로 재현되어 있다. 와이셔츠에 넥타이를 맨 양복 정장 차림의 이병철이 오른쪽 발을 약간 앞으로 내밀고 사람들을 맞이하는 모습이다. 양손을 허리춤에서 자연스럽게 벌려 팔꿈치 중간쯤에서 자연스럽게 접었고, 손바닥은 손님들에게 어서 오라고 하는 듯이 모두 폈다. 얼굴에 둥근 안경을 썼고 머리는 단정히 빗어 가르마를 탔다. 동상 좌대에는 湖巖 李秉喆 會長像(호암 이병철 회장상)이라는 글씨가 새겨져 있다. 동상 뒤에는 석판 두 개가 병풍석에 부착되어 있다. 오른쪽 석판은 동상을 건립한 취지 및 동상을 세운 곳이 어디인지 알려 주는 내용이다.

호암 이병철 선생은

1910년 경남 의령에서 출생하여

일찍이 사업보국의 큰 뜻을 세우고

1938년 대구시 중구 인교동에 삼성상회를 설립하였다.

이것이 오늘날 세계적인 초일류기업 삼성의 모태이다.

선생은 사업보국, 인재제일, 합리추구의 철학을 가진 선구자로

모든 경제인의 귀감이다.

산업 전 분야에 걸쳐 탁월한 업적과 부국의 길을 닦은

선생의 뜻을 기리고 그 정신을 이어 가고자

탄생 100주년을 맞아 삼성의 발상지인 대구 시민의 뜻을 모아

선생의 동상을 모신다.

2010. 2. 12.

호암 탄생 백 주년 기념사업추진위원회

왼쪽 석판에 실린 내용은 1982년 이병철이 미국 보스턴대학에서 명예박사학위를 받을 때 한 연설이다. 석판을 읽다 보면 이병철의 경영관과 인생철학을 바로 알 수 있다. 이병철의 첫 번째 경영지표는 사업을 하고 기업을 키워 나라의 은혜를 갚는다는 사업보국이었다.

전 생애를 통한 나의 기업 활동에서

배우고 확인할 수 있었던 것은 기업의 존립 기반은 국가이며

따라서 기업은 국가와 사회발전에 기여해야 한다는 점이다.

그래서 나는 지난 40년간 사업보국을 주창해 왔다.

나는 인간사회에 있어서 최고의 미덕은 봉사라고 생각한다.

따라서 인간이 경영하는 기업의 사명도
의심할 여지 없이 국가 민족 그리고 인류에 대하여
봉사하는 것이어야 한다.

기업경영의 성과를 세금
현금 배당 등으로 분배하여 국가 운영의 기초를
풍부하게 하면서 기업 자체의 유지발전에 이바지하는 것이
기업의 사회적 봉사이다.

1982. 4. 2.
보스턴대 박사학위 기념 강연에서

　동상은 계명대 미대 출신 김규룡이 만들었다. 김규룡은 매일신문과의 인터뷰에서 이병철 동상을 만들면서 있었던 일화를 몇 가지 소개했다. 호암미술관에 설치된 이병철 좌상 등을 두루 둘러보고 동상 제작에 들어간 김규룡은 어느 날 다른 사람들에게 아무런 말도 하지 않고 사라졌다. 세계적인 기업가 이병철을 제대로 표현하기가 너무 힘들었다. 행사를 준비하던 공무원들은 갑자기 사라진 그를 찾느라 애를 태웠다. 김규룡은 안동댐에서 하염없이 강물만 바라보고, 거창 화강석 단지에서 돌들과 이야기를 나눴다. "동상은 얼굴 모양만 닮았다고 해서 되는 게 아니라 인품과 덕, 혼이 들어가 있어야 하지만 사진 자료가 그렇게 많지 않았다. 진취성, 사업으로 인류에 봉사하는 미덕, 인재를 사랑하는 호암의 인품을 나타낼 미소를 그려 넣을 수가 없었다." 돌아온 김규룡은 찰흙 덩어리와 마주 앉아 소주잔을 기울였다. 소주 한 병이 거의 비워졌을 때 호암의 미소 짓는 얼굴이 눈앞에 나타났다. 비로소 이병철의 얼굴을 만들기 시작

했다. "사업보국과 인재 양성의 정신을 품은 덕망 있는 기업가의 정신을 표정과 동작으로 담으려 했다. 시민 누구나 가까이 다가가 만질 수 있는 높이를 고려했고, 인재를 포용하는 넓은 마음을 두 팔 벌린 모습으로 표현했다."

굳게 닫힌 창조캠퍼스
이병철의 흔적들

제일모직 창립은 6·25전쟁 직후인 1954년 9월 15일이다. 67년의 세월이 지나면서 공장은 철거됐고 공장 자리에는 유일하게 굴뚝만 상징적으로 남아 있다. 하지만 삼성창조캠퍼스 곳곳에는 한때 이곳이 공장이었음을 알리는 오랜 세월의 흔적이 남아 있다. 이병철은 제일모직을 건설하면서 부지 여러 곳에 좋은 나무를 심었고 연못과 분수를 만드는 등 조경에 많은 관심을 기울였다. 그때 심은 나무들이 자라 아름드리 거목이 됐다. 본관과 천여 명의 여직원이 생활했던 기숙사 건물은 원형이 거의 그대로 보존되어 있다. 공장 건물 중 가장 먼저 완공한 제일모직 기숙사는 이병철이 특별히 신경을 써서 지은 건물이다. 진심(眞心), 선심(善心), 숙심(淑心)이라는 이름이 붙은 기숙사에는 최고급 목재인 일본산 히노키로 바닥을 깔았다. 당시 중역들은 기숙사 시설비가 너무 많이 든다고 불평했다. 그러나 이병철은 단호했다. "쾌적한 환경 속에서 일하면 작업능률도 반드시 오른다는 확신이 있다." 완공된 기숙사 방에는 보일러가 들어왔고 수세식 화장실이 있었다. 모두가 가난했던 시절, 수세식 화장실은 서울의 유명 호텔에서나 볼 수 있었다. 보일러가 있고 수세식 화장실이 있는 제일모직 기숙사는 제일대학이라는 별명이 붙었다. 1957

년 제일모직을 방문한 대통령 이승만은 깨끗하게 개조된 수세식 화장실을 보며 고개를 끄덕였다. 더 이상 순시를 할 필요가 없었다.

진심(眞心), 선심(善心), 숙심(淑心)이라는 이름이 붙었던 제일모직 기숙사, 카페와 공방만 문을 열고 있고 대부분 공간은 문이 잠겨 있다.

현재 기숙사는 깔끔하게 리모델링을 마쳤다. 2층으로 된 붉은 벽돌 건물은 담쟁이덩굴이 벽을 전부 감싸고 있어 수십 년 세월의 흔적이 느껴진다. 정면 입구는 2층까지 통유리로 바뀌 시원하고 현대적이다. 외관은 근대, 내부는 현대적 느낌이 물씬 풍긴다. 제일모직 기숙사를 봤더니 갑자기 2020년 2월 방문했던 일본 요코하마 아카렌가(赤レンガ) 창고가 떠오른다. 아카렌가는 붉은 벽돌이라는 뜻이다. 다이쇼 시대(大正時代)인 1911년 일본 정부의 보세 창고로 세워진 두 동의 붉은 벽돌 건물은 일본 최초의 근대적 항만시설 중 일부다. 이곳은 복원공사를 거쳐 2002년 역

동상으로 만난 이병철·정주영·박태준

사적 건조물이자 쇼핑몰과 레스토랑, 공연장 등을 갖춘 문화상업시설로 새롭게 문을 열었다. 1·2층은 신진 예술가를 위한 공간이 들어섰다. 현장에서 본 아카렌가 창고에는 젊은 예술가들이 직접 만든 아트 제품, 가죽공방 제품, 디자인 제품 등 아기자기하고 특색 있는 제품이 많았다. 아카렌가는 일본인과 일본을 찾는 외국인들도 자주 방문하는 유명 관광지 겸 쇼핑센터로 탈바꿈했고 이색적인 외관으로 영화나 드라마 촬영지로도 인기가 높다. 제일모직 기숙사 건물도 외관과 역사성으로 볼 때 개관만 하면 대구를 대표하는 핫 플레이스이자 관광지로써 상당한 인기를 끌 것 같다.

2020년 2월 축제가 열리고 있는 아카렌가 창고 거리, 붉은색 벽돌 건물이 일본 요코하마 아카렌가 창고. 창고 안은 리모델링을 통해 쇼핑 및 음식점이 됐고 아카렌가 일대는 문화의 거리로 탈바꿈했다.

하지만 아쉽게도 카페와 공방 등 일부를 제외하고 기숙사 문은 굳게 닫혀 있다. 기숙사뿐이 아니다. 제일모직기념관(구 제일모직 본관), 그

1장 삼성 반도체 왕국의 창업자 호암 이병철

리고 이병철이 대구에서 처음 설립한 회사인 삼성상회 복원 건물도 문이 닫혀 있다. 제일모직기념관과 삼성상회 가림막 뒤에는 〈내부 공사 중〉이라는 안내문만 큼지막하게 붙어 있다. 제일모직기념관과 기숙사 내부를 향해 사진을 찍자 경비요원들이 즉각 달려와 신분을 캐묻는다. 사실 창조캠퍼스 어디에서도 공사를 하는 곳은 없다. 대구 삼성창조캠퍼스는 사실상 2017년에 완공됐다. 이미 수년 전에 공사가 끝난 삼성창조캠퍼스는 삼성전자 부회장 이재용의 구속과 재판에 따른 정권 눈치보기 등 정치·사법적 이유로 5년간 문을 열지 못하고 있을 뿐이다.

순모선생과
국산 양복의 꿈

해방 직후 서울에 있는 내로라하는 실력자들은 홍콩이나 마카오에서 수입된 영국산 양복지(洋服地)로 순모 양복을 지어 입었다. 그래서 말쑥한 양복을 입고 다니는 사람을 이른바 마카오 신사라고 불렀다. 하지만 양복지는 대부분 밀수품이었다. 국내에서 제대로 된 모직물을 생산할 수 있는 곳은 없었다. 대량의 밀수품이 돌아다녔지만 정부는 적극적으로 단속하지 않았다. 영국산 모직 제품으로 지은 양복 정장은 당시 웬만한 봉급생활자 월급의 석 달분이 넘는 6만 환에 달할 정도로 비쌌다. 2019년 근로자 평균 연봉은 약 3천 700만 원, 월급으로 따지면 308만 원이다. 즉, 영국산 모직으로 지은 양복은 현재 가치로 대충 계산해도 9백만 원이나 되는 비싼 옷이었다. 카페 여종업원들은 이런 고급 순모 양복을 늘 입고 다닌다고 해서 이병철을 '순모선생'이라고 불렀다. 이병철은 영국산 순모 양복지를 국내에서 생산하기로 했다. 모직 대체를 사업 아이템으로 정한 이병철은 제사, 염색, 가공 등 공정별로 전문화된 유럽과 달리 이들 공정을 하나로 묶은 일관 공정 방식으로 공장을 짓고 3년 안에 제대로 된 모직(毛織) 제품을 내놓겠다고 말했다.

이병철 동상과 구 제일모직 공장 굴뚝. 공장 굴뚝이 이곳이 한때 공장이었음을 알려 주고 있다. 왼쪽은 복원한 삼성상회 건물이다.

그러나 당시 한국의 기술은 모직 제품을 자체 생산할 수준이 아니었다. 4백 년 전통을 가진 영국 모직과 경쟁한다는 발상부터가 어리석다는 비난이 여기저기서 쏟아졌다. 심지어 미국 모직업체 파이팅사 임원은 "만약 그렇게 되면 내가 하늘을 날아 보겠다."라고 비꼬았다. 그런 말을 뒤로 하고 이병철은 대구시 북구 침산동에 7만 평 부지를 확보하고 공장 건설을 시작했다. 분지인 대구는 사계절의 온도교차(溫度較差) 즉, 여름에는 아주 덥고 겨울에는 추운 곳이었다. 모직 공장은 옷감의 특성상 온도, 습도, 수질이 중요하다. 이병철은 공장 안의 온도와 습도를 맞추기 위해 물은 배관을 묻어 수 킬로미터나 떨어진 곳에서 끌어왔다. 기계는 당시 최고의 설비였던 독일 스핀바우사의 기계를 수입했다. 대신 이병철은 스핀바우사의 도움을 최소한만 받기로 했다. 스핀바우사는 60명의 기술진 파견을 제안했지만, 이병철은 제사와 염색, 가공, 공조 분야 기술진 4명을 제외한 나머지는 자력으로 해결하겠다며 거부했다.

1956년 3월 무사히 공사가 끝났고 5월 제품이 시장에 나왔다. 제일모직은 해방 후 우리나라에서 건설된 단일공장으로는 최대 규모였다. 제일모직이 양복지를 생산하자 6만 환이었던 양복 한 벌의 가격은 만 2천 환으로 떨어졌다. 1957년 10월 26일, 공장을 찾은 이승만 대통령은 의피창생(依被蒼生)이라는 휘호를 선물하며 격려했다. 의피창생은 옷이 새로운 삶을 만든다는 뜻이다. "애국적 사업이야. 이처럼 자랑스러운 공장을 세워 주어서 감사해. 제일모직의 노력으로 온 국민이 좋은 국산 양복을 입게 되었구먼." 이병철은 이 휘호를 집무실인 제일모직 사장실에 걸었다. 제일모직은 제품 생산 2년 후인 1958년 첫 흑자를 기록했다.

1954년 이병철이 제일모직을 설립한 후 섬유산업은 급속도로 발전하면서 한국의 주력 산업으로 성장했다. 1970년 섬유산업 종업원 수는 20만 7천 명을 돌파해 전체 제조업 종사자의 24%를 차지했고, 1987년에는 단일산업 최초로 100억 달러 수출을 달성했다. 2020년 현재 한국 섬유패션산업은 30만 개 기업이 80만 명의 고용을 책임지고 있다. 이병철은 《호암자전》에 모직 사업에 뛰어든 이유를 이렇게 밝혔다. "당시 모직은 시대적 요청이었던 수입대체산업으로써 초미의 급선무였다. 외제에 못지않은 값싸고 질이 좋은 복지를 생산하여 국민 모두가 손쉽게 양복을 입게 됐으면 하는 소망에서 나온 것이 모직 공장 건설이다."

역사의 뒤안길로
사라진 제일모직

이병철은 1954년 제일모직 사장, 1962년 제일모직 회장으로 취임했다. 그만큼 이병철의 애착이 컸다. 제일모직은 설립은 제일제당보다 1년 늦었지만 삼성그룹 내에서의 위상은 현재의 삼성전자와 비견될 정도로 대단했다. 제일모직은 1970년대 우리나라 경제가 중화학공업 단계로 도약하자 화학섬유, 석유화학 분야에 진출함으로써 사업 영역은 최초 모직에서 패션, 케미컬(화학), 소재사업으로 확장됐다. 제일모직은 삼성의 인재 사관학교였다. 이학수 전 삼성 구조조정본부장, 김징완 전 삼성중공업 부회장, 이상현 전 삼성전자 사장 등 제일모직 출신들이 곳곳에서 삼성그룹을 이끌었다.

구 제일모직 본관, 현재는 제일모직기념관(미개관)으로 바뀌었다. 1957년 제일모직을 방문한 이승만 대통령은 의피창생(依被蒼生/옷이 새로운 삶을 만든다)이라는 휘호를 써서 이병철에게 줬고 이병철은 그 휘호를 자신의 집무실에 걸었다.

1장 삼성 반도체 왕국의 창업자 호암 이병철

2010년대 중반 제일모직은 삼성그룹 3세 경영권 승계의 핵심 회사였다. 2014년 제일모직 패션 분야는 삼성에버랜드, 나머지 화학소재 분야는 삼성SDI로 각각 이관됐다. 삼성에버랜드는 회사명을 제일모직으로 변경하고 2015년 9월 1일 삼성물산과 합병했다. 합병 회사명은 삼성물산으로 정했다. 해방 후 대구에서 사업을 하던 이병철이 서울로 근거지를 옮긴 후 설립한 첫 회사가 삼성물산이다. 1948년 11월, 이병철은 종로 2가 영보빌딩 2층에 '삼성물산공사' 간판을 달고 무역업을 시작했다. 삼성전자 이재용 부회장이 합병회사 이름을 삼성물산으로 정한 건 어떤 의미가 있었을까? 창업주인 할아버지 이병철의 뜻을 잇겠다는 마음으로 그렇게 한 것은 아닌지 궁금해진다.

이병철의 사업 밑천
연수 3백 석의 현재 가치는?

이병철이 첫 사업은 마산에서 시작한 정미소였다. "사업에 도전하고 싶다."라고 하자 아버지 이찬우는 "너의 몫으로 연수 3백 석의 재산을 나눠 주려던 참이다."라며 이병철에게 사업 밑천을 줬다. 이병철이 아버지에게 받은 연수 3백 석의 재산은 적지 않은 금액이었다. 하지만 이병철이 보기에 사업자금으로는 충분하지는 않았다. "먹고 살기에는 넉넉하나, 그렇다고 사업자금으로써는 대수로운 것이 못 되었던 것만은 확실하다." 이병철은 이런저런 고민을 했다. "이렇게 적은 자금으로 대도시에 나가서 사업을 할 수는 없어. 어떻게 해야 좋을까." 당시 대도시는 서울과 평양, 대구였다. 이병철은 고향과 가까운 마산을 선택했다.

그럼 이병철이 말한 연수 3백 석의 가치는 얼마나 될까? 쌀 1석은 144kg으로 3백 석이면 43200kg이다. 현재 대형마트에서 가장 흔히 팔리는 쌀 10kg을 기준으로 하면 4320포대다. 10kg 한 포대의 가격은 대략 3만 5천 원에서 4만 원이다. 현재 시세로 환산하면 약 1억 5천만 원에서 1억 7천만 원 정도다. 현재 이 돈이면 지금 서울에서 전셋집도 구할 수 없는 액수다. 그러나 식량이 부족했던 당시 쌀의 가치는 지금과 달랐다. 9년 정도의 시차가 있지만 1945년 해방 당시 학교 선생님 월급은 1000원에서 1500원, 이 월급으로 4~5인 가족이 먹고살았다. 같은 해 80kg 쌀 한 가마니는 1700원이었다. 해방 직후 교사 한 달 월급으로 쌀 한 가마니를 사지 못했다는 것은 쌀의 가치가 그만큼 높았다는 뜻이다. OECD(경제협력개발기구) 통계 기준 2019년 한국 고등학교 교사들의 연봉은 5만 5천 달러, 한화로 약 6천 500만 원이다. 월급으로 따지면 541만 원 정도가 된다. 이병철이 사업을 시작할 때 쌀 한 가마니가 교사 월급의 1.3배쯤 된다고 가정하면 쌀 한 가마니는 7백만 원쯤 된다. 그렇게 계산하면 이병철이 아버지에게 받은 연수 3백 석의 가치는 현재 4억 원 정도로 높아진다.

그러나 토지로 따지면 액수는 또 달라진다. 지주였던 이병철의 부친이 말한 연수 3백 석의 재산이란 1년에 쌀 3백 석이 생산되는 토지였을 것이다. 조선이 망하고 일제가 식민 지배를 시작한 1910년 1단보 즉, 3백 평에서 생산되는 쌀의 양은 0.8석이었다. 쌀 생산량은 종자 개량과 비료 투입 등 생산기술이 발전하면서 1930년대 중반에는 단보당 1.4석까지 증가한다. 이병철이 사업을 시작하던 1930년대 중반 3백 평당 1.4석이었던 쌀 생산량을 기준으로 3백 석의 쌀을 생산하려면 약 6만 5천여 평의 토지가 필요했다. 쌀 생산기술은 현재가 더 좋아서 같은 면적 당 생산량이 일제 당시보다 3~4배쯤 더 많다. 토지 면적 당 쌀 생산량을 보면 조선 시대나 일제 강점기, 해방 직후 쌀을 왜 그리 귀하게 여겼는지, 그 당시 쌀이 가진 경제적 가치가 현재보다 왜 그렇게 높았는지 이해가 된다.

2021년 3월 이병철의 고향인 경남 의령면 정곡리 표준지 농지의 공시지가는 1제곱미터당 2만 5백 원, 한 평(3.3㎡)으로 따지면 약 6만 7천 원이다. 의령면 땅 1평당 가격을 10만 원으로 보고 연수 3백 석을 생산한 6만 5천 평 토지의 가격을 계산하면 60억 원쯤이 된다. 하지만 인근 창녕 등 부동산중개업소에 매물로 올라온 전원주택 신축 등이 가능한 토지는 대부분 20만 원이 넘는다. 만약 이병철이 물려받은 연수 3백 석을 생산할 수 있는 토지의 가격을 1평당 20만 원으로 환산하면 그 가치는 120~130억 원으로 높아진다. 이처럼 이병철이 받은 연수 300석 토지가 현재 가치로 얼마라고 딱 잘라 말하기는 어렵다. 다만 이병철이 연수 300석 토지로 사업을 시작한 건 당시 부의 흐름이 지주에서 산업자본가로 바뀌고 있는 걸 잘 보여 준다. 비슷한 예를 LG 창업 과정에서 찾을 수 있다. 이병철의 고향 마을 인근이자 이병철이 다녔던 지수보통학교(현 지수초등학교)가 있는 진주시 지수면에는 구 씨와 허 씨 집성촌이 있었고 이들은 만석꾼, 오천석꾼, 천석꾼으로 불리는 대지주였다. 구 씨 집안의 구인회, 허 씨 집안의 허만정이 토지를 기반으로 함께 사업(락희화학공업)을 일궜다. 그들의 후손이 현재 LG와 GS그룹이다.

협동정미소에서
삼성전자까지

1936년, 이병철은 정현용, 박정원과 함께 각각 1만 원씩 출자해 3만 원의 자본금으로 북마산에 협동정미소를 차렸다. 첫해는 자본금의 3분의 2를 까먹을 정도로 대규모 적자를 봤다. 이병철은 적자를 본 원인을 분석했다. 쌀값이 오를 때 쌀을 사고 내릴 때 팔았기 때문이었다. 다음 해에는 전략을 바꿔 쌀값 시세가 올라갈 때 팔고 내려갈 때 다시 샀다. 전략이 주효해서 3만 원의 출자금을 제하고도 2만 원의 이익을 볼 정도로 큰 흑자가 났다. 이병철은 그 이익금으로 마산에서 일본인이 운영하던 운수회사를 인수했다. 당시는 트럭이 귀한 시대여서 운수업은 수익이 좋은 사업이었다. 우스갯소리로 자동차 한 대 값이 요즘 비행기 한 대 값과 맞먹을 정도로 비쌌지만 트럭은 늘 부족했다. 트럭 20대를 굴린 이병철 회사는 소위 대박을 터트렸다. 운수업으로 돈을 번 이병철의 세 번째 사업은 토지임대업 겸 농장 경영이었다. 은행 금리는 낮고 쌀값은 비쌌다. 셈이 빠른 이병철은 대출을 받아서 땅을 사고 그 땅에서 생산된 쌀을 팔면 이자와 운영비를 제하고도 큰 이익이 남는다는 걸 쉽게 알아챘다. 은행융자를 받아 땅을 살 수만 있다면 가만히 앉아서 떼돈을 벌 수 있다는 뜻이다. 이병철은 식산은행에서 돈을 빌려 김해평야 토지 2백만 평을 샀다. 20대 나이에 연수 1만 석의 대지주, 경남에서 최고 부자 중 한 명이 됐다. 그러나 행운은 거기까지였다. 1937년 중·일전쟁이 터졌다. 전쟁이 나자 일본 정부는 은행 대출을 회수하기 시작했고 땅값은 폭락했다. 이병철은 땅과 정미소, 운수회사까지 팔아 대출금을 갚았다. 남은 건 현금 2만 원과 전답 10만 평이었다. 그래도 빠른 대처로 손실을 최소화할 수 있었다.

쓰라리지만 좋은 경험을 한 이병철은 만주와 중국 본토를 여행하면서 현지 사정을 보니 만주에는 과일과 건어물이 부족했다. 이병철은 1938년 3월 대구에서 오늘날 삼성그룹의 모체가 되는 삼성상회를 세웠다. 대구와 영천 등에서 사과를 비롯한 청과물을 사고, 포항에서 오징어 등 각종 건어물을 사서 만주에 팔았다. 이병철이 보낸 물건은 만주를 넘어 중국 본토인 베이징, 양자강 이남에서도 팔릴 정도로 인기가 좋았다. 과일과 건어물 수출로 돈을 번 이병철은 삼성상회 안에 국수 공장을 세웠다. 1층에 제면기와 제분기를 설치하고 2층과 3층, 4층은 국수건조실로 이용했다. 따로 공간이 없어 1층 한쪽에 사장실 겸 응접실, 가족이 기거하는 방을 마련했다. 이병철은 고급 밀가루로 국수를 뽑았고 3개의 별이 선명한 '별표국수'라는 브랜드를 달았다. 가격은 다소 비쌌지만 맛이 좋은 별표국수는 대구와 경북 일대로 날개 돋친 듯이 팔려 나갔다. 이병철은 삼성상회를 지을 때 진 빚 1만 원을 2년 만에 모두 갚고 매물로 나온 조선양조를 10만 원에 인수했다.

대구 삼성 창조혁신센터에 복원된 삼성상회 건물 전경. 1층에 제면기와 제분기, 사장실 겸 응접실, 가족이 기거하는 방을 설치하고 2, 3, 4층은 국수건조실로 이용했다.

조선양조를 인수한 이병철은 술의 질을 높이고 적극적인 마케팅으로 시장을 공략했다. 이병철이 만든 술은 만들기만 하면 저절로 팔려 나간다는 말이 나올 정도로 대구와 경북 일대에서 인기가 있었다. 1년 만에 이병철은 대구에서 손꼽히는 고액 납세자가 됐다. 하지만 이번에는 일본이 1941년 시작한 태평양전쟁이 발목을 잡았다. 미국과의 전쟁이 장기화하자 일본은 전시경제 체제로 전환했다. 쌀 등 양조업에 필요한 각종 물품의 수급 사정은 악화됐다. 이병철은 삼성상회와 조선양조 경영을 전문경영인에게 맡기고 해방이 될 때까지 3년간 고향에 칩거했다.

1945년 8월 15일 해방이 되자 이병철은 대구에서 사업을 재개했다. 이병철은 한국인의 체질과 입맛에 맞는 청주(淸酒) '월계관'을 개발했다. 월계관은 대구와 경북 일대를 넘어 전국에서 인기를 끌었다. 그러나 이병철의 사업은 1946년 10월 1일, 공산당을 배후로 좌익이 일으킨 대구폭동으로 큰 위기를 맞았다. 조선양조는 원료를 구하지 못해 문을 닫을 정도로 어려움을 겪었다. 이를 계기로 1947년 5월 이병철은 가족을 이끌고 한국의 최대 도시인 서울로 이사했다. 1948년은 대한민국 정부가 공식 출범한 해다. 초대 대통령 이승만은 5·10 총선거 승리 후 8월 15일 광복절을 맞아 대한민국 정부 수립을 선포했다. 사업 기회를 포착한 이병철은 1948년 11월 종로2가에 조홍제(효성 창업주), 김생기(영진약품 창업주) 등과 동업으로 삼성물산공사를 설립했다. 이병철이 75%, 조홍제와 김생기 등이 25%의 지분을 가졌다. 삼성물산은 홍콩과 동남아시아 등에 오징어와 우무묵(한천)을 수출하고 철판, 미싱, 무명실(면사)을 들여왔다. 삼성물산은 설립 다음 해인 1949년 무역업체 중에서 7위를 차지했고 1950년 3월 결산에서는 순이익 1억 2천만 원을 기록하면서 전국 1위가 됐다.

6·25전쟁,
위기를 기회로

3개월 뒤 6·25전쟁이 터지면서 상황은 급변했다. 국군이 인민군을 격퇴하고 있다는 라디오 뉴스를 믿은 이병철은 피난을 가지 않았다. 전쟁 나흘째인 6월 28일 아침 이병철은 서울 거리에서 인민군 탱크를 목격했다. 공산 치하가 된 서울에 꼼짝없이 갇힌 이병철은 다락방과 지하실을 전전했다. 전쟁 발발 직전 사들인 자동차는 남로당 총책 박헌영 차지였고 서울 용산과 인천 창고에 있던 설탕과 염료 등의 물품은 몽땅 없어졌다. 이병철은 공산 치하 3개월 만인 9월 맥아더 장군의 인천상륙작전으로 살아날 수 있었다. 북진을 계속한 유엔군과 국군은 압록강까지 진출했다. 하지만 중공군의 개입으로 상황이 급변하면서 1951년 1월 4일 서울은 북한 인민군과 중공군에게 다시 점령당했다. 이병철은 이번에는 중공군이 몰려오기 전에 서둘러 피했다.

빈털터리 신세로 피신한 이병철은 대구에서 기사회생했다. 서울로 갈 때 양조장과 과수원 사업을 맡겨 놓았던 이창업이 그동안 번 돈이라며 이익금 3억 원을 들고 왔다. 이병철은 그 돈으로 1951년 1월 10일 부산에서 '삼성물산주식회사'를 설립했다. 사업을 재개한 이병철은 전쟁으로 사방에 널린 고철을 수집해 일본에 팔고, 대금으로 받은 달러로 홍콩에서 설탕과 비료를 수입해 팔았다. 사업 1년 만에 무려 60억 원의 자산을 쌓으면서 단숨에 재기에 성공했다. 이병철은 휴전 직전인 1953년 4월 삼성물산에 제당사무소를 설치하고 부산 전포동에 1500평의 공장 부지를 확보했다. 이어 6월에는 제일제당 발기인 총회를 열었다. 제일제당은 해방 후 우리나라에 건설된 최초의 현대적인 대규모 생산시설이었다. 최신 시설인 제일제당 부산공장이 10월부터 설탕을 생산하자 시장의 판도가 바뀌기 시작했다. 24시간 공장을 가동해도 수요를 맞출 수 없을 정도로 제일제당이 생산한 백설설탕의 인기가 높아졌다. '아침에 설탕을 한 트럭 싣고 나가면 저녁에 돈이 한 트럭 돌아온다'라는 말이 나올 정도로 이병철은 많은 돈을 벌었다.

이병철은 제일제당이 시장에 안착하자 이듬해인 1954년 9월 15일 제일모직을 창업했다. 제일모직도 현대식 설비에다 자유당 정부의 모직물 수입 금지 조치의 덕을 보면서 성공적으로 시장에 진입했다. 제일제당과 제일모직을 앞세운 이병철은 1950년대 말 금융업에 진출했다. 이승만 정부의 은행 민영화 정책에 따라 흥업은행과 조흥은행을 인수했고, 흥업은행 인수로 흥업은행이 지분을 갖고 있던 상업은행도 자연스럽게 이병철의 소유가 됐다. 이병철은 당시 4대 시중은행 주식의 절반가량, 호남비료 주식의 45%, 한국타이어 주식의 50%, 삼척시멘트 주식의 70%를 소유했다. 1936년 마산에서 협동정미소 사장으로 사업을 시작한 이병철은 1950년대 말 국내 1위의 기업인이 됐다.

대한민국의 운명을 바꾼 박정희와의 담판

1960년 4·19혁명이 일어나 이승만 정권이 무너지고 5·16쿠데타(혁명)로 박정희가 정권을 잡으면서 이병철의 사업은 잠시 주춤했다. 이병철은 1960년 4·19가 일어난 후 부정 축재자로 몰렸다. 그해 9월 삼성그룹은 50억여 환(당시는 환을 썼다)을 추징금으로 냈다. 이병철은 심란한 마음을 달래기 위해 일본으로 갔다. 이병철은 장기간 호텔에 머물며 가끔 골프를 치거나 일본 내 친구들과 교류했다. 1961년 5월 16일 아침, 이병철은 일본인 운전사로부터 한국에서 쿠데타가 발생했다는 소식을 들었다. 10여 일이 지난 후 이병철은 자신을 포함해 11명이 부정 축재 혐의를 받고 있고 한국에 있던 10명은 구속됐다는 걸 알게 됐다. 4·19에 이어 두 번째 겪는 위기였다. 이병철은 빈곤 제거를 위해 전 재산을 헌납할 용의가 있다는 성명을 발표했다. 6월 26일 귀국한 이병철은 명동 메트로 호텔에서 구금된 상태로 하루를 지내고 다음 날인 27일 혁명 지도자인 국가재건최고회의 박정희 부의장 태평로 집무실로 불려 갔다. 박정희가 권력을 잡은 지 막 한 달이 지난 때였다.

이병철 회장 등 한국경제인협회(현 전경련) 회장단과 일본경제사절단 일행이 1962년 9월 10일 박정희 의장을 방문했다. 오른쪽 안경 쓴 사람이 이병철 회장으로 추정된다. 사진은 두 사람의 협력을 상징적으로 보여 준다. -전국경제인연합회 제공-

동상으로 만난 이병철·정주영·박태준

두 사람의 대화 내용은 이병철이 남긴 자서전《호암자전》에 자세히 나와 있다. 이병철을 만난 박정희는 부정 축재자를 어떻게 처리하면 좋겠느냐고 물었고 이병철은 구속된 기업인들에게는 사실 아무 죄가 없다고 말했다. 그러면서 최고 권력자 박정희 앞에서 자신의 의견을 당당하게 말했다.

"현행 세법은 수익을 훨씬 넘는 세금을 징수할 수 있도록 규정되어 있는 전시 비상사태 하의 세제 그대로입니다. 이런 세법하에 세율 그대로 세금을 납부한 기업은 도산을 면치 못했을 것입니다. 기업을 잘 운영하여 그것을 키워 온 사람들은 부정 축재자가 되고, 원조 달러나 은행융자를 배정받아 그것을 낭비한 사람은 죄가 없다고 한다면 기업의 자유경쟁이라는 자유 경제원칙에 어긋납니다." 박정희가 다시 어떻게 하면 좋겠냐고 묻자 이병철은 경제인들을 활용할 것을 제안했다. "기업하는 사람의 본분은 많은 사업을 일으켜서 많은 사람에게 일자리를 제공하여 생계를 보장해 주는 한편 세금을 납부하여 그 예산으로 국토방위는 물론이고 정부 운영, 국민교육, 도로 항만시설 등 국가 운영을 뒷받침하는 데 있다고 생각합니다. 이른바 부정 축재자를 처벌한다면 그 결과는 경제위축으로 나타날 것이며 이렇게 되면 당장 세수가 줄어 국가 운영에 타격을 받을 것입니다. 오히려 경제인들에게 경제건설의 일익을 담당하게 하는 것이 이익이 될 줄 압니다."

-《호암자전》중에서

경제 제일주의를 공약한 5 · 16의 리더 44세 육군 소장 박정희, 한국

제1의 기업인 51세 삼성 총수 이병철의 만남은 이렇게 끝났다. 박정희는 곧 구속된 사람들을 풀어 줬다. 대신 박정희는 이병철에게 국가 경제에 기여해 줄 것을 요구했다. "일본의 마쓰시타 고노스케는 초등학교도 제대로 안 나왔지만, 세계적인 전자 회사 나쇼날(마쓰시타전기산업의 브랜드 내쇼날을 말함)을 이루어 냈다. 이제 세계시장을 겨냥하는 국산품을 제조 수출하는 세계적 대기업을 일으켜 진정으로 국가 경제에 기여해 달라."

1961년 이병철은 한국경제인협회 초대 회장으로 취임했다. 한국경제인협회는 현재 전국경제인연합회(전경련) 전신이다. 협회 이름은 이병철과 대한양회 이동준 회장 두 사람이 지었다. 우리나라에서 경제인이라는 용어를 쓰기 시작한 것은 이때가 처음이다. 그전까지는 경제인을 지칭하는 용어는 일본에서 쓰던 실업인이었다. 한국경제인연합회 회장이 된 이병철은 정부에 외자를 통한 경제개발을 제안했다. 이어 1961년 9월부터 11월까지 두 차례에 걸쳐 미국에서 정유와 비료공장 건설을 위한 투자유치 활동을 벌였다. 세계적 대기업 걸프가 울산에 대규모 투자를 한 건 이병철의 투자유치 활동과 관련이 깊다. 다음해인 1962년 5월 6·25전쟁 때 미8군 사령관을 지낸 밴프 리츠 장군을 단장으로 하는 28명의 미국 기업인이 도착해 투자 협상을 진행했다. 이후 1963년 대한석유공사(현 SK이노베이션)는 석유 메이저인 걸프와 합작으로 3만 5천 배럴의 정유공장을 건설해 1964년 상업생산을 시작했다.

이병철은 한국 경제에 초석을 놓는 공업단지 건설을 위해서도 적극 나섰다. 이병철은 12월 말 울산 현지답사를 갔다. 울산 항은 1만 톤급 선박 대여섯 척을 충분히 소화할 정도로 넓었고, 풍랑이 심하기로 유명한 동해 쪽 항만 중에서도 가장 온화했다. 용수도 태화강을 이용하면 됐다. 이병철은 항만과 용수, 교통 여건이 좋은 울산을 공업단지로 조성하자는 내용의 '울산공업단지 건설계획서'를 1962년 1월 국가재건최고회의에 제출했다. 이병철이 제출한 계획서를 본 박정희는 매우 흡족해했고 그 계획서를 그대로 채택했다. 1962년 2월 3일 두 사람이 참석한 가운데 울산공업센터 기공식이 열렸다. 한적한 시골 마을 울산이 세계적인 중공업 대도시로 탈바꿈하는 순간이었다. 기공식에서 박정희는 울산의 공업화를 선언했다. "4천 년 빈곤의 역사를 씻고 민족 숙원의 번영을 마련하기 위해 우리는 이곳 울산을 찾아 여기에 신생 공업단지를 건설하기로 하였습니다." 그후 울산은 한국 최대 공업도시로 변모했다. 현재 울산에는 현대자동차, 현대중공업, 현대제철, S-OIL, 효성, LG화학, SK이노베이션, 롯데케미칼, 삼성SDI, 한화솔루션 등 한국을 대표하는 국내외 기업들의 공장들이 즐비하다. 인구도 1962년 21만 명에서 2021년 113만 명으로 급증했다.

이병철의 숙원사업, 삼성전자 인가와 박정희

비교적 순탄했던 이병철과 박정희의 관계는 이른바 사카린 밀수사건으로 인해 위기를 맞는다. 이병철은 1960년 설비도입을 위해 독일에 갔다가 4·19로 인해 비료공장 건설의 꿈을 접을 정도로 비료공장은 그의 숙원사업이었다. 이병철은 1965년 울산에 36만 톤 규모의 당시 최대 규모의 비료공장 건설에 착수했다.

순조롭게 진행되던 공사는 1966년 9월 사카린의 원료 OTSA 6톤을 비롯해 당시 금수품이었던 양변기와 냉장고, 에어컨 등이 밀수돼 암시장에 팔린 사실이 적발되면서 모든 게 틀어졌다. 사카린은 설탕보다 300~400배 더 단맛을 내는 인공감미료다. 사건은 한국 1위 대재벌이 밀수와 관련됐다는 점에서 사회에 큰 물의를 일으켰고 당시 복잡했던 정계 사정과 삼성의 중앙일보 설립에 대한 경향신문과 동아일보 등 언론계의 견제가 맞물리면서 최대의 비리 사건으로 비화했다. 결국 이병철은 책임을 지고 회장직에서 물러났고 차남 이창희는 구속됐다. 대신 장남 이맹희가 경영을 책임졌고 한국비료 주식은 정부에 헌납했다.

껄끄러운 관계가 된 두 사람이 다시 만난 건 삼성의 전자산업 진출 문제였다. 한국비료 사건이 마무리된 1968년 1월 1일 회장으로 복귀한 이병철은 전자산업 진출을 모색했지만, 국내 가전 시장을 장악하고 있던 기존 업체들이 강력히 반발했다. 업계를 대표하는 한국전자공업협동조합은 삼성의 전자산업 진출은 민족자본을 말살하려는 매판(買辦) 행위라고 비판했다. "삼성이 일본 업체를 끌어들여 국내에 막 움트기 시작한 전자산업의 싹을 제거하려 한다." 이 과정에서 선두업체였던 사돈 구인회 락희(현 LG) 창업자와의 관계도 악화되었다. 구인회의 3남이자 이병철의 둘째 사위였던 구자학(아워홈 회장)은 1976년 장인 회사였던 호텔신라 사장을 마지막으로 금성사로 돌아갔다. 업체들의 반대가 거세지자 이병철은 박정희를 만났다. 이병철은 박정희에게 전자산업이야말로 장차 한국을 먹여 살릴 국가적 대업이라며 삼성의 전자산업 진출을 허용해 달라고 말했다. 박정희는 당시 국내 전자산업을 설계한 세계적 석학 컬럼비아대 김완희 교수의 조언을 듣는 등 전자산업 육성에 깊은 관심을 갖고 있었다. 이병철의 요청을 들은 박정희는 경제 관료들을 불러 몇몇

동상으로 만난 이병철·정주영·박태준

업체들이 담합하고 있으니 전자산업 시장을 전면 개방하라고 지시했다. 이병철의 삼성전자 설립을 허용하라는 뜻이었다. 1969년 1월 13일, 생산되는 TV 물량 전부를 해외에 수출하는 조건으로 삼성전자가 출범했다. 이병철이 이끄는 삼성전자는 1973년 미국과 캐나다에 TV 수출을 시작했고, 1977년에는 컬러TV를 생산했다. 이병철은 1983년 초고밀도 반도체 산업 진출을 선언함으로써 오늘날 세계 초일류 기업 삼성전자가 되는 초석을 쌓았다. 전자산업이 시대의 변화를 이끌 것이라는 이병철, 그리고 그를 지지한 박정희의 선각자적 판단이 주효했다.

한국 경제가 박정희가 택한 수출 등 대외지향적인 경제정책을 통해 크게 성장했다는 점에 대해 이의를 제기하는 사람은 거의 없다. 이병철은 1963년 5월 31일부터 6월 5일까지 한국일보에 〈우리가 잘 사는 길〉이라는 글을 연재했다. 기고문에는 한·일 국교 정상화, 차관 도입을 통한 공장 건설, 이를 통한 농촌 인구의 흡수, 공업화를 통한 경제개발 등이 거론된다. 박정희는 경제개발 과정에서 외자 확보를 위한 수출 진흥, 중화학공업 육성, 경부고속도로 등 사회기반시설 확충, 새마을운동을 통한 농촌의 발전, 산림녹화 등을 추진했다. 이병철의 글을 보면 박정희가 펼친 정책이 연상된다.

한일회담이 원만히 타결되는 날엔 일본에서 10년간 6억 달러를 도입하는 일은 큰 문제가 되지 않을 것이다. 또 그간의 움직임으로 보아 독일·이탈리아·프랑스 등에서 10년 동안에 5억 달러의 차관을 확보하는 일은 그렇게 어려운 일은 아니라고 생각하는바 …(중략)… 만일 이런 구상이 계획대로 진척이 된다면 36억 달러에서 43억 달러의 투자가 가능할 것이다. 약 40억 달러로 추정하면 4백만 달러 규모의 공장 1천 개를 건설할 수 있다. 또한 이들이 평균 한 공장에 5백 명씩 고용한다고 치더라도 고용증가는 50만 명에 달할 것이며, 부양가족을 5인 평균으로 치면 250만 명이며, 그 밖의 하청 중소공장과 유통단계에서의 고용을 합치면 무려 5백만 명의 고용증대를 기대할 수 있다. 즉, 농가 인구를 공장에 흡수하여 그들의 생활이 보장받을 수 있게 될 것이다.

-《호암자전》중에서

　박정희는 가난한 집안 출신으로 대구사범학교를 거쳐 만주(신경군관학교)와 일본 육사를 졸업한 엘리트 군인이었다. 만주와 일본에서 공부한 박정희의 사상적 기반은 처음에는 1930년대 일본 군부의 젊은 장교들을 사로잡았던 황도파(皇道派)와 가까웠다. 황도파는 재벌을 싫어하고 소련이 하던 계획경제를 우호적으로 바라본 그룹이다. 일본에서 공부했던 그가 6·25 직전 남로당 군사부책으로 체포돼 목숨을 잃을 뻔한 위기를 겪은 것도 이와 무관치 않다. 그러나 박정희는 5·16쿠데타 이후 외자도입을 통한 경제발전에 매진했고 결국 성공했다. 그 중간에 1961년 6월 기업인을 활용할 것을 제안한 이병철, 그리고 그 제안을 받아들인 박정희의 만남이 있었다. 5·16 이후 상당 기간 이병철은 박정희의 경제 조언자 역할을 했다. 소설가 겸 시사평론가인 복거일은 이를 두고 이렇게 평했다. "두 사람의 만남이 대한민국의 운명을 바꿨다. 아마 박정희가 이병철을 만나지 않았더라면 대한민국은 바깥과는 담을 쌓은 계획경제 국가가 됐을지도 모른다."

동상으로 만난 이병철·정주영·박태준

2 · 8 도쿄 구상,
반도체 진출

1983년 2월 8일 오전 6시 30분 도쿄 오쿠라 호텔에 머물고 있던 이병철은 전화기를 들었다. 상대는 중앙일보 홍진기 회장이었다. 이병철은 홍진기에게 3월 15일을 기하여 삼성이 반도체 중에서 가장 첨단 기술인 초고밀도집적회로(VLSI)에 대규모 투자를 한다고 대외에 알리라고 전했다. 이는 미국과 일본이 90%를 장악한 세계 반도체 시장을 추격하겠다는 선전포고였다. 회사 운명을 바꾼 이 날의 결정을 삼성에서는 '2 · 8 도쿄 구상'으로 부른다. 그다음 날 홍진기는 '우리는 왜 반도체 사업을 해야 하는가'라는 삼성그룹 선언문을 발표했다.

> "우리나라는 인구가 많고 좁은 국토의 4분의 3이 산지로 덮여 있는 데다 석유, 우라늄 같은 필요한 천연자원 역시 거의 없는 형편이다. 다행히 우리에게는 교육 수준이 높고 근면하고 성실한 인적자원이 풍부하여 그동안, 이 인적자원을 이용한 저가품의 대량 수출 정책으로 고도성장을 해 왔다. 그러나 세계 각국의 장기적인 불황과 보호무역주의 강화로 대량 수출에 의한 국력 신장도 이제는 한계에 이르게 되었다. 이러한 상황 아래서 자원이 거의 없는 우리의 자연적 조건에 적합하면서 부가가치가 높고 고도의 기술을 요하는 제품의 개발이 요구되었다. 그것만이 현재의 어려움을 타개하고 제2의 도약을 기할 수 있는 유일한 길이라고 확신하여 삼성은 첨단 반도체 산업을 적극 추진하기로 하였다. 반도체 산업은 그 자체로서도 성장성이 클 뿐 아니라 타 사업으로의 파급 효과가 지대하고 기술 및 기술집약적인 고부가가치 산업이다. 이러한 반도체 산업을 우리 민족 특유의 강인한 정신력과 창조성을 바탕으로 추진하고자 한다."

이병철은 1985년 동아일보와의 인터뷰에서 당시 상황을 회고했다. "일본에서 만난 이나봐 히데조(稻葉秀三) 박사가 '앞으로 산업은 반도체가 좌우한다. 경박단소(輕薄短小/가볍고 얇고 짧고 작음)한 것을 만들어야 한다'라고 했어요. 또 1982년 미국에 가 보니 반도체 진출이 늦어질수록 뒤처진다는 마음이 굳어져 현지에서 본사로 전화를 걸어 준비하라고 했지요."

당시 삼성은 가전제품용 고밀도집적회로(LSI)를 겨우 만들던 때였다. 미국 인텔은 이병철을 '과대망상증 환자'라고 비웃었다. 1983년 9월, 이병철은 경기 용인시 기흥에서 역사적인 반도체공장 건설의 첫 삽을 떴다. 반도체는 적기에 출하되지 않으면 제값을 받을 수 없다. 이병철은 외국에서 18개월이 걸려야 완공된다는 VLSI 반도체공장 건설을 6개월 만에 완공하라고 지시했다. 1984년 3월 공장 완공에 이어 5월 17일 64K D램 1라인 즉, 삼성반도체 통신 기흥 VLSI 공장 준공식이 열렸다. 드디어 9월부터 반도체의 새로운 장을 여는 수출이 시작됐다.

그러자 삼성을 죽이기 위한 덤핑공세가 파상적으로 전개됐다. 미국 마이크론은 3달러였던 64K D램 가격을 1달러 80센트로 인하했고 일본 업체들이 가세했다. 반도체 가격은 30센트까지 떨어졌다. 삼성도 어쩔 수 없이 가격을 20센트로 낮췄고 결과는 대규모 적자였다. 예상했던 시련이었지만 누적 적자가 2천억 원에 달했다. 삼성의 반도체 사업이 갈림길에 섰다. 1987년 2월, 이병철은 기흥에 반도체 3라인을 건설하라고 지시했다. 신규라인을 건설하라는 지시에 임원들이 모두 반대했다. 그러나 이병철은 "최고의 기회가 오고 있다."라며 밀어붙였다. 이병철의 결단은 평소와 달랐다. 이병철은 사장단의 의견을 잘 듣는 사람이었다. 이병철이 자주 쓴 글씨는 '남의 말을 잘 듣는다'라는 뜻의 경청(傾聽)이었다. 이병철은 1979년 2월 27일 후계자인 아들 이건희를 부회장으로 승진시킨 후 출근 첫날 자기 방으로 불러 경청(傾聽)이라 쓴 휘호(揮毫)를 직접 전달할 정도로 경청을 중요하게 여겼다. 사장단에서 사업성을 검토해 사업성이 떨어진다고 판단해 보고하면 사업을 포기한 적이 한두 번이 아니었다. 그러나 반도체 투자에 있어서는 달랐다. 사장들은 반도체 제품의 다양한 개발과 신규 설비 건설을 통해 위기를 극복하려는 이병철의 큰 뜻을 읽지 못했다.

대구 이병철 동상, 두 팔을 벌려 환영하는 모습이다.
제일모직 창업주답게 양복 옷맵시가 세련되고 깔끔하다.

임원들의 반대로 3라인은 8월에야 공사가 시작됐다. 한창 라인 공사가 진행되던 그해 말 상황이 급반전됐다. 반도체 경기가 살아나면서 2달러에 불과했던 256K D램 가격이 4달러를 넘어섰다. 이병철의 결단으로 삼성은 기사회생했다. 3라인은 삼성을 도약시켰고 세계 반도체 역사를 새로 썼다. 1988년 결산에서 삼성은 그동안 투자한 비용과 설비에 대한 감가상각을 하고도 3200억 원의 흑자를 기록했다. 삼성은 256K D램, 1메가 D램 등 새로운 제품을 잇달아 출시했고 1993년 마침내 세계 메모리 반도체 분야 점유율 1위의 왕좌에 올랐다. 이병철만 본 '최고의 기회'는 무엇이었을까? 자유경제원이 2016년 주최한 '이병철 서거 29주기, 이병철의 기업가정신이 시대에 주는 교훈' 세미나에서 조동근 명지대 교수가 이를 설명했다.

이병철 선대회장은 반도체 호황을 보지 못한 채 1987년 12월 별세했다. 그리고 제3라인은 1988년 10월에 완공됐다. 그렇다면 불황기에 그가 본 것은 무엇이었을까. 얘기는 1986년 초로 거슬러 올라간다. 이 회장은 어느 날 반도체 3라인 투자를 검토하던 팀과 만나 "돈 걱정 말고 서둘러라. 미국의 보복이 생각보다 빨라질 것 같아."라고 말했다. 당시 팀원들은 '미국의 보복'이란 말을 이해할 수 없었다. 그리고 몇 개월 후 이 회장은 3라인 팀과 저녁 식사를 하는 자리에서, "오늘 신문 봤습니까. 미국의 움직임이 심상치 않은데 일본에 대한 무역 제재가 있을 것 같습니다."라고 말했다. 미국의 보복은 '무역 제재'였던 것이다. 선대회장은 미국과 일본의 무역마찰이 일어날 것을 예상하고 그 틈을 비집고 들어가는 전략을 세웠던 것이다.

-조동근 교수

동상으로 만난 이병철 · 정주영 · 박태준

이병철의 집념과 혜안이 오늘의 삼성전자를 탄생시켰다. 삼성전자는 2002년 39조 8131억 원의 매출액으로 국내 기업 1위가 됐다. 그 후 2020년까지 1위 자리를 놓친 적이 단 한 번도 없다. 2010년에는 매출액 100조 원을 돌파했고 2020년에는 236조 2600억 원으로 증가하는 등 폭풍 성장했다. 그룹 내에서 차지하는 위상도 절대적이다. 2019년 삼성전자 매출액은 230조 4천억 원으로 그룹 전체 매출의 72%였다. 삼성전자를 포함한 삼성그룹 전체 매출은 314조 원으로 국내총생산(GDP)의 16%를 차지했다. 전체 세금 납부액에서 차지하는 비중도 막강하다. 2019년 삼성전자가 낸 법인세는 11조 5000억 원으로 국내 기업 총 법인세의 16%였다. 주식시장에서도 마찬가지다. 2021년 4월 30일 현재 삼성전자의 시가총액은 530조 원, 코스피 전체 시가총액의 24.7%를 차지했다. 세계 무대에서도 삼성전자는 최상위 업체. 2019년 기준 삼성전자 매출액은 2215억 7940만 달러로 세계 15위다. 삼성전자보다 매출이 많은 회사는 1위 월마트를 비롯해 중국석유화공, 사우디 아람코, 미국 애플과 아마존 등 10여 개 업체에 불과하다. 더구나 매출이 많은 중국석유화공, 사우디 아람코는 사실상 에너지 국영기업 성격을 갖고 있어 삼성전자의 순위가 더 앞에 있다고 말해도 이상한 게 아니다.

삼성전자 주주 5백만 명,
이병철의 사업보국과 9만전자

이병철 첫 번째 경영목표는 사업보국(事業報國), 두 번째가 인재제일(人材第一), 세 번째가 합리추구(合理追求)다. 사업보국은 기업 활동으로 국가와 인류사회에 공헌하고 봉사한다는 뜻이다. 이병철이 사업보국의 뜻을 세운 건 사업을 시작하면서다. 그는 자서전《호암자전》에 사업보국에 대한 생각을 명확하게 밝혔다. "국민 한 사람 한 사람의 생존이 국가를 떠나서 있을 수 없듯이 사업 또한 마찬가지다. 사업을 통해서 국가와 사회의 발전에 기여하고 싶다. 그것 없이는 나의 인생에 뜻이 없다." 사업보국에 대한 결심은 혼란기였던 해방 직후 더 확고해졌다. 이를 두고 이병철은 스스로 다시 깨달음을 얻었다는 제2의 각성(覺醒)이라고 표현했다. "독립국가 한국의 기업가로서 과연 무엇을 해야 할까. 나라 부강의 기초가 되는 민족자본의 형성이야말로 당면한 최우선의 과제. 사회 혼란의 소용돌이 속에서 사업보국의 결의를 몇 번이고 다졌다." 이병철은 사업을 국가와 사회에 녹아 있는 유기체로 생각했다. "한 개인이 제아무리 부유해도 사회 전체가 빈곤하면 그 개인의 행복은 보장받지 못한다. 사회를 이롭게 하는 것, 그것이 사업이며 따라서 사업에는 사회성이 있고 사업을 추진하는 기업 또한 사회적 존재다."

대구 이병철 동상 뒤 이병철을 소개하는 내용과 경영지표가 새겨진 표석.
호암 탄생 100주년 기념사업 추진위원회가 이병철 동상과 표석을 세웠다.

동상으로 만난 이병철 · 정주영 · 박태준

삼성전자는 현재 국내 증시에서 가장 뜨거운 관심을 받는 종목이다. 2021년 1월 11일, 삼성전자 주식은 종가 9만 1000원으로 역대 최고치를 기록했다. 다음 날 많은 언론이 뽑은 기사 제목은 '9만전자'였다. 3년 전 삼성전자 주식은 한 주에 250만 원을 오르내리는 이른바 황제주, 10주만 사도 2천 500만 원이 필요했다. 좋은 주식이라는 건 알았지만 일반인들이 사기에는 너무 비쌌다. 재력이 있는 사람이 아니면 감히 삼성전자를 쳐다볼 수도 없었다. 2018년 1월 31일 삼성전자는 주당 5천 원이던 액면가를 100원으로 쪼개는 50대1 액면분할을 결정했다. 한 주에 249만 5000원이던 주가는 4만 9900원이 됐다. 1억 2838만 주였던 보통주 수량은 64억 1932만 주로 50배 늘어났다. 액면분할로 투자자들의 진입장벽이 낮아지면서 삼성전자는 단숨에 국민주식이 됐다. 주가가 싸게 보이자 더 많은 국민이 삼성전자 주식을 샀다. 그 후 3년이 지났고 주가는 9만 1000원이 됐다. 인상률은 무려 82%, 삼성전자 주주가 된 많은 국민이 돈을 벌었다.

2021년 1분기 말 기준 삼성전자 보통주를 가진 주주는 약 385만 명(외국인·기관투자자 제외), 삼성전자 우선주를 가진 주주는 112만 명이다. 보통주와 우선주를 가진 주주를 합치면 삼성전자 전체 주주는 총 497만 명이다. 국민 10명당 1명꼴로 삼성전자 주식을 가진 셈이다. 2018년 1분기 24만 명이던 소액주주가 3년 만에 20배 가까이 급증했다. 국민들이 대거 삼성전자를 사들이면서 개인이 가진 삼성전자 주식은 2021년 4월 30일 현재 6억 533만 주에 달한다. 삼성전자 개인 주주 지분율(보통주 기준)도 2020년 말 6.48%에서 2021년 4월 30일 10.13%로 높아졌다. 그래서 2021년 주식시장에 뛰어든 개인 투자자는 주식 투자가 아니라 삼성전자 투자를 한 것이나 마찬가지라는 말이 나왔다.

1장 삼성 반도체 왕국의 창업자 호암 이병철

삼성전자 주주 5백만 명은 삼성전자가 더 이상 개인회사가 아니라는 걸 의미한다. 삼성전자 주식을 산 20대 젊은 청년에게 "왜 삼성전자 주식을 샀느냐?"고 묻자, "삼성전자 주식은 달러나 마찬가지 아닌가요."라고 대답했다. 삼성전자 주식이 오르면 국민은 더 부자가 된다. 삼성전자는 국가를 부유하게 하고 국민을 부자로 만드는 전사(戰士)다. 이병철이 사업을 시작한 동기이자 이루고 싶었던 꿈인 사업보국은 삼성전자를 통해 실현되고 있다.

정갈하고 깔끔한
신라호텔 이병철 동상

때 이른 추위가 찾아왔던 2020년 11월 말, 서울 신라호텔 동상을 찾았다. 지하철 3호선 동국대역에서 내려 신라호텔 정문에 들어섰다. 코로나19로 외국인 관광객이 뜸한 시점을 맞아 미뤄뒀던 공사를 하는지 본관으로 가는 도로는 통제 중이었다. 주차장 쪽 샛길을 따라 본관으로 향했지만, 동상은 보이지 않았다. 호텔 정문 앞에서 차량 안내를 하는 직원에게 물어봤지만, 동상이 있는지조차 몰랐다. 본관을 지나 영빈관 옆 남산 자락에 있는 바위를 따라 만든 계단으로 향했다. 계단 위 신라호텔 전체를 조망할 수 있는 팔각정에서 비로소 동상의 위치를 확인할 수 있었다. 팔각정에서 이병철 동상까지 가는 길은 온통 조각품 천지다. 이병철이 좋아했던 조각가 김창희의 이여인상(二女人像)을 비롯해 최기원의 모자상(母子像) 등 유명 작가의 작품이 즐비하다. 산길을 따라 조성된 산책로를 따라 2백여 미터를 가자 아름답게 꾸민 향나무 사이로 이병철 동상이 나타났다. 동상 뒤로는 멀리 남산타워가 보이는 멋진 곳이다. 널찍한 잔디밭에 세워진 동상은 멀리서 보면 조각공원에 있는 작품 중 하나 같다. 왜 그 자리에 동상을 세웠는지 호텔과 작가의 의도가 엿보인다.

잘 정돈된 향나무 아래에 있는 신라호텔 이병철 동상. 멀리 남산 서울타워가 보인다.

전신상으로 제작된 동상은 이병철이 꼿꼿이 서서 양손을 허리춤에서 자연스럽게 벌렸다. 팔꿈치를 중간쯤에서 위로 올렸고, 손바닥을 활짝 폈다. 둥근 안경을 쓴 눈은 살짝 웃는 듯한 표정이다. 머리는 단정히 빗어 가르마를 탔고, 귀는 귓불이 보일 정도로 정면을 향했다. 오른쪽 발을 약간 앞으로 내밀고 있어 마치 호텔에 오는 손님들에게 '어서 오세요'라며 인사를 하는 것 같다. 하루에도 수백, 수천 명의 손님을 맞는 신라호텔과 잘 어울린다. 이병철은 옷맵시가 좋은 사람이었다. 양복의 품을 꼭 들어맞게 입었고, 바지 주름은 항상 날이 선 일자 모양을 유지했다. 바지 길이는 구두 위를 다 덮지도, 발목이 보일 만큼 짧지도 않았다. 체형도

1장 삼성 반도체 왕국의 창업자 호암 이병철

항상 적게 먹고 적당한 운동으로 군살도 거의 없게 유지했다. 신라호텔 이병철 동상은 이런 그의 모습을 잘 표현했다. 와이셔츠에 넥타이, 상ㆍ하의 양복까지 옷맵시가 정갈하고 각이 잡혀 있는 바지는 자연스럽게 구두 위를 덮었다. 목에는 잔주름이 많다. 목의 잔주름은 동상이 이병철의 인생 후반부 모습을 모델로 제작됐음을 알려 준다. 동상 좌대 정면에는 湖巖 李秉喆 會長像(호암 이병철 회장상)이라고 쓴 오석 판이 부착돼 동상의 주인이 누구인지 알려주고 있다. 동상을 중심으로 기단은 석재로 마무리했고 동상 주위는 너른 잔디밭으로 꾸몄다. 좌대 뒤에는 이병철의 약전이 새겨진 판석이 부착되어 있다. 국한문 혼용으로 이병철의 생몰 연도와 업적을 기록했다.

호암 이병철 회장은
1910년 2월 20일 경남 의령에서 출생하여
일찍이 사업보국의 큰 뜻을 세우고
천하의 인재를 널리 모아 기업을 일으키니
오늘날 세계적인 초일류기업으로 융성하고 있는
삼성이 되었다.

무역업에서 첨단기술산업에 이르기까지
전 분야에서 탁월한 업적을 남긴 회장께서는
기업의 외연은 문화로 이어져야 한다는 신념에서
여러 문화 사업을 추진하는 한편
호텔이 문화의 장임을 느끼고 호텔 신라를 건립하여
한국의 얼굴이 되게 하였다.

1987년 11월 19일 향년 78세로 영면하시니
일으킨 기업들로 부국의 길을 닦은 회장의 업적을 기리고
무한 탐구의 정신을 이어받아 가고자
호텔 신라 가족 일동은 여기 이 동상을 모신다.

1990년 5월 9일

동상 좌우에는 영어와 일어로 번역된 같은 내용이 금속판에 새겨져 표석에 부착되어 있다. 동상 앞 오른쪽에는 오석으로 된 표지석이 있다. 아래 바닥 면적은 넓고 위로 갈수록 좁아지는 빗면 형태로 허리를 조금만 구부리면 쉽게 읽을 수 있다. 표석에는 신라호텔을 세운 경위가 새겨져 있다. 표석 내용은 호암자전에서 발췌했다.

한국의 얼굴 호텔 신라

나는 인간사회에 있어서 최고의
미덕은 봉사라고 생각한다.
따라서 기업의 사명도
의심할 여지 없이 국가 민족 그리고 인류에 대하여
봉사하는 것이어야 한다.

또한 호텔이라는 기업은 도시의 얼굴이며
일국의 얼굴이다.

그러나 당시 서울에는 한국의

얼굴이라고 내세울 만한 호텔이 없어서
찬란한 우리 고유의 문화를 꽃피웠던 신라시대의
우아한 품위와 향기를 재현시켜보고자
1973년 호텔 신라를 건설하게 되었다.

-《호암자전》 중에서

신라 왕조에서 가져온 이름 호텔 신라

1972년 정부는 이병철에게 영빈관을 인수해 국빈이 투숙하고 천 명 규모의 국제회의를 개최할 수 있는 호텔을 만들 것을 제안했다. 영빈관은 1967년 국빈용 숙소로 지은 건물로 현재 신라호텔 경내에 남아 있다. 이를 받아들인 이병철은 1973년 2월 호텔사업부를 창설했다. 그해 5월에는 호텔사업을 맡을 주식회사 임페리얼을 세웠고 11월에는 서울 장충동 현장에서 호텔 기공식을 했다. 이병철은 세계 최고의 호텔이면서도 한국의 전통미와 예술이 짙게 배어 있는 호텔을 만들고 싶었다.

이병철이 생각한 모델은 일본의 오쿠라호텔이었다. 이병철은 오쿠라호텔에서 하얀 눈을 보며 신년을 맞이한 적이 많았다. 오쿠라호텔은 외관과 내부의 많은 부분이 서양식이다. 하지만 현관에 들어서면 누구든지 일본에 왔다는 것을 실감할 수 있는 분위기가 났다. 이병철은 오쿠라호텔 노다 회장에게 그 이유를 물었다. "우리 호텔 로비는 헤이안 시대(794년~1192년)의 문화를 그대로 재현해서 고대 일본의 문화적 정취가 감돌 수 있도록 꾸몄다."

동상으로 만난 이병철·정주영·박태준

이병철 동상과 신라호텔. 동상이 있는 곳에서 보면 신라호텔 전관,
그리고 북악산을 넘어 멀리 북한산이 보인다.

이병철은 오쿠라호텔과 같은 호텔을 만들기로 했다. 우리나라 역사에
서 가장 찬란한 문화예술의 꽃을 피웠던 신라 왕조를 떠올렸다. 이병철
은 신라를 호텔 이름으로 정했다. 이름만 신라로 지은 게 아니라 호텔 곳
곳을 우리나라 전통미를 느낄 수 있도록 꾸몄다. 왕의 자리 뒤에 거는 그
림인 일월도(日月圖), 왕을 상징하는 봉황도(鳳凰圖)로 로비와 커피숍,
라운지를 마무리했다. 신라왕의 금띠 모양을 본떠 대형 샹들리에 금속
장식을 만들고, 봉덕사 범종의 문양과 꽃격자무늬를 각종 소품 디자인에
활용했다. 조경과 시설 등 다른 분야에서도 최고를 지향했다. 잘 가꿔진

나무들을 보면서 계절 변화를 느낄 수 있도록 정원을 만들고, 유명 조각가의 작품을 전시한 세계적 수준의 조각공원을 세웠다. 서비스와 음식도 세계 일류여야 했다. 이와 관련해 유명한 일화가 남아 있다. 신라호텔 조리부장은 30대에 모든 음식을 책임지는 조리부장에 올랐을 정도로 실력을 인정받는 사람이었다. 그렇지만 이병철은 틈만 나면 요리와 서비스를 배워 오라면서 연수를 보냈다. 조리부장은 일본의 한 초밥집에 다섯 번이나 연수를 가야 했다. 그러던 어느 날 이병철이 삼성그룹 중역들과 식사하기 위해 호텔에 왔다. 조리부장은 자신의 실력을 자랑하고 싶었다. 초밥을 내놓은 그는 칭찬을 기대했다.

　　이병철 회장은 특유의 낮은 목소리로 물었다.
　　"초밥 한 점에 밥알은 몇 알입니까?"
　　"네… 네?"

　　이병철 회장이 답을 듣기 위해 그를 쳐다보았다.
　　조리부장은 숨이 가빠지고 땀까지 배어 나왔다.
　　"솔직히 잘 모르겠습니다. 죄송합니다."
　　이병철은 여전히 그를 쳐다보았다.

　　"지금 세 보겠습니다."

　　당장 초밥을 물에 풀어헤치고 밥알을 한 톨 한 톨 셌다.
　　"320알입니다." 막상 세고 나니, 억울하다는 생각도 들었다. '까짓 밥알 수가 뭐 그리 대단한가? 그걸 아는 요리사가 어디 있겠어?'

그런데 조리부장의 마음속 외침을 듣기라도 한 듯 이병철 회장이 말을 이었다.

"낮에는 밥으로 먹기 때문에 초밥 한 점에 320알이 있지요. 하지만 저녁에는 술안주로 먹기 좋게 280알 정도가 있어야 정석입니다."

최고라고 자부하던 조리부장은 한없이 부끄러워졌다.

"요리에 장인 정신을 가지고, 어떤 일을 맡든 간에 최고가 되겠다는 마음을 가지십시오. 고객에게 제공하는 서비스에 자신의 이름을 거는 일, 그것이 일류가 되는 길이 아니겠습니까."

-TSN 뉴스 [신라호텔의 탄생과 이병철3] '초밥에 밥알이 몇 개요?'

신라호텔은 1979년 3월 8일 전관이 개관했다. 신라호텔은 포천지 선정 서울 베스트호텔, 미국 리더지 선정 세계 10대 호텔이 됐다. 신라호텔은 이병철이 꿈꾼 한국의 전통미와 예술이 짙게 배어 있는 세계 최고 호텔로 자리매김했다.

화랑상(花郞像)에 담긴 인재경영(人才經營)

신라호텔 영빈관 옆 계단을 오르면 팔각정이 나온다. 팔각정에서 4~5m 떨어진 곳에는 활을 쏘고 있는 화랑상(花郞像)이 있다. 서울대 미대

학장, 국립현대미술관장을 지낸 조각가 최만린(1935~2020)의 작품으로 제작연도는 1973년이다. 두 발을 안정적으로 벌려 균형을 잡은 화랑상의 화랑은 왼손을 쭉 뻗어 활을 잡고 오른손은 한껏 활시위를 당기고 있다. 눈은 목표물을 향해 있고 흔들림이 없다. 팽팽하게 잡아당긴 활시위를 놓으면 당장이라도 화살이 남산 성곽 밖으로 막 날아갈 것 같다. 등에 매고 있는 화살통에는 이미 화살을 많이 쏘았는지 한 대만 남아 있다. 왼쪽 허리에는 손잡이가 둥근 긴 칼을 차고 있다.

신라호텔 팔각정 옆 화랑상, 오른손으로 활시위를 당기고 있다.
당장이라도 화살이 성곽 밖으로 날아갈 것 같다.

동상으로 만난 이병철·정주영·박태준

상의는 활을 쏘느라 살짝 벌어져 있고 그 사이로 단단한 가슴이 보인다. 신라 특유의 코가 있는 신발을 신었고 머리에는 꿩의 깃털이 꽂혀 있는 화랑 특유의 모자를 썼다. 화랑은 외모가 단정하고 품행이 올바른 사람이자 책을 많이 읽어 학식이 높은 지식인, 그리고 전국을 다니며 무예를 닦은 전사였다. 화랑의 신조인 세속오계(世俗五戒) 마지막 계율은 임전무퇴(臨戰無退)다. 즉, 한 번 싸우면 물러서지 않는 용맹함이다. 화랑은 신라가 고구려와 백제를 이기고 삼국을 통일하는 데 핵심적인 역할을 한 최고의 인재 집단이었다. 삼국통일의 주역 김유신과 태종무열왕이 화랑을 대표하는 인물이다. 이병철은 신라가 삼국을 통일하는 데 혁혁한 공을 세웠던 화랑과 같은 최고의 인재를 원했다. 1973년 장충동에서 신라호텔 기공식을 한 이병철은 같은 해 최만린이 만든 화랑상(花郞像)을 신라호텔 조각공원에 설치했다. 신라호텔 화랑상에는 그의 제일주의(第一主義), 인재경영(人才經營)이 투영되어 있다.

철저한 성과주의, 온정주의 배격

이병철은 1957년 우리나라에서 처음으로 공채제도를 도입했고 직접 심사위원이 되어 건강, 활동성, 사회관, 장래 포부 등을 물었다. 혈연과 지연, 학연과 관계없이 최고의 인재를 뽑기 위해서였다. 실력도 중요했지만, 사람의 됨됨이를 꼭 봤다. 입사할 때 필기 점수 비중을 50점을 넘지 않게 했다. 입사 후에는 현장을 제대로 알게 하는 차원에서 직접 설탕 부대를 나르고 창고를 정리하게 했다. 삼성물산 첫 공채로 입사한 27명의 신입사원은 제일제당에서 3개월, 제일모직에서 한 달 동안 경영 실습을 했다.

이병철은 자신이 뽑은 사람들을 최고의 인재로 만들기 위해 많은 돈을 들여 교육했다. 이병철은 사람의 능력은 60%만 태어날 때 타고 나고 40%는 교육으로 길러진다고 생각했다. 그래서 사람을 뽑을 때도 선천적 소질 대 교육의 비중을 6대 4로 뒀다. 이병철은 1982년 보스턴대학에서 명예박사학위를 받을 때 인재 양성의 중요성을 거듭 강조했다. "삼성은 인재보고라는 말보다 나를 즐겁게 하는 것은 없다, 내 인생의 80%는 인재를 모으고 교육하는 데 썼다." 용인자연농원 안에 천 명을 동시에 수용할 수 있는 대형 연수시설을 세우고, 세계적 규모의 삼성종합연수원을 만든 것도 사람을 키우려는 목적이었다. 1982년 준공된 삼성종합연수원 로비에는 이병철이 쓴 친필 현판이 걸려 있다. "국가와 기업의 장래가 모두 사람에 의해 좌우된다는 것은 명백한 진리다. 이 진리를 꾸준히 실천해 온 삼성이 강력한 조직으로 인재 양성에 계속 주력하는 한 삼성은 영원할 것이며 여기서 배출된 삼성인은 이 나라 국민의 선도자가 되어 만방의 인류 행복을 위하여 반드시 크게 공헌할 것이다."

이병철의 사람 키우기는 자율성이 특징이다. 평소 직원들에게 권한과 책임을 과감하게 넘겨 능력을 충분히 발휘하도록 했다. 1~2년간 적자를 봐도 이를 이겨 내고 회사를 다시 세울 수 있는 인재라고 생각하면 믿고 맡겼다. "의심을 하면서 사람을 부리면 그 사람의 장점을 살릴 수가 없다. 그리고 고용된 사람도 결코 제 역량을 발휘할 수 없을 것이다. 일단 채용했으면 대담하게 일을 맡겨라."

단풍이 곱게 든 단풍나무를 오른쪽 뒤에 두고 있는 신라호텔 이병철 동상. 늦가을 햇살 속 동상의 모습이 아름답다. 동상 앞 표석에는 호암자전 발췌 내용이 새겨져 있다.

하지만 이병철의 경영 평가는 혈연, 지연, 학연에 치우치지 않고 냉정하고 엄격했다. "평소 사장될 그릇을 타고난 사람은 사장이 되고 전무밖에 되지 못할 그릇이라면 전무로 만족해야 한다. 만일 전무 그릇밖에 되지 않는 사람이 사장이 되면 그 사람도 죽고 회사도 죽는다." 특히 온정주의에 빠진 경영자에 대해서는 단호했다. "미온적인 경영으로 회사와 본인의 장래를 망치고 결국 사회를 혼란하게 한다."는 게 이병철의 철칙이었다. 또한 부정부패는 발도 붙이지 못하도록 엄하게 다스렸다. 이병철이 꾸린 감사팀은 사장실의 두루마리 휴지의 길이까지 재어 회삿돈을 착복하지 않는지 파악했다. 한때 KBS가 자사의 감사 업무를 삼성그룹 감사팀에 의뢰할 정도로 삼성그룹 감사팀은 국내 최강이었다.

대학생 입사 희망
기업 1위 삼성

일류, 1등을 추구한 이병철이 세운 회사는 삼성과 함께 제일이라는 이름이 붙었다. 제일 좋은 옷, 제일 좋은 가방처럼 제일이란 최고를 의미한다. 이병철이 세운 회사 중에 제일이란 이름을 가진 회사는 제일제당, 제일모직, 제일기획, 제일합섬 등 4개 사다. 최고가 되려는 정신은 적극적으로 도전하고 변화하려는 진취적 사상이다. 이병철의 제일주의 정신은 1953년 제일제당을 창립할 때 잘 드러나 있다. "결의와 큰 기개를 이 사명에 담았다. 무슨 일이나 제일의 기개로 임하자. 앞으로 항상 한국 경제의 제일 주자로서 국가와 민족의 번영에 크게 기여해 나가자."

"크고 강력하고 영원하라."라는 뜻의 삼성 브랜드에도 일등주의, 최고라는 뜻이 함축되어 있다. 이병철은 "삼(三)은 큰 것, 많은 것, 강한 것을 나타내는 것으로 우리 민족이 가장 좋아하는 숫자다. 성(星)은 밝고 높고 영원히 깨끗이 빛나라는 것을 뜻한다."라고 설명했다. 무슨 사업을 하든 최고, 1등이 되어야 한다는 뜻이다. 이병철의 생각대로 삼성은 많은 분야에서 1등을 했다. 제일제당과 제일모직은 1950년대 동종업계 1위를 달성했고, 1973년 설립된 제일기획도 광고대행업계 1위를 고수했다. 1983년 진출을 선언한 삼성전자의 메모리 반도체는 세계 1위를 질주하고 있다. 1990년대 후반 미국의 전자제품 판매장에 진열조차 할 수 없었던 휴대폰과 TV 등 삼성 제품들은 이제 당당히 최고급 대우를 받고 있다.

이병철은 직원들에게 최고의 인재가 되기를 원하는 만큼 직원들도 일

동상으로 만난 이병철·정주영·박태준

류로 대했다. 1970년 이병철은 월급을 정하는 원칙을 제시했다. "첫째, 물가를 반영해 생활이 안정되도록 최소한의 생계비는 되어야 한다. 둘째, 타사보다 높은 수준을 유지해야 한다." 이런 기조는 2대 삼성그룹 총수인 아들 이건희 시대에도 이어졌다. 이건희는 2000년 특유의 보너스 제도인 생산성격려금(PI)와 초과이익분배금(PS)을 도입했다. 생산성격려금은 생산성 향상을 위해 직원들에게 지급하는 격려금이다. 1년에 두 번 개인별 기본급의 50~150%, 계열사 실적을 평가한 후 실적에 따라 A(150%), B(100%), C(50%)로 나눠 지급한다. 초과이익분배금은 경영성과를 통해 창출된 이익을 주주들만 아니라 직원들에게도 나눠 주는 제도다. 지급의 기본 규칙은 1년간 경영실적을 평가한 후 당초 잡은 이익 목표를 초과 달성한 경우 초과분의 20%를 임직원들에게 분배하는 것이다. 상한선은 연봉의 50%다. 이런 이유로 삼성에서 1년 계약 연봉이 6천만 원이라도 연말 총 수령액이 1억 2천만 원이 될 수 있는 것이다. 대학생들 사이에서 삼성전자는 입사하고 싶은 기업 순위에서 늘 상위권이다. 창업주 이병철 시대에도, 2대 이건희, 3대 이재용 시대도 마찬가지다. 2017~2019년 3년간 삼성전자는 입사하고 싶은 기업 1위였고 2020년에는 카카오, 네이버에 이어 3위였다.

평생의 은인,
이승만 대통령과 맥아더 장군

이병철이 부모님을 제외하고 자서전인 《호암자전》을 통해 공개적으로 당당하게 존경을 표시한 사람은 단 두 명이다. 한 사람은 대한민국 초대 대통령 이승만, 또 한 사람은 6·25전쟁 인천상륙작전의 영웅 맥아더 장군이다. "이승만 박사와 함께 맥아더 장군이 없었더라면 한국의 독립과 6·25의 전승이 과연 있었을까 하고 나는 항상 생각하고 있다. 6·25동 란에서 백척간두에 선 조국을 구한 이 박사의 공적은 우리나라 현대사에 길이 그 이름을 남기고도 남을 것이다."

이병철이 이승만을 존경하게 된 계기는 1946년 10월 남로당(남조선로 동당)이 일으킨 대구폭동이었다. 당시 대구는 수천 명의 시위대가 북한 의 혁명가요인 적기가(敵旗歌)를 부르며 노동평의회 건물 앞에서 시위 를 벌이는 등 무정부 상태에 빠졌다. 국수공장과 양조장을 경영하던 대 구의 유력 사업가 이병철은 심각한 목숨의 위험을 느꼈다. "군경 당국의 대응이 조금만 늦었더라도 대구 시내의 유력자는 사업가를 포함해 몰살 되었을 것이다." 이병철은 대구폭동 직후 대구를 방문한 이승만을 만났 다. 이병철의 부친 이찬우는 한때 서울에서 독립협회를 이끌던 이승만과 함께 활동한 적이 있다. 이병철은 아버지 이야기로 말을 시작했고, 그 말 을 들은 이승만은 "서울에 올라오게 되면 꼭 찾아오라."고 했다. 이병철 은 그 후 서울 이승만의 사저인 이화장을 찾았다. 이병철은 "좌우합작이 나 남북협상이 아닌 남한 단독으로라도 총선거를 치러야 한다."는 이승 만의 당당한 주장에 감화됐다. 이를 계기로 이병철은 "사업보국의 신념 을 더 확고하게 가졌다."라고 회고할 정도로 이승만을 더 존경하게 됐다.

6·25전쟁 때 이병철은 "적을 격퇴 중이니 시민은 안심하라."라는 정 부의 말을 듣고 피난을 가지 않았다. 이병철은 전쟁이 시작된 지 사흘 뒤 인 6월 27일부터 서울에 꼼짝없이 갇혔다. 당시 이병철은 무역업을 하 는 사업가로 삼성물산을 경영하고 있었다. 1950년 3월 결산에서 삼성물 산은 한국 무역업체 순위 1위였다. 공산당의 손쉬운 먹잇감이 된 사업가

이병철은 내무서로 끌려가 조사를 받았다. 이후 다락방과 지하실을 전전하며 숨어 지냈고 목숨을 부지한 게 기적이었다. 맥아더 장군의 인천상륙작전 후 이어진 9·28 서울 수복 작전으로 이병철은 90일 만에 공산당 통치에서 벗어날 수 있었다. "공산 치하에서 공산당의 온갖 약탈과 만행을 목격했고, 자유라곤 한 줌도 없는 암흑의 세계를 사무치게 경험했다." 그런 이유로 이병철은 맥아더 장군을 가슴으로 존경했고 맥아더를 세계에서 가장 위대한 군인이자 한국의 은인이라 칭했다. "동란 초기에 신속히 미군을 파견하여 화급한 우리 위기를 구한 것이나 어려움이 많았던 인천상륙작전을 성공리에 수행한 것이나 이 모두가 맥아더 장군의 뛰어난 용기와 지략의 소치였다."

1982년 4월 이병철은 미 버지니아주 노퍽시 맥아더 장군기념관을 찾아 맥아더 장군의 부인 진 맥아더 여사(1898~2000)를 만났다. 이 자리에서 이병철은 맥아더 장군에 대한 깊은 경의와 감사를 표시하고 장군의 동상을 기념관에 기증하겠다는 뜻을 밝혔다. 귀국 후 이병철은 조각가 김창희에게 미국 맥아더 기념관에 보낼 맥아던 장군 동상과 동판, 맥아더와 인연이 깊었던 이승만 동상을 만들 것을 주문했다. 그러면서 호암미술관에 세울 같은 모양의 동상과 동판도 하나 더 주문했다. 김창희는 서울시립대에 환경조각학과를 만든 조각계의 원로다. 생전 이병철은 김창희 작품을 구입해 삼성본관과 서울 신라호텔 조각공원, 호암미술관에 전시할 정도로 그의 작품을 좋아했다. 김창희는 40여 년 전 이병철이 맥아더 장군 동상 제작을 의뢰하던 상황을 생생하게 기억했다. "평소 이승만 박사를 존경하던 이병철 회장이 건국 대통령 우남 이승만 박사의 동상과 한국전쟁의 실상을 담은 동판 주조 제작을 의뢰했습니다. 제작된 맥아더 장군 동상과 인천상륙작전 동판 부조, 이승만 박사의 동상은

1984년 8월 15일 호암미술관 앞에 세워졌습니다. 1m 20cm 정도 되는 작은 동상입니다." 그러면서 김창희는 이병철과 있었던 다른 몇 가지 일화도 들려줬다. "이병철 회장의 부모님 흉상을 만들 때입니다. 이 회장이 사람들이 많지 않은 공휴일이나 일요일을 택해 서울시립대 작업실로 직접 찾아온 적이 있습니다. 공식 기록에는 없겠지만 당시 수위들은 잘 알고 있습니다. 부모님 흉상은 현재 용인 호암미술관에 있는 걸로 알고 있습니다."

   그렇게 만든 맥아더 동상 두 개 중 하나는 맥아더장군기념관으로 갔고 다른 한 개는 이승만 동상, 동판과 함께 호암미술관에 세워졌다. 하지만 현재 동상은 호암미술관에 없다. 현재 맥아더와 이승만 동상, 동판은 CJ제일제당 인천 제1공장 입구에 설치되어 있다. 4월 초 CJ제일제당 인천 제1공장을 방문했다. 공장 정문 경비실에서 그리 멀지 않은 곳에 맥아더, 이승만 동상과 동판이 있었다. 그리 크지 않은 조형물이라 한눈에 다 들어왔다. 동상과 동판 주위에는 잘 가꿔진 잔디밭과 조경수가 있고 그 뒤로 공장 건물이 연이어 있었다. 공장 안으로 들어가는 건 보안상 허용되지 않아서 멀리서 보는 걸로 아쉬움을 달래야 했다. 동상과 동판이 호암미술관에서 사라진 건 1987년 이병철이 타계한 후다. 호암미술관에서 이전된 것으로 보이지만 삼성전자도 CJ제일제당도 그 경위를 설명하지 않아 어떻게 된 것인지 연유를 알기는 어렵다. 이병철이 호암미술관에 맥아더 장군과 이승만 대통령의 동상을 세운 건 그들과 함께 있고 싶었던 것이었다. 이병철의 바람은 그의 뜻대로 되지 않았다.

이병철의 영원한 안식처, 호암미술관

봄꽃이 점차 화려해진 4월 초 경기도 용인 호암미술관을 찾았지만, 코로나19로 장기간 휴관 중이었다. 멀리 보이는 벚꽃 풍경만 보고 발길을 돌려야 했다. 호암미술관은 벚꽃이 피면 특히 아름다운 곳이다. 호수에 어우러지는 꽃은 한 폭의 그림처럼 아름답다. 호암미술관 풍경이 처음부터 이런 모습은 아니었다. 주변 호수와 산은 사람이 일일이 가꾸고 꾸몄다. 호수에 비치는 산은 조림된 숲이다. 호암미술관은 이병철이 내놓은 경기도 용인시의 5만m²(1만 5000평) 부지 위에 세웠다. 용인자연농원에서 가장 좋은 터로 소문났던 곳이다.

호암미술관 앞 호수 건너편에 벚꽃이 만개했다. 호암미술관은 코로나19로 출입이 통제돼 들어갈 수 없었다.

1장 삼성 반도체 왕국의 창업자 호암 이병철

이병철에게는 수집벽이 있었다. 불상, 자기, 벽지, 조각 등 미술품뿐 아니라 파이프, 만년필, 골프채까지도 수집했다. 국악에도 조예가 깊고, 한때는 서예에 빠지기도 했다. 이병철은 한국식 목조건축도 높이 평가하고 좋아했다. "살아 있는 듯 숨 쉬는 목재가 잘 배합되고 직선과 곡선이 융합, 조화된 우리 한옥은 실로 독창적인 운치를 지니고 있다. 세계 어느 나라의 전통 있는 건축물에 비해서도 추호의 손색이 없다." 용인자연농원에 한옥을 지었고 서울 용산구 한남동에도 같은 모양의 승지원을 신축해 자택으로 이용했다. 이병철은 문화재를 사는 데 돈을 아끼지 않았다. 해외에 반출된 우리 문화재를 비싼 돈을 주고 사 왔다. 고려시대 무신정권 실력자였던 최항의 무덤에서 나온 '청자진사연화문표형주자'(青磁辰砂蓮華文瓢形注子/국보133호)는 당시 가격으로 일본에서 백만 달러로 평가됐다. 고려 불화인 '아미타삼존도'(阿彌陀三尊圖/국보 218호)는 경매를 통해 사들였지만 일본 당국의 반대로 미국을 거쳐 들여오는 어려움을 겪어야 했다. 리움미술관으로 이전된 '청자진사연화문표형주자'를 비롯해 '아미타삼존도', '금동신묘명삼존불'(金銅辛卯銘三尊佛/국보 85호), '지장도'(地藏圖/보물 784호) 등 그가 수집한 문화재 2천여 점 중에 국보와 보물로 지정된 작품만 50여 점이다. 호암미술관에는 이병철이 그렇게 30여 년 동안 수집한 문화재 1167점이 소장되어 있다. 이병철은 자신이 수집한 미술품은 개인의 소장품이지만 컬렉션 하나하나가 우리 민족의 문화유산이라고 생각해 기꺼이 미술관을 만들었다. 호암미술관은 석재를 이용해 한옥의 선과 전통의 멋을 살려 지었다. 1층은 경주 불국사 백운교와 같은 아치형 돌계단을 기단 구조로 하고 그 위에 청기와 단층 건물을 얹었다. 미술관의 이름은 자신의 호를 따 호암미술관으로 정했다. 호암(湖巖)은 호수처럼 맑은 물을 잔잔하게 가득 채우고 큰 바위처럼 흔들리지 않는 준엄함을 뜻한다.

미술관은 1982년 4월 22일 개관했다. 호암미술관 전통 정원인 희원(熙園)의 동문인 읍청문 뒤쪽에는 일반에 공개되지 않는 공간이 있다. 이병철의 영원한 안식처가 있는 곳, 여기에 이병철의 묘와 전신 좌상 동상이 있다. 동상은 1988년 1주기 추도식 때 삼성 가족들이 세웠다. 비공개 지역이라 이병철 동상 모습은 2014년 발행된《호암자전》에 실린 사진을 참고했다. 사진을 보면 하얀 대리석으로 된 좌대 위에 이병철 회장이 1인용 큰 소파에 앉아 있다. 순모선생으로 불렸던 그답게 넥타이를 매고 상·하의 양복을 단정하게 입었다. 넥타이는 배 아래까지 자연스럽게 내려와 있고 바지에 있는 칼주름이 인상적이다. 팔은 양쪽으로 벌려 의자의 팔걸이를 자연스럽게 잡고 있고, 발은 적당한 넓이로 벌렸다. 앞머리가 빠져 이마가 살짝 드러나 있고 주름살이 선명하다. 안경 속 눈은 호암미술관 앞쪽을 바라보고 있다. 앉아 있는 의자는 조각인데도 고급스러워 보인다. 비싸 보이는 가죽의 질감, 그리고 팔걸이부터 네 귀퉁이 다리, 등을 대고 있는 등받이도 섬세하게 조각되어 있다. 동상 뒤 병풍석 화강석대비문(花崗石大碑文)에는 다음과 같은 내용이 새겨져 있다.

會長(회장)께선 우리 傳統文化遺産(전통문화유산)을 保存(보존)해 後孫(후손)들에게 矜持(긍지)를 불어넣어 주는 事業(사업)에도 각별히 精誠(정성)을 기울여 東洋最大(동양 최대)의 私立湖巖美術館(사립호암미술관)을 세우셨고 三星美術文化財團(삼성미술문화재단)을 통한 道義文化(도의문화) 진작과 藝術文化(예술문화) 창달에도 精誠(정성)을 쏟으셨다.

호암미술관 이병철 동상은 1980년 한국미술협회 11대 이사장, 1998년 미술 저작권협회 회장 등을 역임한 김영중(1926~2005)의 작품이다. 김영중은 어린이대공원 내 소파 방정환 동상, 효창공원 이봉창 동상, 윤봉길 의사 동상 등을 만든 유명 작가다.

2대로 이어진 수집벽과 리움미술관, 그리고 기부

이병철의 수집벽은 삼성 2대 회장인 아들 이건희로 이어졌다. 어려서 일본에서 살았던 이건희는 소일거리로 영화관을 출입하면서 영화 테이프를 수집하는 영화광이었고 성인이 되어서는 자동차와 미술품을 수집하는 애호가였다. 이건희가 수집한 미술품은 서울 한남동 리움미술관에, 그리고 자동차는 경기도 용인 삼성교통박물관에 전시됐다. 이건희는 선친 이병철 삼성그룹 창업주의 뒤를 이어 스스로 독자적인 수집력을 쌓아가며 호암과는 다른 차원의 '리움 컬렉션'을 만들었다. 이병철이 혼자서 수집했다면 아들 이건희는 미술을 전공한 부인 홍라희와 함께 그림을 집중적으로 사들였다. 이건희의 미술품 수집 원칙은 "작가의 대표작은 가격을 따지지 않고 산다."라는 것이었다. 그래서 이건희 컬렉션에는 국보급 명품과 세계적 미술품이 많았다. 개인 자격으로 국보급 문화재를 국내에서 가장 많이 보유한 사람이 이건희였다. 2020년 10월 25일 이건희가 타계하자 그가 수집한 작품을 어떻게 할 것인지가 초미의 관심사가 됐다.

삼성 2대 회장 이건희와 부인 홍라희가 세운 리움미술관 전경. 코로나19로 휴관이라 리움이라는 글씨가 제대로 보이지 않는다.

6개월 후인 2021년 4월 28일, 삼성가는 이건희 컬렉션은 한 개인의 소장품이 아니라 사회 전체의 자산이라는 고인의 뜻을 존중해 작품을 사회에 기증한다고 발표했다. 국립박물관에 기증된 미술품은 국내에 유일한 문화재 또는 최고(最古) 유물과 고서, 고지도 등 2만 1600여 점이다. 목록에는 겸재 정선의 '인왕제색도'(국보 216호), 단원 김홍도의 '추성부도'(보물 1393호), 고려 불화 '천수관음 보살도'(보물 2015호) 등 지정문화재 60건(국보 14건, 보물 46건)이 포함됐다. 근대 미술품 1600여 점은 국립현대미술관에 기증됐다. 김환기의 '여인들과 항아리', 박수근의 '절구질하는 여인', 이중섭의 '황소', 장욱진의 '소녀, 나룻배' 등 한국 근대 미술 대표 작가들의 작품 및 사료적 가치가 높은 작가들의 미술품과 드로잉이 포함됐다. 서양 미술의 수작인 모네의 '수련이 있는 연못', 호안 미로의 '구성', 살바도르 달리의 '켄타우로스 가족' 및 샤갈, 피카소, 르누아

르, 고갱, 피사로 등 세계 유명 작가의 작품도 목록에 올랐다. 한국 근대 미술에 큰 족적을 남긴 작가들의 작품 중 일부는 광주시립미술관, 전남 도립미술관, 대구미술관 등 작가 연고지의 지자체 미술관과 이중섭미술관, 박수근미술관 등 작가 미술관에 각각 기증됐다.

정부는 7월 삼성가가 기부한 작품을 전시할 이른바 이건희미술관 후보지로 서울 용산 국립중앙박물관 부지와 국립현대미술관 인근 송현동 부지 2곳을 결정했다. 이병철은 자신이 수집한 미술품을 전시하는 호암미술관을 지었고, 아들 이건희는 부인 홍라희와 함께 리움미술관을 지었다. 삼성가는 이건희가 수집한 작품 중 다수를 다시 국가와 사회에 내놓았다. 그들이 수집한 미술품은 한 개인의 소장품이 아니라 사회 전체의 자산이라는 생각은 대를 이어 계속됐다.

19년 재임 경주이씨 중앙화수회 총재

겨울 추위가 쌀쌀하던 1월 중순 서울 종로구 명륜동에 있는 경주이씨 중앙화수회관을 방문했다. 화수회(花樹會)는 성(姓)과 본(本)이 같은 사람들이 모이는 종친 모임이다. '경주이씨 중앙화수회'는 경주이씨들의 종친 모임으로, 종친회 차원에서 문학지 '표암문학'을 발행할 정도로 종친회 활동이 활발한 곳이다. 경주이씨 중앙화수회는 회원 수를 142만 명으로 추산하고 있다. 전국에 이씨 성을 가진 사람 중에서는 전주이씨에 이어 두 번째로 큰 성씨다.

경주이씨 중앙화수회관에 설치된 이병철 흉상, 화수회관 입구에 설치되어 있다. 이병철이 이 터를 샀고, 아들 이건희가 건물을 지었다.

4호선 혜화역에서 내려 마을버스로 갈아타고 도착한 경주이씨 중앙화수회관은 생각보다 컸다. 전면은 통유리, 외벽은 화강석으로 마감한 화수회관의 높이는 5층이지만 건평이 꽤 넓어 보였다. 건물 규모로 봐서는 웬만한 중견업체의 사무실이라고 해도 괜찮을 정도다. 건물 입구 중앙 상단에는 한자로 慶州李氏中央花樹會館(경주이씨중앙화수회관)이란 글씨가 쓰인 현판이 걸려 있고 입구 오른쪽에 팔 부분이 없는 이병철의 상반신 흉상이 세워져 있다. 흉상은 양복 차림에 와이셔츠, 조끼를 갖춰 입었고 넥타이를 맸다. 안경을 쓴 눈은 정면을 응시하고 있다. 이마에 굵은 주름살이 있고 입 주변에도 주름이 잡혀 있는 모습으로 봐서 70대의 이병철처럼 보인다. 좌대에는 한자로 湖巖 李秉喆 總裁 像(호암 이병철 총재 상)이라는 글씨가 새겨져 있다. 흉상 옆 벽에는 한글, 중국어, 영어, 일본어로 된 호암의 생애를 소개하는 안내판이 부착되어 있다. 안내판은 이병철 흉상이 세워지고 나서 14년 후인 2012년 만들었다.

이병철(李秉喆) 총재

호암 이병철(湖巖 李秉喆)은 1910년 2월 12일 경남 의령에서 부친 이찬우(李纘雨)와 모친 안동 권씨(安東 權氏) 사이에서 태어났다. 이병철은 1938년 3월 1일 삼성그룹의 모태가 된 삼성상회를 설립하고, 이어 삼성물산, 제일제당, 제일모직, 동양TV, 삼성장학회, 중앙일보, 삼성전자, 제일기획, 삼성중공업, 삼성종합건설, 삼성경제연구소 등을 설립했다. 이병철은 한국 경제의 견인차 역할을 했으며, 글로벌 초우량 기업인 삼성의 초석을 다졌다. 1987년 11월 19일 별세(향년 78세)했다. 부인 박두을(朴杜乙, 1907~2000년) 여사 사이에 맹희, 창희, 건희(삼성전자 회장) 등 3남 5녀를 두었다.

그가 남긴 어록이다.
"미래는 용기 있는 자들의 것이다."
"한 사람의 탁월한 지도자가 시대를 변혁시킨다."

이병철은 1968년 7월 경주이씨 중앙화수회 총재를 맡은 후 1987년 11월 타계할 때까지 무려 19년간 재임했다. 한국 제1의 삼성그룹 총수였지만 이병철은 대외적으로 자리 맡는 걸 그다지 좋아하지 않았다. 대외적 직함이 있던 건 한국경제인협회(현 전국경제인연합회)초대 회장, 그리고 1966년 취임한 대한암협회 회장 정도다. 그나마 한국경제인협회 회장도 1961년 8월에 취임해 울산공업단지가 터를 닦기 시작하던 1962년 9월 그만둘 정도로 짧았다. 삼성그룹 계열사 중에도 회장 이름을 걸고 직접 경영한 회사는 제일모직 등 몇 개에 그쳤다. 그런 이병철이 장기간 경주이씨 중앙화수회 총재로 있었다는 건 그만큼 경주이씨 가문에 대한 애착이 크고 자부심이 강했다는 뜻이다. 이병철의 생각은 《호암자전》 1장 첫 페이지를 보면 확연히 알 수 있다. "나의 가계는 경주이씨(판전공파)에 속한다. 16대조가 중교리를 은거의 고장으로 삼아 낙향하였다. 조선왕조 연산군 시대였으니 지금부터 약 480년 전의 일이다." 조부 이홍석은 영남의 이름난 유학자 허성재의 문하생이었고, 부친 이찬우도 한학을 공부했다. 총재 재임 중 이병철은 명륜동 1가 33-90 대지 99평, 건평 50평의 건물을 사들여 화수회에 기증했다. 그런 아버지의 뜻을 알았기에 아들 이건희는 1998년 현재 화수회 건물을 지었다. 이병철과 이건희의 덕으로 경주이씨 화수회는 제대로 된 소유 건물을 갖게 됐다. 그때 건물 입구에 이병철 흉상이 세워졌다.

이병철이 뿌리고 이건희가 피운 꽃

1987년 11월 19일, 이병철은 폐암으로 타계했고 그의 자리는 3남 이건희(1942~2020)가 승계했다. 당초 이건희는 후계자가 아니었다. 이병철이 이건희에게 삼성을 물려주는 과정은 《호암자전》에 자세히 기술되어 있다. 부인 박두을과의 사이에서 아들 3명과 딸 5명을 둔 이병철은 처음에는 장남 이맹희를 후계자로 생각했다. 큰아들에게 가업을 물려주는 한국의 전통을 따른 결정이었다. 그러나 이맹희는 경영 능력 부족으로 아버지의 눈에 들지 못했다. "주위 권고와 본인 희망이 있어 맹희에게 그룹 일부의 경영을 맡겨 봤는데 6개월도 채 못 돼 맡긴 기업은 물론 그룹 전체가 혼란에 빠졌다." 아버지에게 다시 경영권을 넘긴 이맹희는 일본 유학길에 올랐고 평생 부친과 등지고 살았다. 이병철은 2남 이창희에 대해서는 "알맞은 회사를 건전하게 경영하고 싶다고 희망했으므로 본인의 희망을 들어주기로 했다."고 썼다.

하지만 두 사람의 후계 구도 탈락은 1966년에 터진 이른바 한국비료 사카린 밀수사건과 관련이 깊다. 사건이 터지자 이병철은 책임을 지고 경영 은퇴 선언과 함께 삼성그룹 회장직에서 물러났고, 장남 이맹희가 삼성의 총수 대행으로 10여 개 부사장 타이틀을 달고 활동했다. 하지만 장남 이맹희에 대한 이병철의 평가는 좋지 않았다. 사카린 밀수에 책임을 지고 구속됐던 차남 이창희는 이른바 청와대 투서 사건을 벌인 당사자다. 아버지가 밀수와 관련이 있다는 투서를 한 이창희는 후계자가 될 수 없었다. 이건희의 그룹 승계는 이런 삼성가의 복잡한 사정 속에서 이뤄졌다. 이병철은 1971년 삼성그룹의 차기 후계자는 이건희라고 밝혔다.

후계자로 지명된 이건희는 삼성그룹의 미래 먹거리에 관심이 많았다. 삼성의 반도체 사업 진출은 아들 이건희가 먼저 관심을 보이고 아버지 이병철이 결단을 하는 방식으로 이뤄졌다. 1970년대 중반 한국에는 제대로 된 반도체 회사가 없었다. 강기동 박사가 세운 한국반도체가 그나마 시계에 들어가는 '워치칩'을 만들어 반도체 회사로서의 모양을 갖추고 있었지만 경영 미숙으로 회사는 어려웠다. 1974년 동양방송 이사로 있던 이건희는 사비를 털어 한국반도체를 인수했다. "시대가 산업사회에서 정보사회로 넘어가고 있고, 그 핵심인 반도체 사업은 우리 민족의 재주와 특성에 딱 맞는다." 그러나 이건희가 인수하고 나서도 회사 경영은 나아지지 않았다. 본격적으로 반도체 산업을 하려면 4천억 원의 투자가 필요했지만, 당시 삼성의 연간 투자액이 8천억 원에 불과한 상황에서 그런

거액을 쏟아붓기는 어려웠다.

 1979년 아버지 이병철이 삼성의 반도체 사업을 직접 챙기면서 변화가
시작됐다. 하지만 당시 한국의 반도체 산업은 D램 같은 고부가가치 제품
은 꿈도 꾸지 못하는 수준이었다. 일본의 한 기업연구소가 '삼성이 반도
체를 할 수 없는 다섯 가지 이유'란 보고서를 내놓을 정도로 국제 사회는
한국의 반도체 사업에 대해 부정적이었다. 그러나 이병철은 1983년 첨
단 반도체 진출을 선언했다. 삼성은 1986년 7월 1메가 D램을 생산한 데
이어 64메가 D램 개발로 기술 주도권을 확보했다. 그 후 반도체 생산량
을 늘리며 기술과 생산 양쪽에서 명실상부한 세계 1위 반도체 기업이 됐
다. 이병철이 뿌린 씨앗이 막 꽃을 피울 무렵 그는 타계했고, 꽃을 만개
시킨 건 아들 이건희였다. 이건희는 1993년 '마누라와 자식만 빼고 다 바
꾸라'라는 프랑크푸르트 신경영 선언을 거쳐, 초유의 구조조정으로 1998
년 외환위기를 정면 돌파하고, 2000년 밀레니엄 시대에 삼성을 글로벌
IT(정보기술) 전쟁의 최강자로 등극시켰다. 이건희는 반도체 성공에 이
어 휴대폰 사업에서 '애니콜 신화'를 써 내려갔다. 1995년 8월 삼성 애니
콜은 전 세계 휴대폰 시장 1위였던 모토로라를 제치고 51.5%의 점유율
로 마침내 국내 정상 자리에 올랐다. 2012년에는 세계 휴대폰 시장 1위
를 차지하면서 또 하나의 신기원을 이뤘다. 삼성그룹 2대 회장 이건희는
27년간 삼성을 이끌면서 고도의 통찰력과 설계 능력, 혁신의 동력으로
아버지에게 물려받은 삼성그룹을 세계 초일류기업으로 키웠다.

CJ · 신세계 · 한솔 · 중앙그룹, 이병철이 남긴 유산

1월 중순 서울시 중구 쌍림동 CJ 사옥을 방문한 날은 폭설이 내렸다. 명동에서 쌍림동까지 그리 멀지 않은 거리를 가는데도 눈보라가 심해 걷기 힘들 정도였다. 대부분의 대기업 본사 건물에 들어가면 괜히 누군가가 붙잡을 것 같은 분위기가 느껴진다. 하지만 CJ 사옥은 그룹의 모태가 식품회사라서 그런지 그런 느낌이 들지 않았다. 사옥에는 뚜레쥬르, 비비고 등 CJ의 대표 브랜드 매장들이 곳곳에 있다. 대기업 사옥이라고 생각하지 않고 배가 고파 무언가를 먹고 싶으면 그냥 들어가도 괜찮은 곳이다. .

쌍림동 CJ 사옥 이병철 홀로그램 흉상

CJ 사옥 1층 로비에는 이병철 홀로그램 흉상이 있다. 홀로그램 흉상은 통상적인 조각 작품과는 느낌이 다르다. '미디어 아트'작품이라 양복을 단정하게 입고 넥타이를 맨 이병철의 영상이 나타났다가 잠시 후면 사라지고 다른 영상이 나타났다. 빠르게 영상이 바뀌면서 이병철의 모습을 진득하게 감상하기는 어려웠다. 작품은 문경원, 전준호가 제작한 CJ DIGITAL HERITAGE(씨제이 디지털 헤리티지)다.

CJ DIGITAL HERITAGE

60여 년 전 창업주 고 호암 이병철 회장은
정직한 농부의 마음으로 CJ라는 나무를 심었습니다.

그 진정성은 오늘날 CJ의 가장 소중한 유산(heritage)이 돼
OnlyOne이라는 가치로 열매 맺었습니다.

CJ제일제당센터 정문 오른쪽에서 여러분을 맞이하는
'미디어트리'는 CJ의 과거와 현재, 미래를 동시에 보여 줍니다.

열매처럼 매달린 LCD 모니터에는 농부의 땀방울처럼
정직한 길을 걸어온 CJ그룹의 유산이 고스란히 담겨 있습니다.
나뭇가지는 천장을 뚫고 뻗어 올라가 글로벌 생활문화 기업이라는
거목을 이루며 이 땅을 풍요롭게 적셔 줄 미래를 향합니다.

현재에 뿌리박고 CJ의 과거와 미래를 보여 주는 나무의 맞은편에는
창업주인 고 이병철 회장의 흉상이 홀로그램 영상으로 되살아나 미

래의 출발점에 선 우리에게 지혜의 조언을 건네옵니다.

그 사이깃을 지나면 식재료로 수놓은 산수화가 미디어 병풍 위에 피
어납니다. CJ의 출발점인 농부의 마음이 아름다운 풍경에 묻어 있
습니다.

병풍의 이미지는 이내 성대한 불꽃으로 변하면서
여기서 시작될 CJ의 새로운 도약을 축하해 줍니다.
CJ그룹의 유산이 미래로 이어지는 네버엔딩 스토리
여러분과 함께 나누고 싶은 이야기입니다.

벽면에는 이병철의 창업일지가 자세하게 정리되어 있다. 여러 기업 중
에 1953년 제일제당, 1963년 동양TV방송, 1965년 중앙일보, 1969년 삼
성전자 설립을 굵은 글씨로 강조해 CJ가 어떤 기업에 애착을 갖고 있는
지 표현했다. 1987년 이병철이 타계하면서 삼성그룹은 본격적으로 계열
분리가 이뤄졌다. 장남 이맹희의 아들인 장손자 이재현이 제일제당을 맡
았다. 1993년 제일제당 등 5개 기업을 물려받은 이재현은 2002년 그룹명
을 제일제당에서 CJ그룹으로 바꿨다. CJ는 이병철이 강조했던 '사업보
국(事業報國)'을 그룹의 창업이념이자 경영철학으로 삼았다. 이재현이
사옥에 CJ DIGITAL HERITAGE(씨제이 디지털 헤리티지)를 설치한 것
도 할아버지의 뜻을 잇겠다는 의미다. CJ는 현재 식품 · 서비스, 엔터테
인먼트 · 미디어, 물류 사업을 망라하는 대규모 기업집단으로 성장했다.
2019년 기준 자산 33조 7797억 원, 재계 순위로는 13위다. CJ제일제당,
엔터테인먼트&미디어 회사인 CJ E&M, 물류 · 건설 분야의 CJ대한통운
이 대표회사다. 회장 이재현을 중심으로 누나 이미경, 동생 이재환, 그리

고 외삼촌 손경식이 그룹을 주도하고 있다.

이병철의 맏딸 이인희는 1983년 전주제지 고문을 맡았고 1991년 삼성에서 독립경영을 선언했다. 1992년 사명을 한솔제지로 변경했고 1993년 한솔제지를 중심으로 한솔그룹을 출범시켰다. 한솔의 사명은 '크다'라는 뜻을 가진 '한'과 '소나무와 우두머리'를 상징하는 '솔'의 합성어다. 한솔그룹은 국내 대기업 중 순우리말로 지은 이름을 사명으로 사용하는 흔하지 않은 곳이다. 2018년 재계 순위는 60위로 주력 분야는 제지 사업, 핵심 계열사는 한솔제지다. 이인희는 2019년 별세했고 현재 그의 셋째 아들인 조동길 한솔그룹 회장이 그룹을 이끌고 있다.

이병철의 다섯째 딸이자 막내인 이명희는 신세계백화점을 맡았다. 활달하고 통 큰 리더라는 평가를 받는 이명희는 1991년 삼성에서 계열 분리 후 성공적으로 기업을 키워냈다. 이명희는 1997년 신세계그룹으로 출범할 때 부회장, 다시 2년 후 새로운 CI를 선포하면서 회장을 맡았다. 신세계그룹은 백화점과 할인점, 면세점, 호텔이 주력으로 현재 자산 44조 천억 원, 재계 순위 11위의 대규모 기업집단이다. 대형마트 1위인 이마트, 백화점 2위인 신세계백화점을 비롯해 조선호텔, 스타벅스커피코리아 등이 신세계를 대표하는 회사다. 이명희의 장남 정용진 신세계그룹 부회장, 정유경 신세계 총괄사장이 경영 전면에 나서고 있다.

둘째 딸인 이숙희는 구자학 아워홈 회장과 결혼했고, 셋째 딸인 이순희는 대학교수, 넷째 딸인 이덕희는 이종기 전 삼성화재 회장과 결혼해 경영에 참여하지 않았다.

이병철의 직계는 아니지만, 중앙일보를 모기업으로 JTBC, 휘닉스중앙 등 신문과 방송, 엔터테인먼트, 레저 사업을 아우르는 중앙그룹도 삼성에서 갈라져 나온 곳이다. 1965년 설립된 중앙일보는 당초 이병철이 셋째 아들인 이건희에게 물려주려고 생각할 정도로 애착이 컸던 회사다. 이병철은 그룹에서 가장 신뢰했던 이건희의 장인이자 사돈인 홍진기에게 중앙일보 경영을 맡겼다. 홍진기는 아들인 홍석현에게 중앙일보를 물려줬고 홍석현은 1994년 대표이사로 취임했다. 중앙일보는 1999년 1월 삼성그룹에서 분리됐고 이후 중앙그룹이 됐다. 계열분리 후 홍석현의 정치적 입장이 삼성과 다른 경우가 많아지면서 범삼성가에서 멀어졌다는 평을 듣고 있다.

자동차와 조선산업의 개척자
아산 정주영

아산 정주영
(1915~2001)

1915년 11월 25일 강원도 통천군 답전면 아산리에서 태어났다. 부모님은 농사를 짓는 평범한 가정이었다. 송전보통학교를 마치고 아버지와 함께 농사를 지었지만, 회의를 느껴 세 차례 가출했다가 아버지의 설득으로 번번이 고향으로 돌아가야 했다. 19세 때 네 번째 가출에 성공해 공사장 인부를 거쳐 쌀가게 복흥상회 점원으로 취직했다. 복흥상회를 인수해 차린 경일상회가 첫 사업이었고, 자동차정비업체 아도서비스가 두 번째 사업이었다. 1950년 현대건설을 만들면서 정주영의 사업은 날개를 달았다. 정주영은 1960년대 경부고속도로 건설과 소양강댐 사업에 참여했고, 1967년 현대자동차를 창립해 한국의 첫 국산 모델 포니를 수출하는 등 자동차산업을 일으켰다. 1970년 울산에 현대조선소를 만들어 세계 최대 조선소로 키웠고, 1976년 당시 세계 최대 건설공사였던 사우디아라비아 주베일항 공사를 9억 3천만 달러에 수주해 세계를 놀라게 했다. 1988년 서울올림픽 유치의 주역이자 1998년에는 소 떼를 몰고 북한을 방문해 금강산 관광과 개성공단의 문을 열었다. 서울아산병원을 비롯한 전국 8개 아산병원, 울산대학교와 서울 현대고 등 8개 학교의 설립자다. 1992년 통일국민당을 창당해 국회의원을 지냈고 그해 대통령선거에 나섰으나 낙선했다. 2006년 타임이 선정한 아시아 영웅, 2019년 한국 갤럽이 실시한 조사에서 한국인이 존경하는 인물 6위에 선정됐다. 정주영이 창업한 현대그룹은 둘째 아들 정몽구에 이어 장손인 정의선이 이끄는 현대자동차그룹, 셋째 아들 정몽근이 이끈 현대백화점그룹, 다섯째 아들 고 정몽헌을 거쳐 부인 현정은이 이끄는 현대그룹, 여섯째 아들 정몽준이 대주주로 있는 현대중공업그룹, 일곱째 아들 정몽윤의 현대해상화재보험, 여덟째 아들 정몽일이 경영하는 현대미래로그룹으로 분화됐다. 정주영의 동생들이 창업하거나 현대에서 분리된 회사를 기반으로 성장한 그룹으로 한라, 성우, 현대산업개발(HDC), KCC가 있다. 정주영의 유일한 여동생 정희경의 남편 김영주가 이끈 서한그룹도 범현대가와 관련이 깊다. 정주영은 자서전으로 《시련은 있어도 실패는 없다》, 《이 땅에 태어나서》 두 권을 남겼다.

서울, 울산, 서산에서 만나는
정주영의 상(像)

정주영 흉상은 서울아산병원 동관, 울산대학교 본관, 광화문 현대화재 해상 사옥, 그룹의 모태인 현대자동차그룹 계동 사옥, 서산 간척지, 울산 과학대, 울산 현대중공업 본관 등 모두 7곳에 이중 6곳은 몸통과 팔 일부, 얼굴이 있는 흉상이다. 2002년 2월 21일 제막된 서울아산병원 흉상이 가장 먼저 만들어진 작품이다. 높이 90㎝의 청동 환조로 양복을 입고 있는 정주영의 모습이다. 이 흉상은 홍익대 미대 조소학과 김영원 명예 교수가 만든 작품이다. 2003년 2주기 때 두 번째 흉상이 울산대에 건립 됐다. 노타이에 점퍼를 입고 있는 모습으로 앞면 320㎝, 높이 220㎝의 반 신상이다. 세 번째는 2004년 3월 17일 현대해상화재보험 광화문 사옥 현관에 세워진 작품이다. 네 번째 작품은 2005년 6월 1일 현대자동차그룹 계동사옥, 다섯 번째는 같은 해 6월 29일 서산 간척지 정주영기념관에 각각 건립됐다. 현대건설 사옥은 양복, 서산 간척지는 노타이에 점퍼를 입은 모습이다. 여섯 번째는 2017년 6월 28일 울산과학대, 일곱 번째는 2017년 11월 28일 울산 현대중공업 본관에 각각 세워졌다. 울산과학대 는 양복, 현대중공업은 점퍼 차림의 흉상 작품이다. 울산대학교 본관, 광 화문 현대화재해상 사옥, 현대자동차그룹 계동사옥 본관, 서산 간척지, 울산과학대 본관, 울산 현대중공업 본관에 설치된 흉상은 모두 서울대 미대, 이탈리아 까라 국립미술대학에서 공부한 유형택의 작품이다. 그는 정주영이 설립한 울산대에서 미대 교수로 재직한 것이 인연이 돼 흉상을 제작했다. 조각계에서는 1회 주물 작업으로 제작된 8개까지를 원본 작품 으로 본다. 그래서 유형택이 만든 6개의 흉상은 모두 색깔이 다른 원본 작품이다. 이밖에 서울아산병원 기념관 입구에는 정주영과 부인 변중석,

서울 종로구 인사동 정신영기금회관에는 정주영과 동생 정신영의 역상 조형물이 세워져 있다. 역상 조형은 보는 위치에 따라 모습이 달라지는 조각 기법이다.

정주영 흉상이 왼쪽을 바라보는 이유

정주영 흉상 6개를 제작한 유형택은 서울아산병원에 남아 있던 실측 자료, 회고록 등 각종 자료를 보고 정주영의 모습을 되살렸다. 흉상을 만들면서 유형택이 강조하고 싶었던 것은 격동의 시대를 헤쳐 온 아버지의 모습이었다. "정주영 회장님을 보면서 큰 거인 같은 느낌을 받았습니다. 회장님을 보면서 일제시대와 해방, 6·25전쟁 등 격동기를 헤치고 산 그 시대의 아버지들이 생각났습니다. 우리가 그런 시대를 보내지 않았습니까? 그런 점에 주안점을 두고 만들었습니다. 정 회장님은 말년에 멋진 일도 했죠. 소 떼를 몰고 북한에 올라갈 생각을 했다는 건 대단히 민족사적인 일이 아닌가 생각합니다."

유형택이 만든 정주영 흉상 6개는 몸은 약간 오른쪽, 시선은 약간 왼쪽을 향하고 있다. 유형택은 그 이유도 설명했다. "상을 보면 약간 좌측으로 돌리고 있을 겁니다. 고개를 좌측을 돌렸다는 건 몸은 우측에 있다는 걸 의미합니다. 우측에 있다는 건 기업가라는 뜻입니다. 몸이 우측에 있으니까 좌측도 보고 싶겠죠. 좌측은 노동자죠. 다른 사람은 그런 걸 속에 품었다는 걸 모릅니다. 정주영은 실제 그런 사람이었다고 생각합니다. 흉상의 시선에는 제 나름대로 소망, '좌측도 살펴야 한다'는 게 숨어 있습니다." 정주영은 농부, 건설 현장 인부, 쌀가게 점원에서 세계적인 기업가 된 사람이다. 그래서 정주영은 평소 자신을 소개할 때 부유한 노동자라고 했다. 유형택은 흉상의 시선을 통해 정주영이 품었던 뜻, 그리고 자신이 바라는 점도 알리려 했다.

울산대 행정 본관에 설치된 정주영 흉상. 통상 정면을 보는 다른 흉상과 달리 시선이 왼쪽을 향하고 있다. 왼쪽은 노동자를 살핀다는 뜻이다. 정주영의 시선은 평소 자신을 부유한 노동자라고 했던 정주영의 정신을 상징한다.

흉상 중 계동사옥, 현대해상화재보험, 울산과학대 작품은 양복, 그리고 울산대, 현대중공업, 서산 간척지는 점퍼를 입은 모습이다. "점퍼를 입은 정주영은 현장에서 왕성하게 활동하던 60대, 양복은 70대 초의 모습입니다. 애초 옷을 벗고 있는 상도 제작했지만, 후손들이 고인의 품격에 어울리지 않는다고 해서 제외했습니다." 정주영은 평소 현장에서 활동하기 좋은 점퍼를 주로 입었다. 또 트렌치코트 한 벌을 사서 10년을 입고 낡은 구두를 신고 해외 출장을 갈 정도로 검소했다. 점퍼와 양복 작품 중에서 어떤 흉상을 어디에 설치할 것인지는 작품을 의뢰한 현대 측이 상징성, 건물 안인지 밖인지 등을 고려해 결정했다. 다만 울산대 흉상은 점퍼를 입은 모습으로 만들자는 유형택의 의견이 반영됐다. "울산대학교 흉상을 만들 때 정주영 회장님이 제일 일을 많이 한 곳이 울산이니까 작업복을 입은 모습으로 하자고 했습니다. 제 의견을 당시 배무기 총장이 받아들였습니다." 유형택이 만든 흉상 6개의 색깔은 다 다르다. 설치 지역과 위치, 바닥, 빛, 무게 등을 종합적으로 고려해 흉상의 색을 선택했다. 흉상에 열처리와 화학약품으로 색을 입히는 것을 착색이라고 한다. 주물 작업과 착색은 유형택이 공부한 이탈리아에서 진행됐다.

현대자동차그룹
계동사옥 정주영 상

2021년 3월 21일은 정주영 20주기다. 20주기 다음 날인 22일 현대자동차그룹 계동사옥을 찾았다. 계동사옥 본관에서는 정주영 20주기를 맞아 '청년 정주영, 시대를 통(通)하다'라는 주제로 추모 사진전, 정주영 집무실 재현, 정주영이 처음 생산한 국산 자동차 모델 '포니'와 포니를 현대적으로 재해석한 콘셉트카 '45 EV' 전시회 등 정주영을 기리는 각종 행사가 열렸다. 가장 많은 관심은 역시 포니와 콘셉트카, 많은 사람들이 포니로 과거를 회상하고 미래에 자신이 탈 수 있는 45 EV를 둘러보면서 사진을 찍느라 분주했다. 정주영이 중요 결단을 내렸던 집무실 의자와 책상에도 사람들이 몰렸다. 정주영은 가죽이 군데군데 해진 낡은 회전식 의자, 귀퉁이에 홈집이 있는 책상에 서 세계적인 기업 현대를 일궜다. 사람들의 또 다른 관심은 정주영 흉상이었다. 흉상은 포니와 콘셉트카가 전시된 뒤편 오른쪽 벽면에 설치됐다. 정주영 20주기에 맞춰 계동사옥 별관에서 3월 본관으로 이전됐다. 흉상은 가로 90㎝, 세로 47㎝, 높이 90㎝의 청동으로 만든 작품이다. 흉상 속 정주영은 70대 초의 모습이다. 입을 굳게 다물고 눈은 살짝 왼쪽을 보고 있다. 콧날이 선명하고 이마와 입가에는 주름이 보인다. 머리는 빗어 뒤로 넘겼고 이마는 훤히 드러나 있다. 양복에 와이셔츠를 입고 단정하게 넥타이를 맸다. 흉상 색깔은 푸른 빛이 군데군데 보이는 쥐색이다.

좌대 정면에는 峨山(아산) 鄭周永(정주영), 아래에는 생몰연대인 '1915-2001'이 새겨져 있다. 좌대 오른쪽에는 정주영의 간략한 약력, 흉상을 건립한 취지가, 그리고 왼쪽에는 같은 내용이 영어로 번역돼 부착되어 있다.

1947년 현대건설을 창업한
아산 정주영은
불굴의 의지와 개척자 정신으로
우리나라 경제발전에
커다란 발자취를 남겼으며,
시대에 앞선 선구자적 정신으로
없는 길도 새롭게 개척하며 긍정적 신념과
창조적 도전정신을 심어 주었다.

이에 현대건설 임직원은
이 상을 지어

동상으로 만난 이병철·정주영·박태준

그의 공적을 기리고
정신을 계승하고자 한다.

만든 날 2005. 5. 25.
옮긴 날 2021. 3. 4.
작가 유형택

현대자동차그룹 계동사옥 정주영 흉상, 2021년 3월 별관에서 본관으로 이전됐다. 정주영
흉상 이전 설치는 현대자동차그룹 정의선 회장이 현대가의 정통성이 누구에게 있는지 대
내·외에 알리는 상징적인 행사였다.

현대자동차그룹 계동사옥에 정주영 흉상이 설치된 건 2005년 6월 1일이다. 흉상은 현대건설 임직원 5천 200명이 성금을 내서 만들었다. 당시 현대건설은 정주영의 다섯째 며느리 현정은이 이끌던 현대그룹 소속이었다. 흉상의 명문(銘文)도 지금과 달랐다. "1947년 현대건설을 창업한 아산 정주영은 불굴의 의지와 개척자 정신으로 우리나라 경제발전에 커다란 발자취를 남겼으며, 시대를 앞선 선구자적 정신으로 남북 교류의 물꼬를 트며 한민족의 평화와 공존의 시대를 열었다." 옛날 명문과 비교하면 "남북 교류의 물꼬를 트며 한민족의 평화와 공존의 시대를 열었다."라는 부분이 통째로 빠졌다. 당시 제막식에는 정주영의 여섯째 아들인 현대중공업 이사장 정몽준이 참석해 인사말을 했다. "아버님이 계열사 가운데 현대건설에 대한 애정이 남달랐습니다. 여러 사업 중 건설업이 가장 어려운 사업이고 건설업에 성공한 사람은 어느 사업도 성공한다고 말씀하셨습니다."

현대건설은 2011년 4월 1일 현대자동차그룹에 편입됐다. 경영난을 겪던 현대건설이 매물로 나왔을 때 현대자동차그룹 회장인 둘째 아들 정몽구가 4조 9601억 원을 들여 인수했다. 3월 22일 정의선 현대자동차그룹 회장은 이전된 할아버지 흉상을 돌아보고, 추모 사진전을 관람했다. 정의선은 현대자동차그룹 명예회장 정몽구의 아들, 정주영에게는 장손자다. 정의선의 이날 방문은 창업자 정주영의 적통을 누가 잇고 있는지 상징적으로 보여 줬다.

현대의 뿌리,
정신적 지주 현대건설

현대자동차그룹 계동사옥은 현대건설이 주로 쓰는 본관과 현대엔지니어링이 입주한 별관, 그리고 주차장으로 되어 있다. 사옥 입구에는 건물의 주인이 누구인지 알리는 사각형 모양의 대형 암석으로 된 표석이 있다. 표석 정면에는 한자로 現代(현대), 오른쪽에는 '1983년 10월 8일 준공 현대건설주식회사 회장 정주영', 뒤에는 현대건설의 역사가 새겨져 있다. 정면 글씨 現代(현대)는 돌을 파내 글자를 만들고 검은색으로 색을 입혔다. 정주영은 이곳으로 이사하기 전에는 광화문 현대화재해상보험 건물을 현대건설 본사로 썼다.

현대자동차그룹 계동사옥 표석, 정면에 현대라고 쓰고 오른쪽면에는 회장 정주영의 이름이 새겨져 있다.

광복 이듬해인 1946년, 정주영은 중구 초동 106번지에 현대자동차공업사를 설립해 자동차 수리공장을 시작했다. 관청과 미군 부대를 드나들던 어느 날, 정주영은 건설업자들이 공사비를 받아 가는 것을 보았다. 자신은 고작 30~40만 원을 받아 가는데 건설업자들은 1천만 원씩 받아 갔다. 정주영은 정신이 번쩍 들었다. 똑같은 시간과 인력을 투입해서 하는 일인데 자동차 수리와 건설업의 대가엔 너무나 큰 차이가 있었다. 당장 현대자동차공업사 건물에 현대토건사 간판을 더 달았다. 1947년 5월 25일, 현대건설의 출발이었다. 정주영은 1950년 1월 현대토건사와 현대자동차공업사를 합병해 서울 중구 필동 1가 41번지에 현대건설 주식회사를 설립했다.

사업은 잘 됐지만 6개월 만에 6·25전쟁이 터지면서 모든 게 물거품이 될 위기에 봉착했다. 정주영은 가족을 서울에 남겨 놓고 동아일보 기자였던 동생 정인영과 함께 부산으로 피난을 갔다. 아무것도 없는 빈털터리 신세였지만 부산에서 기회를 잡았다. 정인영이 미군 공병대 통역으로 취직하면서 부산에 도착하는 미군 병사들의 숙소 짓는 일을 정주영이 맡았다. 이어 부산 유엔군 묘지 조경 공사 수주로 정주영의 현대는 급성장했다. 1952년 대선에서 미국 대통령에 당선된 아이젠하워는 6·25전쟁 종결이 대선 공약이었다. 아이젠하워는 1953년 1월 한국을 방문해 부산 유엔군 묘지를 참배할 예정이었다. 한겨울에 잔디를 구할 수가 없었던 미군은 묘지 조경에 골머리를 앓았고 이때 정주영이 아이디어를 냈다. 겨울철에 자라는 낙동강 연안 보리밭을 통째로 사서 묘지를 파랗게 단장했다. 아이젠하워의 한국 방문이 무사히 끝나자 미군은 크게 만족했고 이를 계기로 현대는 미군 공사를 대거 수주했다. 정주영은 미군 계약 규정에 따라 진행되는 공사를 하면서 표준화, 현대화된 미국의 기준, 곧 세계에서 통하는 기준을 자연스럽게 익혔다. 미군 발주 공사는 현대가 세계에 진출할 수 있는 노하우를 배우는 학교이자 실습장이었다.

종전 후 정주영은 전쟁으로 파괴된 고령교 복구공사를 5천 4백78만 환에 수주했다. 그러나 공사 도중 물가가 급등하면서 모든 게 엉망이 됐다. 동생과 매제의 집, 초동 자동차 수리공장 터를 팔아서 공사비로 썼지만, 도저히 수지를 맞출 수 없었다. 공사가 끝난 1955년 결산 결과 적자는 6천 5백만 환, 회사는 파산 직전이었다. 하지만 정주영은 정부의 신용을 얻었다. 1957년 한강인도교, 1959년 오산공군기지 활주로 공사를 잇달아 수주하면서 적자에서 탈출했다. 1965년에는 태국 파타니 나라티왓 고속도로를 수주해 처음으로 해외에 진출했다. 결정적으로 정주영이라는 이름을 국민에게 알리고 각인시킨 건 전국을 일일생활권으로 만든 경부고속도로였다. 정주영은 사장 겸 현장소장이었다. 작업 현장에 침대를 갖다 놓고 지프차를 타고 다니며 전 구간 공사를 독려했다. 비가 올 때 우비와 장화가 없으면 비를 쫄딱 맞으면서 현장을 점검했다. 가장 난공사 구간은 옥천군 우산리와 영동군 용산면 매금리 사이 당재터널(현 옥천터널), 지반이 약해서 공사 진도가 하루 30cm에 불과한 날도 있었다. 이런 식이라면 기한 내 완공은 불가능했다. 정주영은 적자를 각오하고 일반 시멘트보다 훨씬 빨리 굳지만, 가격이 비싼 조강 시멘트를 단양공장에서 생산해 가져오도록 했다. 또 작업조를 2개에서 6개 조로 늘리는 비상조치를 취했다. 3개월이 소요될 것으로 예상됐던 터널 공사는 정주영의 결단으로 25일 만에 끝났다. 1968년 2월 1일 착공된 경부고속도로는 계획대로 1970년 7월 7일 준공됐다.

건설인이라는 긍지와 자부심을
잃어 본 적이 없다

1975년 7월, 정주영은 사우디아라비아 주베일에 지상 최대의 공사가 있다는 소식을 입수했다. 사우디 동부 유전지대 주베일에 산업항을 건설해 원유를 수송하고 그 지역에 산업 시설을 짓겠다는 계획이었다. 그러나 정주영의 중동 진출 계획에 대해 첫째 동생 정인영이 회사를 망하게 할 것이라면 결사반대했다. 사장 정주영은 "중동으로 가라."고 하고 부사장 정인영은 "중동 대형 공사 관련자는 파면시킨다."라고 하면서 중간에서 직원들만 죽을 맛이었다. 정주영은 결단을 내렸다. 정인영을 중장비 제조업체인 현대양행으로 보냈다. 이를 계기로 정인영은 한라그룹을 만들어 현대에서 독립하게 된다. 주변 정리를 마친 정주영은 주베일항 수주에 집중했다. 애초 현대는 사우디아라비아 체신청이 입찰에 초청하기로 한 10개 회사가 아니었다. 그러나 정주영은 정부의 총력 지원에다 현대조선소를 건설하면서 신세를 졌던 '애플도어' 및 '버클레이즈' 은행의 도움으로 10번째 자리를 차지했다.

현대가 입찰권을 따자 선두업체들이 현대를 깎아내리는 등 견제를 시작했다. 프랑스의 '스피베타놀사'는 대한항공 조중훈 회장을 통해 컨소시엄에 들어오라는 달콤한 제안을 했다. 정주영은 '현대의 응찰가가 20억 달러'라는 역정보를 흘려 선두업체들의 경계심을 낮추는 등 용의주도하게 대응했다. 정주영이 주베일항 낙찰 과정을 보면 박진감 넘치는 드라마의 한 장면 같다. 정주영은 자신의 자서전《이 땅에 태어나서》에 주베일항 수주 장면을 자세히 기록했다.

1976년 2월 16일, 정주영은 최종 입찰가를 8억 7천만 달러로 정했다. 하지만 입찰장에 들어간 상무 전갑원은 9억 3114만 달러에 응찰했다. "아무리 생각해도 8억 7천만 달러는 너무 싸서 낙찰이 안 되면 걸프만에 빠져 죽을 생각으로 6천만 달러를 더 썼습니다." 정주영은 기가 막혔다. "큰일을 저지른 전갑원은 내가 무서워 멀찍이 떨어져 빙빙 돌고 김광명, 정문도도 있는 대로 기가 죽어서 내 눈치만 슬슬 보았다. 전갑원이 마침 입찰 소회의실에 들어가는 커피 쟁반을 따라 들어가더니 몇 십 초도 안 돼 쫓겨났다. 쫓겨나오는 얼굴이 허옇다 못해 퍼렜다. '틀렸구나' 연 잃어버리고 허탈하게 하늘을 올려다보고 선 어린애처럼 가만히 앉아 있는데 정문도가 날아가게 환한 얼굴로 승리의 브이를 만들어 치켜들고 뛰어 나오는 게 아닌가. '됐습니다! 회장님'." 정주영이 이끄는 현대건설은 사상 최대 공사라던 사우디아라비아 주베일항 공사를 9억 3114만 달러에 수주했다. 한국은 주베일항 수주 대금이 입금되면서 건국 후 가장 많은 외환보유고를 기록했고, 이로써 정주영은 석유파동으로 휘청이던 한국 경제를 위기에서 탈출시킬 수 있었다.

현대는 1977년 자산총액 기준으로 재계 서열 1위에 올랐고 2000년까지 그 자리를 지켰다. 정주영에게 현대건설은 자신의 분신이자 그를 상징했다. 현대자동차, 현대중공업, 현대상선(현 HMM) 등 현대를 대표하는 굴지의 기업은 모두 현대건설을 토대로 탄생했다. "어떤 선진국에서도 나라의 탄생 초기부터 우리나라처럼 건설업이 국가 경제에 크게 기여한 예가 없다. 건설업처럼 중요하고도 또 건설업체처럼 힘든 업종은 없다고 생각한다. 현대건설 외에도 많은 업종의 회사를 갖게 돼 그룹 회장, 명예 회장으로 불리고, 경제인으로 불리기도 하지만 혼자 내심으로 나는 어디까지나 건설업을 하는 건설인이라는 긍지와 자부심을 잃어 본 적이 없다."

울산 현대중공업
흉상과 지도

2021년 2월 중순 울산까지 먼 길을 나섰다. 울산은 현대자동차, 현대중공업, 울산대학교, 울산과학대 등 정주영의 땀이 서려 있는 곳이다. 정주영 흉상은 현대중공업, 울산대학교, 울산과학대에 설치되어 있다. 2017년 11월 28일 제막된 현대중공업 흉상은 가로 85㎝, 세로 45㎝, 높이 85㎝의 청동상이다. 아쉽게도 출입이 통제되는 곳이라 직접 들어갈 수 없어 현대중공업의 도움을 받았다. 현대중공업 흉상은 점퍼와 양복을 입은 두 가지 타입으로 제작된 정주영 흉상 중 점퍼 버전이다. 노타이에 점퍼 차림인 점퍼 버전은 현장에서 왕성하게 활동하던 60대 정주영의 모습이다. 흉상의 색깔은 푸른 바다를 누비는 배를 만드는 현대중공업이라는 현장의 분위기를 고려해 푸른빛으로 마무리했다. 울산대 미대 학장을 지낸 유형택의 작품이다.

좌대 정면에는 한자로 '아산 정주영', 그리고 좌대 옆면에는 정주영을 간략하게 소개한 약사, 그리고 건립 취지가 새겨져 있다.

아산 정주영 창업자는
현대중공업, 현대자동차를 창업하여
우리나라의 산업근대화를 이룩하신 큰 별이었습니다.
이에 현대중공업 임직원은 아산의 높은 뜻을 기리고
고귀한 창업정신을 계승하고자 합니다.

동상으로 만난 이병철·정주영·박태준

현대중공업 정주영 흉상, 뒤로 한반도와 중국, 일본 지도가 보인다. -현대중공업 제공-

좌대 앞에는 묘지 앞에 놓는 상석과 유사한 기능을 하는 석물이 설치되어 있다. 작가 유형택은 현대측의 요구로 특별히 설치했다고 설명했다. 석물 중앙에는 월계수 잎이 조각되어 있고 좌우에는 흰색 양란, 그리고 흉상 양쪽에는 소나무 분재가 놓여 있다. 좌대 뒤 벽면은 지도다. 한반도의 지도가 가운데에 있고 왼쪽으로는 중국, 오른쪽에는 일본 본토 북부와 홋카이도, 러시아 사할린섬과 극동지방이 보인다. 지도는 현대중공업 임직원들의 얼굴 사진으로 만들었다. 가까이에서 보면 사진이지만 멀리서 보면 지도가 된다. 현대중공업 흉상과 지도는 정주영이 어떤 사람이었는지 압축적으로 보여 준다. 생전 정주영의 사무실에는 현장을 한눈에 볼 수 있는 지도가 있었다. 어느 날 정주영의 눈에 바다가 들어왔다. "삼면이 바다인데 왜 좁은 육지만 보았을까?" 정주영은 배를 만들었고 바다로 나갔다. 현대조선소에서 처음 만든 배는 유럽으로 팔려 갔다. 주베일항 공사를 위해 울산에서 만든 철골은 배에 실려 필리핀, 동남아시아, 인도양을 지나 사우디아라비아 공사 현장까지 1만 2천km를 갔다.

2장 자동차와 조선산업의 개척자 아산 정주영

정주영의 도전,
'배가 별거냐'

1970년 3월 정주영은 현대건설에 조선사업부를 설치하고 부지 선정 등 기초 작업을 시작했다. 조선사업을 하겠다고 하자 회사 내부에서는 회의론이 컸다. 하지만 정주영의 생각은 달랐다. "철판으로 만든 큰 덩치의 탱크가 바다에 떠서 동력으로 달리는 것이 배지, 배가 별거냐." 각종 산업 플랜트 건설을 하면서 기술을 습득한 정주영에게 조선은 건설의 연장이었다. "정유공장을 세울 때처럼 도면대로 철판을 잘라서 용접을 하면 되는 것이고, 내부의 기계 장치는 건물에 냉난방 장치를 설계대로 앉히듯이 선박도 기계 도면대로 제자리에 설치하면 되는 거 아닌가." 그의 생각은 단순하고 명쾌했다. 정주영은 기술 습득을 위해 영국 글래스고에 있는 스코트리스고우 조선소에 엔지니어를 보냈다.

문제는 조선소 건설을 위한 돈이었다. 한국에는 돈이 없으니 미국이나 독일, 영국 등 부자 나라에서 빌려야 했다. 정주영은 영국으로 가서 A&P 애플도어사의 롱바톰 회장을 만났다. 그러나 "아직 선주도 나타나지 않고 한국의 상환 능력과 잠재력도 믿음직스럽지 않아 곤란하다."라는 답변으로 일관했다. 돈을 빌려주지 않겠다는 말이었다. 그때 정주영은 문득 바지 주머니에 있는 거북선이 그려진 5백 원짜리 지폐가 생각났다. 지폐를 꺼낸 정주영은 롱바톰 회장에게 말했다. "이것이 우리 거북선이오. 당신네 영국의 조선 역사는 1800년대부터라고 알고 있는데 우리는 벌써 1500년대에 이런 철갑선을 만들어 일본을 혼낸 민족이오." 정주영의 설득이 통했다. 롱바톰 회장의 주선으로 버클레이즈 은행과 차관 협의가 시작됐다. 정주영은 울산 미포만의 황량한 바닷가에 소나무와 초가집이 있는 백사장 사진과 지도, 26만 톤급 유조선 도면을 들고 배를 수주하러 갔다. 미친 사람 소리 듣기 딱 십상이었다. 하지만 배를 사겠다는 미친 사람이 있었다. 바로 그리스의 '리바노스'였다. "틀림없이 좋은 배를 만들어 인도하겠다. 만약에 이 약속을 못 지키면 계약금에 이자를 얹어 준다는 것을 은행에 지급보증하겠다." 이 말을 믿고 리바노스는 26만 톤급 유조선 2척을 주문했다.

현대중공업 정주영 흉상. 푸른빛 색깔이 바다를 누비는 배를 만드는 현대중공업과 잘 어울린다. -현대중공업 제공-

1972년 3월 23일, 현대조선소 기공식과 함께 배를 만들기 시작했다. 도크를 파내는 동안 배를 도크 밖에서 부분 조립했다. 배를 만드려면 먼저 도크를 건설한 후 배를 만든다는 상식이 깨졌다.

정주영은 조선소 건설에 총력을 기울이기 위해 국내 공사 수주 활동을 거의 다 제한시키고, 울산에 살다시피 하며 현장을 점검하고 독려했다. 비바람이 몰아치는 어느 날 새벽, 정주영은 혼자 현장 점검을 하다 승용차와 함께 수심 12m 바닷물에 빠졌다. 칠흑 같은 어둠, 바다에 빠진 정주영은 꼼짝없이 죽을 위기였다. 차 안에 물이 차는 걸 기다렸다가 문을 열고 나와 마침 인근에 있던 경비원의 도움으로 간신히 목숨을 구했다. 구조된 정주영은 병원으로 가는 대신 조선소 현장을 점검했다.

1974년 6월, 정주영은 건조 능력 70만 톤, 도크 2기를 갖춘 국제 규모의 조선소 1단계 준공과 함께 동시에 유조선 2척을 건조했다. 허허벌판 모래사장밖에 보이지 않던 울산 미포항에 뱃고동 소리가 힘차게 울려 퍼졌다. 정주영이 만든 배가 세계 바다를 누비기 시작했다. 현대조선소에서 현대중공업으로 이름을 바꾼 현대중공업은 1983년 마침내 일본 미쓰비시중공업을 제치고 세계 1위 조선소가 됐다. 정주영은 현대조선소에서 건조된 배를 토대로 물류회사인 현대상선(현 HMM)을 세워 현대가 생산한 자동차를 세계 곳곳에 실어 날랐다. 현대중공업은 현재 세계 조선 시장에서 부동의 1위를 달리고 있다. 현대중공업과 대우조선해양, 삼성중공업이 버티고 있는 한국의 조선산업은 세계 1위다. 그 선두에는 맨주먹으로 조선산업을 시작한 정주영이 있었다.

아산로와 기념비,
그리고 자동차 운반선

울산에 가면 태화강 하류와 울산만, 현대자동차 울산공장, KCC 울산 공장을 지나는 총길이 4.92㎞, 폭 30m 왕복 6차선의 시원한 도로가 있다. 이 도로는 현대자동차, 현대중공업, 현대미포조선 등 대기업과 협력업체 직원들의 출퇴근, 각종 물류 수송에 이용되는 울산의 대동맥이다. 도로의 이름은 아산로, 정주영의 호인 아산을 따서 지은 도로다. 아산로 초입 현대자동차에는 대형 안내판이 세워져 있어 차를 운전하는 사람들에게 도로를 누가 만들었는지 확실하게 전하고 있다. "도전과 개척정신으로 국가와 울산발전에 헌신한 정주영(호 아산) 회장의 뜻을 기립니다." 아산로는 현대자동차가 총사업비 341억 원을 들여 1994년 10월 착공해 1996년 12월 26일 준공했다. 처음에는 해안로로 부르다 울산광역시 지명위원회가 아산로로 개명했다. 아산로라는 이름을 얻은 건 정주영이 타계한 직후인 2001년 6월이다.

울산 현대자동차 정문 근처에는 아산로 개명을 기념하는 대형 석비가 세워져 있다. 2001년 9월 26일 제막된 높이 3.5m(좌대 1.6m)의 화강암 대형 기념비다. 아산로 석비를 찾은 2월, 기념비 앞 울산항에는 대형 자동차운반선이 정박해 있고, 현대자동차 야적장에서는 수출용 차량들이 쉴 새 없이 자동차운반선으로 이동하고 있었다.

2장 자동차와 조선산업의 개척자 아산 정주영

아산로 도로 표석, 석비 뒤로 울산항에서 수출용 자동차를 나르는 자동차운반선이 보인다.

기념비에는 아산로라는 글씨가 한글로 새겨져 있다. 좌대에는 도로가 아산로로 명명된 이유와 시기, 정주영의 어록 '담담한 마음'이 석판에 새겨져 부착되어 있다.

이 도로는 일생을
불굴의 도전정신과 개척정신으로
국가와 울산발전에 헌신한
고 정주영 회장의 뜻을 기려 아산로로 명명한다.

2001. 6. 1.
울산광역시장

동상으로 만난 이병철·정주영·박태준

기념비 제막식에 참석한 정몽구 현대자동차그룹 회장(현 명예회장)은 울산시민들에게 깊은 감사의 마음을 전했다. "선친인 정주영 명예회장의 공로를 기려 울산시와 울산시민들이 해안로를 '아산로'로 개명해 주신 데 대해 깊이 감사드립니다. 앞으로도 선친의 정신과 유지를 받들어 현대자동차가 국가와 울산지역 경제발전에 중추적 역할을 수행하는 선도적 기업이 되도록 지속적인 노력을 펼쳐 나가겠습니다."

조랑말 포니에서 전기차 아이오닉5

정주영이 자동차와 인연을 맺은 건 해방 전이다. 1940년 3월 1일 서울 마포구 아현동 고개에 자동차 정비공장 '아도서비스'를 차렸다. 정주영은 쌀가게 복흥상회에서 일할 때 고객이었던 삼창정미소 오윤근에게 3천 원을 빌려 공장을 인수했다. 정비공장 문을 열자 고객들이 줄을 설 정도로 장사가 잘됐다. 그러나 가동 20일 만에 공장을 몽땅 태워 먹으면서 최대 위기에 봉착했다. 정주영이 새벽에 세수할 물을 데우려다 시너 통에 불이 붙어 일어난 사고였다. 이 사고로 트럭 다섯 대와 당시의 세도가 윤덕영이 타던 올즈모빌 자동차가 모두 탔다. 정주영은 오 씨를 다시 찾아가 무릎을 꿇고 돈을 빌려 달라고 요청했다. "뜻하지 않은 화재를 만나 몽땅 날리고 빚더미에 올라앉았는데 이대로 꺾이고 나면 먼저 빌려간 영감님의 돈 3천 원도 갚을 길이 없습니다. 한 번만 더 도와주셔서 영감님 빚을 갚게 해 주십시오." 오윤근은 3천 5백 원을 더 빌려주었다. "내 평생에 사람을 잘못 보아 돈 떼었다는 오점을 안 남기고 싶으니 다시 더 빌려주겠네."

동대문으로 자리를 옮겨 신설동에 무허가 공장을 차린 정주영은 다른 곳은 열흘 걸린다는 수리 기간을 사흘로 잡고 수리비를 비싸게 받았다. 전략이 주효하면서 정주영의 공장은 연일 손님들로 북적였고 오윤근에게 빌린 돈을 모두 갚았다. 그러나 태평양전쟁을 일으킨 일본은 전황이 악화하자 기업정리령을 내렸고 정주영의 아도서비스도 일진공작소에 합병되면서 문을 닫아야 했다. 이후 정주영은 황해도 수안군 홀동광산에서 생산된 광석을 트럭에 실어 평양 선교리까지 운반하는 일을 하다 일본이 패망하기 석 달 전 그만두고 서울로 돌아왔다. 정주영은 "그때 하청일을 계속했으면 일본인들과 도매금으로 시베리아로 끌려갔을 것."이라고 회고했다.

1945년 해방이 되자 정주영은 자동차 수리공장을 열고 다시 사업을 시작했다. 한동안 자동차 수리업과 건설에 매진하던 정주영이 직접 자동차를 제조하기로 한 것은 1960년대 중반이었다. 하지만 자동차 정비만 하던 정주영에게 자동차 제조는 만만치 않은 사업이었다. 1966년 4월 미국의 포드자동차가 한국 진출을 목표로 시장조사를 할 때 현대는 접촉 대상자가 아니었다. 정주영은 단양시멘트 1차 확장 공사 차관 교섭을 위해 미국에 있던 동생 정인영에게 당장 포드와 자동차 조립 기술 계약을 맺으라고 지시했다. 정인영 입장에서는 황당한 주문이었다. 그러나 돌아온 형의 대답은 "해 보기나 했어?" 정주영은 1967년 2월 방한한 포드의 국제 담당 부사장 일행을 직접 차로 모시며 설득했다. 포드는 엔진부터 부품에 이르기까지 해박한 자동차 지식을 가진 정주영을 선택했다. 1967년 12월, 현대자동차가 출범했다. 정주영은 당시 경부고속도로 건설에 주력하고 있었다. 대신 넷째 동생인 정세영이 울산에서 공장 건설과 생산을 맡았다. 현대차는 포드가 3년이 걸린다는 예상을 깨고 1년도 안 돼 '포티나'를 조립 생산했다. 1968년 11월 1일, 정세영이 처음 생산된 포티나 1호를 타고 경부고속도로 건설 현장에 나타났다. 정세영을 본 정주영이 건넨 말은 딱 한 마디였다. "수고했다." 하지만 기쁨도 잠시, 현대차는 곧 위기에 빠졌다. 비포장도로가 많은 한국 실정에 맞지 않았던 코티나는 고장이 잦아 '똥차'라는 오명을 얻어 판매가 신통치 않았다. 더구나 1969년에는 홍수가 나서 울산공장 전체가 잠기는 엄청난 피해가 났고 설상가상으로 포드는 50대 50대의 지분으로 합작회사를 세우자는 정주영의 제안을 거부했다. 포드는 현대를 하청공장 이상으로 생각하지 않았다. 정주영은 포드와의 합작을 포기했다.

정주영의 꿈은 독자 브랜드를 가진 국산 자동차 생산이었다. 정주영은 1억 달러를 쏟아부어 연간 생산 능력 5만 6천 대 규모의 자동차 공장 건설에 착수하는 승부수를 던졌다. 엔진과 변속기, 차체 등의 기초기술은 일본 미쓰비시에서 도입하고 설계와 디자인은 이탈리아의 '이탈디자인'에 맡겼다. 나머지 주요 부품 제작 기술은 영국 BLMC(British Leyland Motor Corp)사 조지 턴블 사장과 맺었다. 1976년 1월, 한국의 고유 모델 1호 '포니'가 탄생했다. 포니는 조랑말이라는 뜻이다. 이로써 한국은 세계에서 16번째, 아시아에서 일본에 이어 두 번째로 독자적인 자동차를 생산한 나라가 됐다. 포니는 부품의 90% 이상을 국산화했고 리터당 15km를 갈 수 있는 우수한 연비를 자랑했다. 포니는 탄생 전부터 62개국 228개 상사에서 수입을 희망했을 정도로 인기가 있었다. 포니는 한국에 마이카(내차)라는 신조어를 만들며 시장을 장악했다. 에콰도르에 첫 수출된 데 이어 중동, 아프리카로 시장을 넓혔다.

계동사옥에 전시된 포니와 콘셉트카 45 EV. 그 사이로 벽면에 있는 정주영 흉상이 보인다.

1977년 5월, 당시 주한 미국대사였던 스나이더가 정주영에게 면담을 요청했다. 스나이더는 자동차 독자개발을 포기한다면 포드 등 미국 자동차 회사가 생산하는 자동차 조립은 물론 동남아시아 시장에 진출할 수 있도록 도와주겠다고 제안했다. 독자개발을 하지 말고 동남아 시장에 안주하라는 뜻이었다. 정주영은 정중히 거절했다. 국산 자동차 개발과 기술의 국산화는 정주영이 버릴 수 없는 꿈이었다. 정주영에게 자동차는 그냥 자동차가 아니라 도로를 달리는 국기(國旗) 즉, 나라의 깃발이었다. "자동차는 그 나라 산업 기술의 척도이자, 자동차를 완벽히 생산하는 나라는 항공기든 뭐든 완벽한 생산이 가능한 나라다." 정주영은 자동차가 미래의 산업을 좌우할 것이라는 점을 자주 강조했다. "현대의 입장으로나 국가의 입장으로나 장차 자동차가 미래의 주종 사업 중의 하나가 되어야 한다는 생각이다."

1982년 포니2를 출시한 현대는 1983년 캐나다에 수출했다. 이어 1985년에는 미국에 현지법인을 설립해 한국기업 최초로 ABC 등 미국 3대 방송에 텔레비전 광고를 했다. 슬로건은 '살만한 가치가 있는 좋은 차'였다. 신형 차 엑셀을 앞세운 현대는 1987년 미국 시장에서 26만 대를 판매해 미국 수입 소형차시장에서 1위를 차지했다. 동아일보는 2019년 자문위원 30인과 함께 '한국 기업 100년, 퀀텀 점프의 순간들' 100개를 선정했다. '한국 최초의 독자개발 승용차 포니'는 당당히 3위를 차지했다. 정주영의 포니는 한국 경제를 세계 10위권으로 끌어올린 원동력이자 한국인들의 뇌리에 깊이 박힌 사건이었다.

현대자동차그룹의 최고급 브랜드는 기원, 처음, 시작이라는 뜻의 '제네시스(Genesis)'다. 현대는 제네시스를 포드의 링컨이나 GM의 캐딜락, 폭스바겐의 아우디, 토요타의 렉서스, 혼다의 애큐라, 닛산자동차의 인피니티처럼 현대차그룹의 독립적인 고급 브랜드로 육성하고 있다. 2020년 8월 제네시스는 국내 고급차 시장에서 벤츠를 누르고 1위를 차지했다. 이제 현대의 눈은 차세대 전기차로 향하고 있다. 2021년 현대는 전기차 아이오닉5를 출시했다. 아이오닉5의 연간 예상 생산 규모는 8만 9000대. 작은 조랑말 포니로 시작한 정주영의 꿈이 전기차 '아이오닉5'로 이어졌다. 정주영이 1967년 정부에 제출한 현대자동차 설립 신청서에는 정주영의 꿈이 생생하게 살아 있다. "수입 대체 산업으로 국가 경제발전에 공헌할 뿐만 아니라 장차 우리나라 경제를 선도할 수출 전략 산업으로 적극적으로 육성하겠다."

2장 자동차와 조선산업의 개척자 아산 정주영

아버지를 생각하며
만든 서산 간척지

　충남 서산에 있는 현대서산농장은 정주영이 개발한 서산 간척지에 세운 대규모 영농법인이다. 서산 간척지는 여의도 면적의 33배에 달하는 4700만 평의 큰 땅이다. 이곳에 정주영의 다섯 번째 흉상이 있다. 현대건설은 2005년 7월 29일 충남 서산 부석면 창리 정주영 회장 기념관에서 흉상 제막식을 했다. 청동으로 제작된 흉상은 가로 90㎝, 세로 47㎝, 높이 90㎝로 노타이에 점퍼를 입은 모습이다. 정주영 특유의 뚝심과 돌파력을 보여 준 곳이라는 점을 생각해 현장 이미지에 맞는 점퍼 작품을 선택했다. 흉상의 색깔도 농장 작업복이 연상되는 진한 감색이다. 현대건설, 현대중공업, 울산대학교, 현대해상화재, 울산과학대에 설치된 작품과 같은 모양이다. 작가는 유형택, 좌대에 생몰연대를 새긴 것도 같다. 다른 작품들과는 서산 간척지 흉상은 실외에 설치됐고, 좌대가 대리석이 아닌 화강석이라는 점이 다르다. 화강석은 한국에서 쉽게 구할 수 있고 바닷가의 거센 바람과 간척지 특유의 먼지를 견딜 수 있다. 작가 유형택은 이탈리아에서 수입된 대리석은 부드러운 느낌을 주지만 바다와 가까운 서산 지역 기후의 특성상 실외에서는 보존성이 약해 화강석을 택했다고 설명했다.

　서산 간척지는 서해안 바다를 메워 옥토로 만든 국토개발 프로젝트다. 간척지 사업은 방조제를 쌓아 바닷물을 가두고 그 물을 빼서 육지로 만드는 작업이다. 충청남도 서쪽 연안과 안면도 사이에 있는 천수만은 굴곡이 많아 간척사업으로 국토를 확장하기에 최적의 장소였다. 대통령 박정희와 농사꾼 출신 기업인 정주영은 인구는 많고 식량 자급량도 절대 부족한 대한민국의 좁은 국토를 늘려 후손에게 물려줘야 한다고 생각했다. 그러나 간척사업은 정부 입장에서는 예산이 너무 많이 들고, 기업으로서는 수지가 맞지 않았다. 그래서 좋은 취지에도 불구하고 사업은 지지부진했다. 이때 정주영이 박정희에게 중동 건설 경기가 퇴조하는 만큼 해외 건설에 사용되던 장비를 가져와 국토 확장사업에 투입하자고 건의했다. 박정희는 민간이 대단위 간척사업에 참여할 수 있도록 특별법을 만들었다. 1979년 8월 정주영은 서산 해안 공유 수면 매립 허가를 받았다. 그러나 그해 10월 26일 박정희의 갑작스러운 서거로 서산 간척지 착공은 미뤄졌다.

현대아산농장 정주영 흉상, 유형택이 만든 흉상 중 유일하게 실외에 있는 흉상이다.
-현대건설 제공-

정주영은 3년 후인 1982년 4월 공사를 시작했다. 1984년 2월 25일, 총길이 6400m인 방조제 최종 물막이 공사를 앞두고 있었다. 남은 구간은 270m, 문제는 유속이었다. 홍수로 한강이 위험 수위일 때 유속이 초당 6

m인데 이곳의 유속은 초당 8m였다. 자동차만 한 바위를 넣어도, 철사로 엮은 돌망태기를 넣어도 모두 쓸려 내려갔다. 이때 정주영의 머리에 번뜩이는 아이디어가 떠올랐다. "고물 유조선으로 남은 구간을 막는 건 어떨까?" 해체해서 고철로 쓰려고 사 온 23만 톤급 유조선을 울산에서 현장으로 끌고 왔다. 유조선을 이용한 물막이 공사는 세계적인 뉴스 잡지 뉴스위크와 타임에 크게 소개될 정도로 대성공이었다. 1995년 8월, 소금기를 제거하는 제염과 시험 영농 등을 거쳐 서산 간척지가 준공됐다. 무려 15년 3개월이 걸린 대장정이었다. 농사꾼 출신 기업인 정주영은 우리의 농업도 미국처럼 기계화해서 세계와 경쟁하고 싶었다. 비행기를 이용해 농약을 살포하는 등 기계화 영농을 실현했고, 간척 농업을 체계적으로 연구하는 '아산농업연구소'를 설립했다. 정주영은 어린 시절 고향 통천에서 아버지와 함께 밭을 일굴 때 허리 한 번 펴지 못한 채 자갈을 추리고 괭이질을 했다. 어린 시절 아버지를 도와 농사를 지었던 정주영 입장에서는 농토가 무엇보다 소중했다. 서산 간척지는 국토를 한 뼘이라도 넓히겠다는 박정희와 정주영의 꿈이 서린 곳이자, 어린 시절 아버지를 도와 농사를 지었던 정주영이 아버지에게 바치는 존경의 헌납품이었다.

정주영은 1915년 11월 25일 아버지 정봉식, 어머니 한성실의 6남 2녀 중 장남으로 태어났다. 지금은 북한 땅인 강원도 통천군 송전면 아산리가 고향이다. 정주영은 열 살 무렵부터 아버지 농사일을 도왔고 송전보통학교를 졸업하면서 본격적으로 농사를 짓기 시작했다. 아버지는 정주영을 농부로 만들어 가업을 잇게 할 작정이었다. 하지만 정주영은 농촌에서 가난한 농사꾼으로 살기가 죽기보다 싫었다. 세 번째 가출 때는 아버지의 소 판 돈을 훔쳐 서울로 와서 경리학원에 다녔다. 그러다가 서울로 찾아온 아버지의 눈물을 보고 다시 고향에 내려가야만 했다.

현대아산병원 아산기념관 정주영 자전거, 정주영은 쌀가게인 복흥상회 점원으로 일하면서 사업 밑천을 마련했다. 쌀가마니와 자전거는 정주영을 상징한다.

19살 때 네 번째로 가출한 정주영은 보성전문학교(현 고려대) 본관 건설공사 인부, 풍전 엿공장 종업원을 거쳐 쌀가게 복흥상회 배달원으로 취직했다. 취직하던 날 주인아저씨가 "자전거를 탈 줄 아느냐."고 물었고 정주영은 "탈 줄 안다."라고 대답했다. 그러나 자전거를 타고 쌀 배달을 할 실력은 아니었다. 취직한 지 사흘째 정주영은 쌀 한 가마와 팥 한 자루를 싣고 배달을 가다 진창에서 넘어졌다. 정주영은 선배 배달꾼을 졸라 자전거 타는 요령을 배웠고 한꺼번에 쌀 두 가마를 싣고도 빠르게 배달할 수 있었다. 정주영은 매일 새벽 누구보다도 일찍 일어나 가게 앞을 깨끗이 쓸고 물까지 뿌려 놓았다. 게으른 아들에게 신물이 나 있던 주인아저씨는 깨끗이 쓸고 치우고, 몸 사리지 않고 열심히 배달하고, 부지런히 되질과 말질을 배우는 정주영을 흡족해했다. 6개월쯤 지나자 주인은 정주영에게 장부 정리를 맡겼다. 장부 정리를 맡긴다는 것은 '너를 철석같이 믿는다'는 뜻이었다. "그날로 쌀과 잡곡이 아무렇게나 뒤죽박죽으로 어지럽던 창고 정리를 말끔히 해 버렸다. 쌀은 쌀대로 10가마씩 줄을 지어 쌓고 잡곡은 잡곡대로 줄로 정리해서 한눈에 쌀은 얼마, 콩은 얼마, 팥은 얼마 하는 식으로 재고가 파악되도록 했다. 장부도 원장과 고객별 분개장으로 고루 갖추었다." 주인아저씨는 정주영에게 선물로 새 자전거한 대를 사 주었다. 요즘으로 치면 보너스로 현대자동차가 생산한 소형차 한 대를 받은 격이었다. 정주영은 가출한 지 3년쯤 지나 1년 치 급여가 쌀 20가마 정도 되었을 때 부친에게 편지를 보냈고 아버지는 정주영을 인정했다. "네가 출세를 하기는 한 모양이구나. 이처럼 기쁜 일이 어디 있겠느냐."

복흥상회 생활 4년 만에 정주영은 가히 엄두도 낼 수 없는 제의를 받았다. 만주까지 돌아다니며 가산을 탕진하는 외아들의 난봉이 심화하자 의욕을 잃은 주인아저씨가 쌀가게를 인수할 것을 제안했다. 굵직굵직한 단골을 그대로 넘겨주고, 정미소에서 이전과 다름없이 쌀 공급을 해 주겠다는 약속이었다. 정주영은 1938년 1월 서울 중구 신당동 길가에 사글세로 가게를 얻어 '경일상회'라는 간판을 내걸었다. 배화여고와 서울여상 기숙사를 단골로 확보하는 등 정주영의 쌀가게는 날로 번창했다. 그러나 1937년 7월 중·일전쟁이 터지면서 모든 게 엉망이 됐다. 12월부터 쌀 배급제가 시행되면서 전국의 쌀가게는 일제히 문을 닫아야 했다. 고향으로 돌아온 정주영은 아버지에게 논 6600㎡(2000평)를 사서 드리고, 6살 아래인 변중석(邊仲錫)과 결혼했다.

정주영과 박정희 첫 만남,
한강인도교 준공식

6·25전쟁 초기 북한군의 공세에 속수무책이었던 국군은 전략적 결정을 내린다. 탱크가 없던 국군은 북한군 기갑부대의 진격을 저지하기 위해 한강 다리를 폭파하기로 했다. 당시 한강을 남북으로 잇는 다리는 한강철교, 한강인도교(현 한강대교), 광진교 등 3개였다. 6월 28일 한강을 지나는 다리는 모두 폭파됐다. 피난길에 나선 정주영도 한강인도교가 파괴되면서 한강을 건널 방법이 없었다. 그때 기적 같은 일이 일어났다. 보트 주인이 무슨 이유에서였는지 백사장에 보트를 올려놓고 노를 들고 사라진 것이다. 정주영은 동생 인영, 공장 직원 최기호와 함께 보트를 강에 밀어 넣고 손을 노 삼아 한강을 건널 수 있었다. 그렇게 서울을 탈출한 정주영은 부산에서 미군 공사를 수주하면서 재기에 성공했다. 정부는 전쟁이 끝난 지 4년 후인 1957년 한강인도교 복구공사를 발주했다. 계약 금액은 2억 3천만 환, 정주영이 쓰라린 실패를 맛봤던 고령교 공사 이후 단일 공사로는 전후 최대 규모의 공사였다. 피난길에 손을 노 삼아 한강을 건넜던 정주영은 한강인도교 공사를 수주했고 이 공사에서 40%의 이익을 봤다. 현대건설의 도급순위는 천여 개 건설업체 중에서 5~6위권으로 껑충 뛰었다. 한강인도교 준공식은 1958년 5월 15일, 6·25전쟁으로 끊어졌던 다리를 다시 연결했다는 상징성 때문에 이승만 대통령을 비롯한 내외귀빈과 수만 명의 시민이 모인 가운데 준공식이 거행되었다. 시공사 대표인 정주영은 당연히 참석 대상이었다. 그리고 또 한 사람이 그자리에 있었다. 바로 박정희였다. 정주영은 자서전《시련은 있어도 실패는 없다》에 이 사실을 간략하게 기록했다. "나와 박 대통령은 한강인도교 준공 석상(席上)과 울산에서 잠시 만났던 것이 전부였다."

1957년 9월 1일 최전방 사단인 7사단장으로 부임했던 박정희는 1958
년 3월 1일 소장으로 진급했고 같은 해 6월 17일 1군 참모장으로 이동했
다. 박정희가 한강인도교 행사에 참석한 것은 1군 참모장으로 부임하기
직전이었다. 박정희가 어떤 연유로 한강인도교 준공식 행사에 참석했는
지는 알 수 없다. 박정희는 한강인도교 준공식 3년 뒤인 1961년 5월 16일
거사를 일으켰다. 박정희의 쿠데타가 성공하려면 한강인도교를 건너 용
산 국방부와 육군본부를 점령하고, 남산 KBS한국방송, 태평로 국회와 광
화문 중앙청을 접수해야 했다.

1958년 5월 15일 한강인도교 준공식 장면, 이 자리에서 박정희와 정주영이 처음 만났다.
3년 뒤 박정희는 5·16을 일으켜 정권을 장악한다. -대통령기록관-

육본 헌병들이 다리 입구와 중간에 바리케이드를 치고 박정희를 지지

동상으로 만난 이병철·정주영·박태준

하는 해병대와 공수부대의 도심 진입을 막고 있었다. 새벽 2시 30분, 영등포 6관구사령부를 나온 박정희는 선두에 서서 한강인도교를 건넜다. 박정희의 혁명 동지로 총리를 지낸 김종필이 당시 상황을 회고록에 남겼다. "박 소장은 차에서 내렸다. 헌병대 쪽에서 총알이 날아왔다. 박 소장은 무시한 채 다리 위를 앞장서 걸었다. 그 장면은 지도자의 강력한 의지와 침착한 솔선수범이었다. '나를 따르라'라는 박 소장의 결의는 극적으로 실천되고 있었다." 박정희는 정주영이 복구한 한강인도교를 건너 정권을 장악했다. 1958년 5월 15일 한강인도교 준공식에 참석했던 정주영은 3년 후인 1961년 5월 16일 박정희가 자신이 복구한 다리를 건너 대통령이 될 것이라고는 생각하지 못했을 것이다.

박정희가 가장 많이 만난 기업인 정주영

5·16 이후 두 사람은 본격적으로 대한민국 경제를 일으키는 중요한 파트너가 됐다. 후일 면담기록을 확인한 결과 공식적으로 박정희는 정주영을 43번 만났다. 박정희가 만난 기업인 가운데 단연 1위였다. 1967년 4월 대통령 선거에서 승리한 박정희는 11월 선거공약이었던 경부고속도로 건설을 위해 정주영을 청와대로 불렀다. 박정희는 정주영이 한국에서 유일하게 해외인 태국에서 고속도로를 건설한 경험이 있다는 걸 알았다. 박정희와 정주영 두 사람의 단독 면담이었다. 박정희는 경부고속도로 건설비를 산출할 것을 지시했고 정주영은 검토 끝에 280억 원을 제시했다. 박정희는 서울시, 재무부, 육군 공병감실 등의 의견을 참조해 최종 건설비로 330억 원을 책정했다. 경부고속도로 최종 공사비는 물가 상승과 토

지 매수 대금이 추가되면서 430억 원이 된다.

박정희가 경부고속도로 건설을 결정하자 야당과 언론, 학계는 대부분 반대했다. 정주영은 박정희를 강력하게 지지했다. "나는 대통령의 의지를 지지·존중했다. 대통령은 태국에서의 경험과 우리의 능력으로 현대건설을 믿었고 그 신뢰에 보답하는 뜻으로라도 사면초가의 대통령을 도와 반드시 고속도로를 건설하자는 다짐을 가슴에 묻었다."

1968년 2월 1일 경부고속도로 착공식이 열렸다. 현대건설은 경부고속도로 428km 중에서 서울·수원 구간, 그리고 가장 지형이 험해 다른 업체들이 꺼리던 대전·옥천 구간 등 전체의 5분의 2를 맡아 시공했다. 나머지 구간은 15개 국내 업체와 육군 건설공병단 3개 대대가 건설했다. 대통령 박정희와 기업가 정주영은 경부고속도로 건설을 위해 땀과 열정을 쏟은 동지였다. 박정희는 고속도로에 관한 얘기를 하고자 밤중이건 새벽이건 시도 때도 없이 정주영을 찾았다.

"정 사장, 지금 진행하고 있는 공구가 난공사라고 하는데…"
고속도로 공사 현장 상황을 들어 보기 위해 현장에 있던 정주영 현대그룹 회장(당시 현대건설 사장)을 청와대로 불러들여 얘기를 건네던 박정희 대통령은 순간 말을 멈추었다. 앞에 앉아서 얘기를 듣던 현장 작업복 차림의 정 회장이 고개를 떨구고 졸고 있었기 때문이었다. 잠이 모자란 데다 겹친 피로로 몰려오는 수마에 대책 없이 깜빡했던 것이다. 박 대통령은 그대로 조용히 정 회장을 넌지시 바라고만 있었다. 몇 십 초가 지났을까.
"아이고 이런, 각하 정말 죄송합니다!"

정 회장이 소스라치게 놀라 깨서 당황하며 자세를 가다듬었다.

"아니요. 정 사장, 내가 미안하오, 그렇게 고단한데 좀 더 자다 깼으
으면 좋았을 것을."

-프리미엄 조선 '정주영 탄생 백 주년 기획

〈이봐 해봤어: 경부고속도로 건설〉

이렇게 이어진 만남은 박정희가 10 · 26으로 숨지기 전까지 계속됐다.
두 사람은 식사도 같이했고 막걸리도 함께 마셨고 나라 경제 얘기도 나
누었다. 정주영은 박정희의 국가 발전에 대한 열정적인 집념과 소신, 그
리고 총명함과 철저한 실행력을 존경했다.

사력댐을 주장한 정주영과
포병 전문가 출신 박정희

1967년 4월 착공한 소양강 다목적댐 건설과정에서도 두 사람의 협력
이 빛났다. 소양강댐은 높이 123m, 제방 길이 530m, 총저수량 29억 톤
에 달하는 세계적 규모의 큰 댐이다. 당시 한국의 기술로는 건설이 쉽지
않았다. 처음에 소양강댐은 콘크리트 댐으로 설계됐다. 설계자는 압록
강을 가로질러 건설된 수풍댐을 설계한 일본공영 구보다(久保田) 회장
이었다. 소양강댐은 1965년 타결된 한 · 일 국교 정상화에 따른 대일청
구권 자금으로 건설되는 댐이어서 댐 건설과정에서 일본의 목소리가 컸
다. 설계대로라면 설계비와 기술 용역비, 기초 자재비까지 막대한 돈을
일본에 지불해야 했다. 정주영은 비용을 좀 더 줄일 방법이 없는지 생각

했다. 그때 소양강댐이 들어설 자리 주변에 지천으로 널려 있는 자갈과 무진장한 모래가 생각났다. 단단한 암석과 양질의 점토를 이용해서 사력 (砂礫)댐을 만드는 게 콘크리트 중력댐보다 훨씬 경제적이라는 결론이 나왔다. "우리나라 여건으로는 콘크리트 댐이 부적합하다. 우리는 시멘트도 철근도 수입해야 하지 않느냐. 사력댐은 모래와 자갈, 흙만 있으면 된다. 건설비를 엄청나게 줄일 수 있다." 1968년 5월 무렵 정주영은 사력댐으로 건설하면 203억 원 규모인 총공사비를 34억 원 절감하고, 공기도 5년에서 4년으로 1년 단축할 수 있다고 설계변경을 제의했다.

건설부는 사력댐을 건설하자는 정주영의 말을 어림도 없는 소리라고 생각했다. 대통령 박정희에게 이를 보고했다. "정주영이라는 사람이 사력댐으로 설계 변경을 해야 한다고 떠들고 다니는데, 그 사람 큰일 낼 사람입니다. 그 사람 말대로 했다가는 큰일이 납니다." 박정희는 무엇 때문에 큰일이 나느냐고 물었다. "몇 년이나 걸리는 공사 중간에 큰 홍수라도 나 터지면 어떻게 되겠습니까? 춘천시가 잠기고 서울이 잠기고 그렇게 되면 정부가 흔들리고 난리가 납니다." 그러자 박정희는 "콘크리트 댐으로 완성한 다음 몇 십억 톤의 물이 가둬져 있을 때 북한에서 폭격으로 댐을 깨뜨린다면 어떻게 되는 거냐?"고 물었다. 주원 건설부 장관은 답을 찾을 수 없었다. 박정희는 포병 사령관 출신의 전문가였다. "만수가 된 콘크리트 댐을 깨 놓으면 어떻게 되느냐 말이오? 흙, 모래, 돌로 댐을 쌓아 놓으면 포에 맞아도 펄썩했다가 도로 주저앉으면서 흙만 좀 튀어 오르지. 산을 폭격하는 것과 같거든, 그럼 댐은 무너지지 않을 거요." 정주영의 제안과 박정희의 결단으로 소양강댐은 콘크리트댐에서 사력댐으로 설계가 변경됐다. 소양강댐 건설비는 사력댐으로 설계가 변경되면서 처음 예산보다 30% 줄었다. 후일 일본공영 구보다(久保田) 회장이 정주영을 찾아왔다. "현장 재조사 결과 암반이 약해서 콘크리트 댐보다는 사력댐이 낫겠습니다. 정 사장님 판단이 옳았습니다." 1973년 10월 소양강댐이 완공됐다. 소양강댐이 수문을 연 건 춘천 상류 지역인 양구와 인제 등에 많은 비가 왔던 2020년 9월 9일을 포함해 16차례에 불과하다. 소양강댐은 48년 동안 한강 수계를 지키는 든든한 맏형 역할을 하고 있다.

박정희의 호통, 유럽으로 뛰어나간 정주영

정주영이 조선소에 대한 꿈을 꾼 계기는 1966년 일본 요코하마조선소와 가와사키조선소, 고베조선소 시찰 직후였다. 정주영은 측근들에게 때가 되면 국내에 조선소를 만들어 큰일을 하겠다고 말했다. 1969~1970년 포항제철소 건설이 본격화되면서 정부가 철을 소비해 줄 사업으로 조선소 건설을 강력하게 권유했다. 정주영은 정부에 조선소를 건설하겠다고 대답하고 차관을 얻기 위해 미국, 일본과 접촉했다. 그러나 그들이 보기에 정주영은 정신이 이상한 사람이었다. "너희는 후진국으로 배를 만들 능력이 없다." 정주영은 조선소 건설을 포기하고 청와대로 박정희를 찾아갔다. "그동안 여기저기 쫓아다녀 봤지만, 일본이나 미국이나 아예 상대를 안 해 줍니다. 아직 초보적인 기술 단계에 있는 너희가 무슨 조선이며 무슨 몇 십만 톤이냐는 식이니 도저히 안 되겠습니다. 저는 못 하겠습니다." 그러자 박정희는 화를 내면서 옆에 있던 김학렬 부총리에게 말했다. "앞으로는 정주영 회장이 어떤 사업을 한다고 해도 전부 다 거절하시오. 정부가 상대하지 말란 말이오!"

1974년 6월 28일 울산 현대조선소 준공식 겸 26만 톤급 초대형 유조선 2척 명명식에 대통령 박정희가 참석하고 있다. 뒤로 육영수 여사, 딸 박근혜(추정), 정주영이 보인다. 그해 8월 15일 육영수 여사가 문세광에게 피살됐다. -대통령기록관-

    그렇게 한참이 지난 후 박정희는 정주영에게 담배를 권하면서 불을 붙여 주었다. "한 나라의 대통령과 경제 총수 부총리가 적극적으로 지원하겠다는데 그래 그거 하나 못하겠다고 정 회장이 여기서 체념하고 포기해요? 처음에 하겠다고 할 때는 이 일이 쉽다고 생각했어요? 어려운 거 알았을 거 아뇨? 이건 꼭 해야만 하오. 정 회장! 일본, 미국으로 다녔다니 그럼 이번에는 구라파(유럽)를 나가 찾아봐요. 무슨 일이 있어도 이건 꼭 해야 하는 일이니까 빨리 구라파로 뛰어나가요." 정주영은 더 이상 못하겠다고 말할 수 없었다. "알겠습니다. 그러면 다시 한번 더 열심히 뛰어보겠습니다." 그렇게 청와대를 나온 정주영은 차관을 얻으러 영국으로 갔다. 정주영은 영국에서 거북선이 그려진 5백 원짜리 지폐를 꺼내는 기지를 발휘해 차관 교섭을 성공시켰고, 조선소 도면 하나를 들고 그리스에서 26만 톤 유조선 2척을 수주했다. 유럽에 돌아온 정주영은 청와대로 가서 수주 사실을 보고했다. 박정희는 파안대소(破顔大笑/얼굴이 찢어질 정도로 웃는 것)하며 곧장 기공식을 하라고 지시했다.

유조선 건조가 마무리될 무렵 박정희가 울산을 방문했다. 정주영이 박정희를 모시고 배 밑바닥을 시찰하고 있을 때 갑자기 기관총을 쏘는 것 같은 소리가 들렸다. 경호원들이 총을 빼 들고 뛰어나가는 긴급한 상황이었다. 경위는 쉽게 확인됐다. 용접하던 용접공 수백 명이 대통령을 환영하는 뜻에서 일제히 갑판에서 망치질한 것이었다. 대통령 박정희부터 회장 정주영, 현장에 있던 용접공까지 좋은 배를 만들겠다는 생각에 벌어진 소동이었다. 1974년 6월 28일 현대중공업 울산조선소 준공식 겸 1ㆍ2호선 명명식이 국가적인 행사로 성대하게 열렸다. 현대중공업이 설립 이래 처음 건조한 대형 유조선 1호는 애틀랜틱 배런으로 명명됐다. 당시 박정희는 현장에서 조선입국(造船立國)이라는 휘호를 썼다. 이 휘호는 지금도 울산 현대중공업 본관 앞에 세워져 있다.

후일 정주영은 자서전에서 조선소 건설과정에서 있었던 박정희와의 일화를 이렇게 회고했다. "오로지 나라의 경제발전 외에 아무런 사심이 없었던 지도자 박 대통령의 조선소 건설에 대한 의지와 집념이 나에게 뻐근한 감동으로 와닿았다."

모든 경제 각료와 사우디 대사는
사우디 정부와 교섭하라

정주영이 사우디아라비아 주베일 산업항 입찰 정보를 입수한 것은 입찰 7개월 전이었다. 정주영은 입찰 참여를 결심했다. 사우디아라비아 체신청은 모두 10개 회사를 입찰에 초청하기로 했다. 1975년 12월 사우디가 발표한 초청 회사는 미국 3개, 영국과 독일 각 2개, 프랑스와 네덜란드 각 1개 등 모두 9개 회사였다. 수주를 하려면 정주영은 남은 한 자리에 들어가야 했다. 박정희는 모든 외교 역량을 동원해 정주영이 남은 한 자리에 들어갈 수 있도록 도왔다. 당시 사우디아라비아 주재 건설관이었던 홍순길이 조선일보와의 인터뷰에서 당시 상황을 생생하게 증언했다.

정주영은 주베일항 입찰 참여를 밝혔지만, 실적 미흡으로 불가 통보를 받았다. 정주영은 현대조선소도 있고 항만 건설 경험과 실적이 풍부한데 단지 작은 회사라는 이유만으로 입찰 참여를 막는 것은 이해할 수 없다고 반발했다. 사우디 홍순영의 집에서 정주영은 부탁했다. 정부가 나서서 입찰에 응할 자격을 딸 수 있게 도와달라는 것이었다. "오늘의 현대를 만들면서 무수한 난관과 시련을 극복했는데 나는 어려운 고비마다 아버지 꿈을 꾼다. 이번에 사우디로 오는 비행기 안에서도 아버지 꿈을 꿨다. 정부가 외교 교섭으로 현대가 입찰할 자격만 받도록 해 주면 나는 공사 입찰을 따낼 자신이 있다." 홍순영은 정주영의 말을 가당치 않다고 여겼다. 당시 현대건설이 미국과 유럽 업체와 경쟁하기에는 한참 뒤떨어졌다는 게 객관적인 평가였다. 게다가 정주영은 귀국하면 박정희 대통령을 만날 계획이라고 말했다. 지금도 그렇지만 기업인이 대통령을 만나고 싶다고 대통령을 만날 수 있는 건 아니었다. 홍순영은 그 말을 믿지 않았다. 그러나 홍순영은 박정희와 정주영의 관계를 제대로 몰랐다. 얼마 후 이례적인 훈령이 주사우디아라비아 대사관에 내려왔다. "모든 경제 각료와 사우디 대사는 현대건설이 10억 달러 주바일 항만 공사 입찰에 참여할 수 있도록 사우디 정부와 교섭을 다 하라." 홍순영은 정주영이 박정희를 만난 게 틀림없다고 생각했다.

하지만 남은 한 자리에 들어가는 건 쉬운 일이 아니었다. 정부는 사우디 건설장관 타휙(Mohamed Tawfic)을 한국으로 초청하고 이낙선(李洛善) 건설부 장관이 교환 방문하면서 끈질기게 교섭했지만, 사우디 측 항만건설위원회는 현대건설 자격이 미달하니 어쩔 수 없다는 답변뿐이었다. 홍순영을 만난 사우디 장관은 "미안하지만, 이번에는 도와줄 수 없다."라고 말했다. 홍순영은 본국에 사실을 보고했지만, 장관실에 가서 드러눕더라도 꼭 해야 한다는 지시가 내려왔다. 홍순영은 다시 사우디 장관을 찾아갔고 이때 극적인 반전이 일어났다. "다시 찾아가니 경비원이 아예 출입을 막았어요. 때마침 청사에 들어오는 장관이 이 장면을 보고 안쓰러웠는지 같이 들어가자고 했어요. 그는 사무실로 차관을 부른 뒤 '어차피 능력이 안 돼 떨어질 건데 입찰 자격까지 못 줄 이유가 없지 않은가'라고 말했어요. 며칠 뒤 차관이 사무실로 불러 현대건설 사람도 아닌 내게 입찰 초청장을 줬습니다. 10개 업체가 입찰에 초청됐는데 제일 끝에 현대가 들어 있었습니다. 현대건설 사우디 지사장에게 이를 전해 주면서 함께 만세를 불렀어요." 입찰 자격을 따낸 정주영은 결국 공사를 수주했다. 정주영이 수주한 주베일항 공사 금액은 9억 3600만 달러, 당시 한국 1년 예산의 4분에 1에 해당했다. 수주 1주일 만에 7억 리알짜리 수표를 외환은행에 입금했고 돈을 받은 외환은행장은 정주영에게 전화를 걸었다. "정 회장님, 수고하셨습니다. 오늘 현대의 입금으로 우리 은행이 우리나라 건국 후 최고의 외환보유고를 기록했습니다." 주베일항 수주로 박정희는 외환위기를 넘겼고 정주영은 세계적인 기업가로 성장했다.

함께 꾼 꿈,
88 서울올림픽

1988년 서울올림픽은 당시로서는 최다국인 159개국 참가, 불참국은 북한과 쿠바, 에티오피아 세 나라에 그칠 정도로 성공적인 올림픽이었다. 서울올림픽을 계기로 동유럽과 중국, 소련 등 공산권 국가들과 수교 기반을 구축하는 등 서울올림픽은 한국 현대사의 대전환점이자 역사적 분수령이 됐다. 그러나 이는 올림픽이 끝난 후 나온 평가를 종합한 것이다. 처음 서울올림픽 대회 유치를 시작할 때 유치 가능성은 1%도 되지 않았다. 올림픽을 유치해야 할 주요 관계자 모두가 부정적이었다. 남덕우 국무총리는 경쟁 도시였던 일본 나고야와의 대결에서 필패할 것이라고 한 올림픽 망국론자였고 올림픽조직위원회(IOC) 위원 김택수는 IOC 위원 82표 중에 한국과 미국, 대만 등 단 3표를 얻을 것이라고 말했다. 올림픽 유치 도시의 수장인 박영수 서울시장은 자리를 아예 피했다. 결국 전국경제인연합회 회장이던 정주영이 올림픽 유치 민간유치위원장을 맡았다. 하지만 위원회 첫 회의에 문교부 장관 한 사람만 참석할 정도로 정부는 관심을 기울이지 않았다.

민간유치위원장 정주영은 국가안전기획부(현 국가정보원)에 우리나라 기업인들이 해외 진출 국가 IOC 위원들을 접촉할 수 있도록 협조를 구하는 등 현대가 갖고 있던 모든 역량을 총동원해 유치전을 시작했다.

1981년 9월 20일 스위스 바덴바덴에 도착한 정주영은 중동과 아프리카 위원들을 집중적으로 공략했다. IOC 위원들이 묵고 있는 호텔 방에 꽃바구니를 전달하자 분위기가 서서히 한국 쪽으로 돌아서기 시작했다. 정주영은 싱그러운 꽃바구니를 만들기 위해 현지 장미꽃밭 하나를 통째로 샀다. 올림픽 개최지 결정 투표일인 9월 30일, 52대 27로 서울이 나고야를 제쳤다. 정주영이 바덴바덴의 기적을 이뤘다. TV로 실황중계를 지켜보던 국민은 일제히 환호성을 질렀다. 이튿날 저녁 정주영은 바덴바덴에서 가장 좋은 식당을 빌려 축하 파티를 열었다. 모두가 손을 잡고 아리랑 합창을 했다. 하지만 정주영은 씁쓸했다. "죽을힘을 다해 뛰었던 사람들은 가만있는데, 재만 뿌리거나 수수방관했던 사람들이 요란하게 떠들면서 으스대는 것은 참으로 보기 힘들었다. 아무 말도 하고 싶지 않았다."

88서울올림픽 유치단 환영식, 오른쪽 두 번째에 정주영이 앉아 있다. -전경련 제공-

한국으로 돌아온 정주영은 대한체육회장으로서 올림픽을 준비했다. 현대의 간부급 직원들을 올림픽조직위원회에 파견했고, 자동차 공급업체로서 경기 진행용 차량을 무상으로 공급하는 등 물심양면으로 대회 성공을 위해 지원했다. 정주영 회고록《이 땅에 태어나서》6장은 〈서울올림픽 유치와 제5공화국〉, 첫 단락 제목은 〈올림픽 유치는 박 대통령의 의지였다〉다. "올림픽 유치 필요성에 대한 인식과 논의는 박 대통령 시대 말기쯤부터 있었고, 24회 올림픽을 서울로 유치하겠다는 정부 방침 발표도 1979년 박정희 대통령이 했다." 정주영은 평소 올림픽 유치를 박정희의 유지(遺志:생전에 남긴 뜻)로 생각한 게 분명해 보인다.

'하면 된다'와 '이봐 해봤어!', 나폴레옹을 존경한 두 사람

세계적인 성공한 기업가 정주영, 18년간 대한민국을 통치하면서 경제를 일군 철의 통치자 박정희는 닮은 점이 많다. 두 사람은 출신 배경부터 생각, 행동에 이르기까지 이른바 케미가 맞았다. 정주영의 고향은 강원도 통천군 아산리, 박정희의 고향은 경북 구미시 상모동(현 구미시 박정희로 107)으로 두 사람 모두 부모가 농사를 짓던 가난한 시골 출신이다. 정주영은 1915년, 박정희는 1917년 태어나 나이도 비슷했고, 특히 프랑스의 혁명가이자 황제였던 나폴레옹에 심취했다는 점도 같았다. 선산소학교 6학년 박정희는 나폴레옹 전기를 읽고 군인이 되겠다고 다짐했고 결국 그 꿈을 이뤘다. 아버지 소 판 돈을 훔쳐 서울로 가출한 정주영도 나폴레옹 전을 읽으면서 미래를 꿈꿨다. "나와 비슷하게 가난한 집안에서 태어나 마침내 프랑스 공화국 황제가 된 나폴레옹은 무한한 용기와

동상으로 만난 이병철·정주영·박태준

희망을 북돋아 주었다." 삶의 궤적은 달랐지만 두 사람 모두 대한민국 최고의 자리에 올랐다. 박정희는 대구사범학교, 만주 육사, 일본 육사를 졸업한 엘리트 군인이다. 육군 소장이던 1961년 5·16 군사 쿠데타로 대한민국 최고 통치자 대통령이 됐다. 초등학교 학력이 전부인 정주영은 19살에 상경해 맨손으로 건설과 자동차, 조선산업을 일으켜 세계적인 기업가가 됐다. 박정희의 새마을운동 핵심 키워드는 "하면 된다.", 정주영이 남긴 가장 인상적인 말은 "이봐 해봤어!"다. 두 사람 모두 긍정적 사고와 도전정신이 넘치는 인물이었다. 정주영은 "박정희 대통령이 우리 산업을 근대화시킨 공적은 누구도 부정 못 한다."라며 박정희를 국가 지도자로서 존경했다. 정주영이 자서전《시련은 있어도 실패는 없다》에 남긴 글을 보면 그가 박정희를 어떻게 생각했는지 확연하게 알 수 있다.

"박 대통령도 나처럼 농사꾼의 아들이었다. 박정희 대통령과 나는 우리 후손들에게 절대로 가난을 물려주지 말자는 염원이 서로 같았고, 무슨 일이든 신념을 갖고 '하면 된다'라는 긍정적인 사고와 목적의식이 뚜렷했던 것이 서로 같았고, 그리고 소신으로 결행하는 강력한 실천력이 또한 서로 같았다. 공통점이 많은 만큼 서로 인정하고 신뢰하면서 나라 발전에 대해서 같은 공감대로 함께 공유한 시간도 꽤 많았다. 박 대통령은 사심이라고는 없었던 뛰어난 지도자였다. 개인적으로 특별한 혜택을 받은 것은 없었지만, 현대의 성장 자체가 무엇보다 경제발전에 역점을 두고 경제정책을 강력하게 추진했던 박 대통령의 덕이라고 나는 생각한다."

-《정주영 자서전》 중에서

작가가 다른 유일한
아산병원 정주영 흉상

　한겨울 추위가 매섭던 2020년 12월 중순, 정주영 흉상과 기념관이 있는 서울아산병원으로 향했다. 2호선 잠실나루역에서 서울아산병원까지는 10분 정도 거리다. 날이 좋으면 성내천 산책길을 따라 걷기에 좋은 곳이지만 그날은 너무 추웠다. 사람들은 머플러를 목에 두르거나 모자를 푹 눌러쓰고 발길을 재촉했다. 병원에 도착하니 또 다른 전쟁터였다. 12월이 되면서 확 늘어난 코로나19 확진자 때문에 길게 줄을 서서 열을 재야 했다. 병원 안으로 들어서자 아산기념전시실이 보였다. 전시실 입구에 정주영과 부인 변중석의 아산부부상이 세워져 있다. 2008년에 설치한 이 작품은 두 사람의 1960년대 사진을 토대로 제작한 역상(易象) 조각이다.

서울아산병원 아산기념전시실 입구에 설치된 아산 부부상, 역상 기법으로 제작했다. 오른쪽에 작가명 이용덕, 제작년도 2008이라는 내용이 부착되어 있다.

역상(易象)은 서울대 이용덕 교수의 독창적인 기법으로 관람자의 움직임에 따라 사람이 움직이는듯한 착시가 일어나는 게 특징이다. 양복 정장 차림인 정주영은 허리에 뒷짐을 지고 왼발을 앞으로 반보쯤 내밀고 고개를 살짝 부인 변중석을 향했다. 젊은 시절이라 몸매도 날씬하고 맵시가 좋다. 상의는 하얀 와이셔츠에 넥타이, 하의는 바지 주름이 선명하다. 부인 변중석은 청자색 한복 차림이다.

아산기념전시실을 나와 서관 쪽으로 이동하다 보니 벽면에 흉상이 멀리 눈에 들어온다. 서울아산병원 흉상은 높이 90㎝의 청동상으로 몸통과 얼굴이 있는 반신상이다. 색깔은 금빛으로 마무리했다. 얼굴은 이마가 살짝 벗어졌고 눈은 정면을 응시하고 있다. 콧날이 오뚝하고 볼살이 약간 두껍다. 귓불이 크고 입 주위에서는 주름이 느껴진다. 부드럽지만 심지가 굳은 인상이다. 얼굴의 주름 등을 봐서는 60대 전후의 정주영으로 보인다.

양복에 와이셔츠를 입고 넥타이를 단단히 매고 있다. 좌대에는 세로로 '설립자 아산 정주영'이란 글씨가 새겨진 오석이 부착되어 있고 흉상 뒤는 흰 대리석으로 된 병풍석이 자리를 잡고 있다. 좌대 앞에는 흰색과 노란색 조화가 그를 기리고 있다. 흉상 오른쪽에는 아산 정주영의 약력을 새긴 표석이 설치되어 있다. 표석에 금속판을 부착했다. 왼쪽에는 정주영 어록을 배부하는 배부대가 있어 필요한 사람이 무료로 가져갈 수 있도록 했다.

서울아산병원 정주영 흉상, 다른 6곳에 설치된 정주영 흉상과 작가가 다르다. 이 흉상의
작가는 김영원이다. 흉상이나 주변에 작가가 김영원이라는 기록은 없다.

아산 정주영(1915~2001)

아산(峨山) 정주영(鄭周永)은 1977년 아산사회복지재단을 설립하
고 2001년까지 초대 이사장을 역임하였다. 그는 강원도 통천군 송
전면 아산리에서 태어나 한국이 현대화와 통일로 나아가는 고비마
다 큰 족적을 남긴 우리나라 현대사의 큰 별이다.

아산은 창조적 기업가 정신과 강인한 추진력으로 한국전의 폐허를
딛고 현대자동차, 현대중공업 등을 창설하여 세계시장에 진출하였
고, 현대건설을 설립하여 중동 주베일 산업항 공사, 서산 방조제 건

동상으로 만난 이병철·정주영·박태준

설 등 국내외 많은 역사적 사업을 주도하였다. 이처럼 그는 한국의 산업화, 국제화를 이루며 한국 경제발전을 선도해 왔다.

아산은 88서울올림픽을 유치한 주역으로 한국을 세계에 알리고 국민에게 긍지를 심어 주었다. 1998년에는 소 떼를 몰고 판문점을 거쳐 평화통일로 가는 남북 교류의 물꼬를 텄다.

아산은 기업이윤의 사회 환원이라는 신념을 가지고 아산사회복지재단을 설립하였다. 재단은 "우리 사회의 가장 불우한 이웃을 돕는다."라는 취지에 따라 의료사업, 사회복지지원사업, 연구개발사업, 장학사업을 수행해 오고 있다. 의료시설이 부족한 농어촌 지역에 먼저 병원을 세우고 1989년에는 서울아산병원을 개원하여 세계적 수준의 종합의료기관으로 발전시켰다.

"시련은 있어도 실패는 없다."라는 아산의 긍정적 사고방식과 도전정신은 영원히 기억되고 빛날 것이다.

이 흉상은 서울아산병원 직원 5500명이 모금을 해서 2002년 2월 21일 제막됐다. 홍익대 미대 김영원 명예교수의 작품으로 전국 7개 정주영 흉상 중에 유일하게 작가가 다르다. 김영원은 광화문 세종대왕 동상, 남산 자유총연맹 이승만 동상, 충북 청남대 역대 대통령 10명의 동상, 수송공원 이종일 동상 등을 제작했다. 구미 박정희 대통령 동상, 광양제철소 박태준 회장 동상도 그의 작품이다. 김영원은 동상을 통해서 박정희, 정주영, 박태준과 연결되는 특별한 이력을 갖고 있다. 하지만 서울아산병원 흉상 표석이나 팸플릿에는 작가가 누구인지 알려 주는 내용이 전혀 없다. 서울아산병원에 문의해도 누구인지 몰랐다. 아산기념관 앞 정주영 부부의 역상 작품 '아산 부부상' 오른쪽에는 '작가명 이용덕, 제작년도 2008'이라는 내용이 부착되어 있다. 그렇지만 인근에 있는 창업자 정주영 흉상에는 작가의 이름이 없다. 사라진 이유는 무엇일까? 과거 흔적 지우기라는 생각이 들었지만 더 묻지 않았다.

정주영의 인생, 담담(淡淡)한 마음

겨울 끝자락 아직은 추위가 남아 있는 2월 중순 울산대와 울산과학대를 찾았다. 두 대학의 설립자는 모두 정주영이다. 울산대는 시내 쪽인 남구에, 울산과학대는 현대중공업이 있는 동구에 있다. 먼저 울산대를 찾았다. 흉상이 있는 울산대 행정 본관 건물은 그리스 신전에서 모티브를 가져온 건축양식으로 지어졌다. 앞뒤로 출입할 수 있고 큰 유리로 마감된 건물이라 시원한 느낌을 준다. 흉상은 본관 1층을 지탱하는 큰 기둥 앞에 세워져 있다. 전체 크기는 앞면 320cm, 높이 220cm다. 좌대 색깔은 고동색, 기단은 푸른 대리석이다. 좌대와 기단 사이에는 흰색 조약돌을 놓아 동상을 직접 만지기는 어렵다. 울산대 정주영 흉상은 현장의 느낌이 나는 점퍼를 입은 모습이다. 점퍼 사이로 넥타이가 없는 셔츠가 보인다. 현장에서 활동하기 좋은 복장이다. 입을 굳게 다물고 머리는 뒤로 빗어 넘겼다. 눈가와 입 주변, 목에 주름이 잡혀 있고 눈과 코, 귀 등의 모습이 평소의 정주영 그대로다.

울산대학교 정주영 흉상, 행정 본관 기둥 앞에 설치되어 있다. 흉상을 둘러싼 기단에 흰 조약돌을 놓아 흉상 옆으로 가까이 가거나 직접 만지기는 어렵다.

좌대 맨 위에는 울산대학교 설립자, 중간에는 아산 정주영, 아래에는 생몰연대를 새겨 넣었다. 좌대 좌우에는 정주영을 소개하는 글이 한글과 영어로 새겨져 있다.

아산 정주영은
우리 대학의 설립자일 뿐만 아니라
울산지역 발전에 공헌하고

우리나라의 경제 사회 문화 분야에
큰 자취를 남긴 인물이다.
이에 우리 대학 교직원 학생 동문
및 울산의 뜻있는 인사들이
마음을 모아 이 상을 지어
그의 공적을 기린다.

2003. 3. 21.

흉상 앞에는 잎이 달린 월계수 가지 하나가 놓여 있다. 월계수는 평생
도전의 삶을 살았던 정주영에게 바치는 작가 유형택의 배려였다. "월계
수는 보통 존경의 표시, 승리자의 표시죠. 서양 조각품에서는 월계수 잎
을 많이 볼 겁니다. 저도 그런 의미를 부여했습니다." 울산대 정주영 흉
상은 2003년 3월 22일, 정주영 2주기를 맞아 울산대가 세웠다. 울산대
는 정주영이 설립한 울산공업학원 소속이다. 제막식에는 정몽준 현대아
산재단 이사장, 박맹우 울산시장, 학생 등 300여 명이 참석했다. 흉상 정
면 맞은편에는 정주영의 좌우명이라고 할 수 있는 '담담한 마음'이 걸려
있다. 비록 4줄에 불과한 짧은 글이지만 가슴을 찌르르하게 만들 정도로
강렬하다.

담담(淡淡)한 마음을 가집시다.
담담(淡淡)한 마음은 당신을
굳세고 바르고 총명하게
만들 것입니다.

아산 정주영

정주영은 '담담(淡淡)한 마음'이란 글귀를 좋아했다. 같은 내용이 울산 아산로 석비에도 부착되어 있다. 사전을 보면 '담담하다'라는 뜻은 차분하고 평온하며 사사롭지 않고 객관적이라는 뜻이다. 1980년 1월 사우지 인터뷰에서 정주영은 담담한 마음에 대해 자세하게 설명했다. "담담한 마음이란 무슨 일을 할 때 착잡하지 않고 말이나 생각이 정직한 상태를 말한다. 담담한 마음을 가질 때 태도도 당당하고 굳세어지고 의연해진다. 이 마음은 나 자신의 생활 체험에서 얻은 것으로 '담담(淡淡)한 마음'은 선비들이 말하는 청빈낙도(淸貧樂道)와는 다르다."

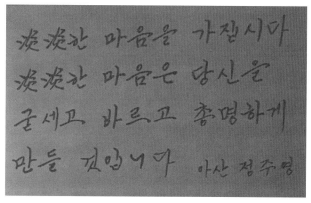

울산대학교 행정 본관 정주영 흉상 앞쪽 복도 벽면에 설치된 '담담한 마음' 동판, 정주영이 직접 쓴 글씨를 동판에 옮겼다.

정주영의 해석을 보면 목표를 세우면 물불을 가리지 않으면서도 신중함을 가져야 하고 세파에 시달리면서도 흔들리지 말라는 것이다. 그러면서도 청렴결백하고 가난한 삶을 사는 것을 이상으로 삼는 청빈낙도를 긍정적으로 보지 않는다는 뜻이다. 정주영의 '담담한 마음'에는 그의 인생관, 평소 갖고 있던 철학이 녹아 있다.

2장 자동차와 조선산업의 개척자 아산 정주영

울산대학교를 나와 울산과학대학교로 향했다. 같은 울산 시내지만 차로 30여 분을 가야 하는 꽤 먼 거리다. 학교에 도착하니 방학 중이라 학생들은 보이지 않고 각종 시설을 점검하는 사람들만 눈에 띈다. 개보수 공사가 진행 중인 본관 1층 로비로 향했다. 화강암 석조 벽면 뒤로 황톳빛 정주영의 얼굴이 보인다. 울산과학대 정주영 흉상은 양복을 입은 모습으로 얼굴 주변에 밝은 조명을 설치해 동상이 잘 보이도록 했고, 흉상 앞쪽에 붉은 서양란 화분 두 개를 놓아 분위기를 부드럽게 만들었다. 흉상은 2017년 6월 28일 제막됐고 유형택의 작품이다. 아쉽게도 흉상 주변에 정주영을 소개하는 글이나 표석이 없다. 최소한의 약력이라도 갖다 놓는 게 흉상 건립 취지에 어울릴 것 같다. 좌대 정면에는 한자로 아산 정주영, 좌대 좌우에는 정주영을 소개하는 글이 한글과 영어로 새겨져 있다.

아산 정주영은
우리 대학을 설립하여 울산발전에 공헌하고
우리나라 경제 사회 문화 분야에
큰 자취를 남긴 인물입니다.

이에 우리 대학의 전 교직원 학생 동문과
울산의 뜻있는 인사들이 마음을 모아
이 상을 지어 그의 공적을 기립니다.

2017. 6. 28.

울산과학대 정주영 흉상, 밝은 조명으로 주목도를 높였다. 울산과학대는 정주영이 일으킨
조선과 기계 등 공학계열이 주축이 학교다.

정주영은 1969년 학교법인 울산공업학원을 설립한 후 1970년 3월 울
산공대(현 울산대), 1972년 12월 울산공과대학 병설 공업전문학교(현 울
산과학대)을 세웠다. 두 대학 모두 정주영이 일으킨 산업과 관련이 깊은
조선, 기계, 토목, 건축 등 공학 계열 인력 양성을 목표로 설립됐다. 울산
공대로 출범한 울산대는 후일 의료인력 양성을 위한 의대, 그리고 미대
등 예술계열이 추가돼 종합대학으로서의 면모를 갖추게 된다.

울산과학대학교 깃발과 태극기 사이로 멀리 현대중공업의 대형 크레인들이 보인다. 정주영이 왜 이곳에다 학교를 세웠는지 알 수 있는 풍경이다. 정주영은 학생들과 함께 꿈을 꾸고 싶었다.

정주영의 최종 학력은 송전소학교(현 초등학교) 졸업이다. 하지만 이른바 가방끈이 짧다고 해서 정주영의 지식이 짧은 것은 아니었다. 정주영은 소학교에 들어가기 전 3년 동안 할아버지의 서당에서 《천자문》, 《동몽선습》, 《소학》, 《대학》, 《맹자》, 《논어》를 배웠다. 동아일보에 연재되던 이광수 《흙》을 읽고 감동하여 고학으로 변호사 시험을 쳐 허숭 같은 훌륭한 변호사가 되겠다는 꿈도 꾸었다. 실제로 가출했을 때 《법제통신》, 《육법전서》와 같은 책을 사서 공부하고 보통고시까지 쳤지만 낙방했다. 사업을 하면서도 학력이 걸림돌이 되지 않았다. 조선소 건설을 위해 영국으로 돈을 빌리러 갔을 때 버클레이즈 은행 해외 담당 부총재와 정주영의 대화는 걸작이었다. "정 회장의 전공은 경영학입니까, 공학입니까?", "어제 내가 그 사업 계획서를 들고 옥스퍼드 대학에 갔더니 한 번 척 들춰보고 바로 그 자리에서 경영학 박사학위를 주더군요.", "옥스퍼드 대학 경영학박사 학위를 가진 사람도 그런 사업 계획서는 못 만들 거요. 당신의 사업 계획서를 수출보증국으로 보내겠소. 행운을 빌겠소." 정주영은 사업을 하면서 학력 때문에 위축되지는 않았지만, 학교에 다니고 싶은 마음, 공부에 대한 갈망이 없었던 건 아니었다. 울산과학대 본관에서 내려다보면 멀리 현대중공업과 바다가 보인다. 울산과학대에서 현대중공업의 거대한 골리앗크레인을 보고 있으면 정주영이 왜 이곳에 대학을 만들었는지 이해가 된다. 학생들은 현대중공업의 거대한 조선소 크레인을 보며 자신의 미래를 꿈꿀 것이다. 정주영은 젊은 학생들과 꿈을 함께 꾸고 싶었다.

무산된 경제
대통령의 꿈

1월 중순 광화문에 있는 현대해상화재 사옥을 방문했다. 현대해상화재 본사 사옥은 정주영에게 각별한 의미가 있는 곳이다. 1976년 현대건설 본사 사옥으로 건설된 현대해상화재 사옥은 현대건설이 1983년 현대차그룹 계동사옥으로 이사하기 전까지 현대그룹을 지휘하던 본산이다. 이곳에서 정주영은 현대를 대한민국 1등 그룹으로 키웠다. 더구나 이곳은 정주영이 1992년 대통령선거에 출마했을 때 국민당 당사로 사용된 역사의 현장이다. 1999년 현대그룹에서 계열 분리된 현대해상은 2000년 8월 현대건설로부터 이 건물을 인수했다.

현대해상 사옥 1층 로비에 정주영 흉상이 있다. 흉상은 2004년 3월 17일 2년 3개월간의 리모델링 공사 끝에 최첨단 인텔리전트 빌딩으로 탈바꿈한 광화문 사옥 준공식과 함께 세워졌다. 서울아산병원, 울산대에 이어 세 번째로 설치된 정주영 흉상이다. 유형택 작품으로만 따지면 두 번째가 된다. 양복 차림의 흉상으로 좌대에는 '아산(峨山) 정주영(鄭周永)'이라는 친필 휘호가 새겨져 있다. 벽면에는 정주영을 소개하는 글이 부착되어 있다. 동판을 사용하지 않고 동으로 만든 글자를 벽면에 붙여 마무리했다. 오른쪽에는 한글, 왼쪽에는 영어로 같은 내용이 새겨져 있다.

아산 정주영은
불굴의 의지와 창조적인 기업가 정신으로
우리나라의 경제발전과 사회복지, 평화통일을 위해 일생을 바쳤으며
현대해상의 성장과 발전에도 지대한 영향을 주었다.
이에 모든 현대해상 가족은
그의 생애에 소중한 의미가 깃든 이곳에
이 상을 지어 그의 공적을 기리고
숭고한 뜻을 계승하고자 한다.

정주영은 1979년 10월 26일 박정희가 시해당한 후 정권을 잡은 전두환과 곳곳에서 마찰을 빚었다. 정주영은 당시 재계 서열 1위인 현대그룹의 총수였고 전국 경제인들의 모임인 전국경제인연합회 회장으로 재계를 이끌고 있었다. 민간경제계의 대표로서 부조리와 타협하는 걸 싫어했던 정주영은 집권 세력의 핵심 인물들과 수시로 충돌했다. 정주영은 당시 산업 구조 개편을 한다는 전두환 정권의 강권으로 발전설비업체인 창원중공업을 대우에 넘겼다. 약속대로라면 대우자동차를 가져와야 했지만,

대우의 합작사인 미국 GM이 반발하면서 없던 일이 됐다. 대우는 경영난을 이유로 창원중공업을 다시 국가에 반납했다. 창원중공업은 국영기업인 한국중공업이 됐다가 두산으로 넘어갔다. 평소 정주영은 창원중공업에 대해 "정치의 변환기에 무모한 권력자들에게 기업을 강탈당했다."며 아쉬워했다. 전경련 회장직을 두고도 마찰이 일어났다. 전두환 측은 1981년 자신들에게 협조적이지 않은 정주영을 교체하려고 했지만, 롯데그룹 유창순 회장 등 경제계의 반발로 무산됐다. 일해재단(현 세종연구소)을 놓고도 갈등이 이어졌다. 일해재단은 아웅산 테러 순국자를 기리기 위한 순수한 목적으로 설립됐지만 중간에 전두환의 퇴임 후 영향력을 행사하려는 기관으로 성격이 바뀌었다. 재단 대지도 현대전자가 연구소를 지으려던 땅을 가져간 것이었다. 엉뚱한 특혜 논란이 불거지면서 정주영은 국회 5공 청문회까지 출석해야 했다.

현대해상화재 사옥에 설치된 정주영 흉상. 계동 사옥으로 이전하기 전 현대건설 본사 사옥이다. 정주영은 이곳에서 현대를 대한민국 1위 그룹으로 키웠다.

정주영은 1989년 1월 6일부터 12일까지 소련을 방문했고 1990년 6월에는 고르바초프 대통령을 만나 극동 개발을 논의했다. 정주영은 고르바초프에게 "소련의 시베리아 개발은 한국기업이 주축이 되어 할 수 있다."라며 시베리아 개발에 적극성을 보였다. 1989년 1월 23일에는 40년 만에 북한을 방문해 평양과 고향 강원도 통천을 방문했다. 정주영을 이를 계기로 금강산 개발 등 대북 사업에 적극적인 행보를 취하게 된다. 러시아와 북한 방문을 마친 정주영은 1991년 정치 참여를 선언했다. 1980년대 내내 전두환 정권과 자주 마찰을 빚은 데다 소련과 북한을 방문하면서 대통령이 되겠다는 더 큰 꿈을 꾼 것으로 보인다.

이와 관련해서는 개인적인 인연이 있다. 기자 생활을 시작한 지 석 달째인 1992년 초, 엉겁결에 선배들이 벌이던 3월 총선 의석 맞추기 내기에 참여했다. 누가 보더라도 1당은 김영삼이 이끄는 민자당, 2당은 김대중이 이끄는 민주당이 확실했다. 관건은 정주영이 1월 창당한 통일국민당이었다. 통일국민당 의석을 30석 정도로 보고 각 당의 의석수를 계산해 적었다. 총선에서 통일국민당은 31석을 차지하는 파란을 일으켰다. 정주영 본인도 전국구 의원에 당선됐다. 부장과 차장, 국회를 출입하던 베테랑 선배들의 돈을 땄다.

여세를 몰아 정주영은 그해 12월 실시된 14대 대통령선거에 출마했다. 정주영은 자신이 성공한 기업인 출신임을 내세우며 경제 대통령, 통일 대통령이 될 것을 약속했다. 반값 아파트 공급, 집권 1년 후 발전적 재벌 해체, 부가가치세 5%로 인하, 토지공개념 제도 정착, 한민족 경제 생활권 수립 등 파격적이고 전향적인 공약을 내세웠다. 연고지인 강원도를 비롯해 뚜렷한 주자가 없던 충청권을 집중적으로 공략했다. 하지만 결과

동상으로 만난 이병철·정주영·박태준

는 낙선이었다. 정주영은 16.3%, 388만 표를 얻어 3등이었다. 김영삼이 42%를 얻어 대통령에 당선됐고 김대중은 33.8%를 얻었다. 견고한 지역주의의 벽과 재벌의 정치 개입에 대한 거부감이 컸다.

현대해상화재 본사 전경. 1992년 정주영이 대통령선거에 도전할 당시 국민당사로 사용된 역사의 현장이다.

대선에서 패배한 대가는 생각보다 훨씬 혹독했다. 정주영은 1993년 전국구 의원직을 사퇴하고 정계 은퇴를 선언하면서 파란만장한 정치 도전의 꿈을 접었다. '시련은 있어도 실패는 없다'라는 정주영의 도전 역사에 처음으로 큰 금이 갔다. 정주영은 대통령선거법 및 특정경제범죄가중처벌법 위반으로 기소돼 징역 3년을 선고받았다. 현대그룹은 검찰수사 및 세무조사를 받았고 현대 소속 기업들의 돈줄이 2년간 묶여 금융거래는 원활하지 않았다. 다만 세무조사 등 탄압은 있었지만, 정주영에 대한 인

신구속은 없었다. 명백하게 회사 경영을 잘못해서 구속된 경우를 제외하고 재계 총수가 수년간 감옥에 갇히게 된 건 그 후의 일이다. 그러나 정주영은 자신의 대선 도전을 실패라고 생각하지는 않았다. 오히려 국가를 부도낸 대통령으로 영원히 기록된 김영삼이 가장 큰 실패자라고 했다.

보은의 방북과 멀어진 남북경제공동체의 꿈

정주영의 호는 아산(峨山)이다. 고향인 강원도 통천군 아산(峨山)리에서 따왔다. 그만큼 정주영은 고향에 대한 애착이 컸다. 1998년 6월 15일, 서산농장에서 정성껏 기른 소 500마리를 끌고 남북 대결의 상징이었던 판문점을 통과했다. 이날 오전 임진각에서 정주영은 "이번 방문이 남북 간의 화해와 평화를 이루는 초석이 되기를 진심으로 기대한다."라고 소회를 밝혔다. 그해 10월에도 정주영은 소를 싣고 판문점을 넘었다. 정주영이 두 차례에 걸쳐 북한에 가지고 간 소는 모두 1001마리였다. 이는 세 번째 가출 때 아버지의 소 판 돈을 훔쳐 서울로 왔던 정주영의 보은이었다. 아버지의 소 한 마리와 그동안 이자를 천 배로 쳐서 천 마리로 잡았다.

소 떼 방북은 그로부터 10여 년간 이어진 남북 민간교류의 물꼬를 트는 시발점이었다. 2차 방북 때인 10월 30일 북한 김정일이 백화원초대소를 찾아 '깜짝 면담'이 이루어졌다. 면담은 45분간 진행되었다. 이 자리에서 금강산 관광, 북한 연안에 대한 남북 공동 석유 시추 등 경협사업이 논의됐다. 2차 방북 직후 금강산 관광이 시작되어 1998년 11월 18일 '금강호'가 첫 출항을 했다. 정주영의 방북은 2000년 6월 분단 이후 최초의 남북 정상회담으로 연결됐다. 같은 해 8월 남북은 개성공단 건설에 합의했다. 2003년 공단 건설에 착수해 2005년부터 업체들의 입주가 시작되었다. 그러나 순풍으로 이어지던 남북관계는 2008년 7월 금강산관광을 갔던 우리 관광객 박왕자 씨가 북한 초병의 총격으로 숨지면서 중단됐다. 개성공단도 키리졸브 훈련 등에 대한 북한의 반발로 2013년 4월 1차 중단됐다가 재개됐지만, 북한의 4차 핵실험과 광명성호 도발이 이어지면서 2016년 2월 가동이 전면 중단됐다. 2020년 6월 15일 북한은 22년 전 정주영이 소 떼를 몰고 판문점을 통과한 날에 맞춰 개성공단의 상징이던 남북공동연락사무소를 폭파했다. 정주영이 꿈꿨던 남북경제공동체는 정주영 사후 20년이 됐지만 여전히 실현되지 않고 있다.

사업으로 수행한 종손 역할

정주영은 고향 강원도 통천에서 농사를 지으면서 한평생을 살고 싶지는 않았다. 그렇지만 아버지에게 번번이 잡혀 돌아가야 했다. 아버지의 소 판 돈을 훔쳐 상경한 세 번째 가출 때도 정주영은 서울로 찾아온 아버지에게 고향으로 가지 않겠다고 했다. 그러자 아버지는 눈물을 보였다. "농사 부지런히 지어 농토 사고, 집 새로 지어 순영이 세간 내보내고 느이 육 형제 모두 그만큼은 해 줄 작정이었는데 나는 벌써 늙었으니 맏아들 네가 할 일인데, 네가 그걸 마다하니 이제 우리 집은 거지 떼 나게 생겼다." 정주영은 다시 고향으로 돌아갔다. 네 번째 가출에서야 정주영은 고향을 떠날 수 있었다.

그러나 아버지의 말은 정주영 가슴 속에 깊게 남았다. 정주영에게는 남동생 5명과 여동생 1명이 있었고, 자식도 8남 1녀나 됐다. 그만큼 정주영에게는 챙겨야 할 가족이 많았다. 정주영은 사업 초기 동생들과 같이 동고동락했고 이후 동생들이 분가해 한국 경제의 큰 축으로 성장하도록 도왔다. 그래서 정주영을 뿌리로 하는 범현대가 기업들이 많다. 첫째 동생인 정인영(1920~2006)은 6·25전쟁 때 미군 공병대 통역으로 일하면서 형을 도와 오늘의 현대가 있게 한 공신이다. 동아일보 기자 출신으로 1969년까지 현대건설 사장으로 있다가 한라그룹을 창업해서 나갔다. 1962년 창립한 현대양행 기계사업부(안양공장)가 그룹의 모태다. 자동차 부품 제조업체인 만도, 한라건설이 주력사다. 2018년 한라그룹의 자산규모는 8조3천억 원으로 재계 순위 41위, 2019년에는 자산규모 7조 7천억 원으로 49위를 기록했다.

둘째 정순영(1922~2005)은 1969년 현대건설에서 분리된 현대시멘트(주) 사장을 맡았다. 이후 현대그룹에서 독립하여 성우그룹을 창업했다. 유일한 여동생인 셋째 정희영(1925~2015)은 한국프랜지공업을 맡은 김영주와 결혼했다. 김영주는 정주영을 도와 사업 초기 현대를 만든 인물이었다. 정주영은 김영주를 '기계 박사'라고 부를 정도로 신뢰했다. 한국프랜지공업은 자동차 부품, 산업용 기계 등을 생산하는 서한그룹의 모기업이다. 넷째 정세영(1928~2005)은 현대자동차 초대 사장으로 형을 도와 오늘의 현대자동차를 탄생시켰다. 1999년 현대그룹을 분리할 때 현대산업개발을 맡았다. 현재의 HDC그룹이다. 정세영의 장남 정몽규가 이끄는 HDC그룹은 2020년 자산총액 11조 7천억 원으로 재계 순위 30위다.

다섯째 정신영(1931~1962)은 서울 법대를 졸업하고 동아일보 기자로 일하다 독일로 유학해 함부르크대학에서 공부했다. 정신영은 박사 학위 논문을 쓰다 독일에서 숨졌다. 정주영은 평소 수재였던 정신영을 자랑스러워했고 그의 죽음을 누구보다 애통해했다. 정신영을 기리기 위해 관훈클럽 정신영 언론기금으로 당시로서는 거액인 1억 원을 내놓았고, 서울 종로구 관훈동에 빌딩을 지어 관훈클럽에 기부했다. 이를 계기로 1977년 9월 '관훈클럽 정신영기금'이 탄생했다. 2015년 관훈클럽 정신영기금회관 빌딩 현관 1층에 정주영과 정신영의 역상 조각 작품이 설치됐다. 정주영은 제수인 정신영의 부인 장정자에게 서울현대학원을 맡겼다.

관훈클럽 정신영기금회관에 설치된 정주영·정신영 역상 조각 작품. 왼쪽이 정신영, 오른쪽이 정주영이다.

2021년 2월 작고한 막내 정상영은 금강그룹 (KCC) 창업자다. 정주영을 직접 도왔던 다른 형제들과 달리 1958년 금강스레트공업을 창업해 오늘의 KCC그룹을 만들었다. 2020년 기준 자산총액은 11조 원으로 재계 순위 32위다. 정주영은 "너는 종손이다. 위로는 조상들 제사 받들어야 하고 아래로는 동생들 거느려야 하지 않겠니."라는 아버지의 말을 절대로 잊지 않았다. 방법은 농사가 아니라 사업이었다.

2장 자동차와 조선산업의 개척자 아산 정주영

현대자동차그룹과
할아버지의 유지

2000년 3월 현대그룹 명예회장 정주영은 다섯째 아들인 고(故) 정몽헌을 후계자로 지목했고 정몽구(현 현대자동차그룹 명예회장)는 이에 반발해 자동차 관련 10개 계열사를 가지고 그해 9월 현대그룹을 떠났다. 이른바 왕자의 난이다. 한국 사회를 떠들썩하게 만들었던 이 사건으로 현대가는 적지 않은 상처를 입었지만 20여 년이 지나면서 새로운 질서가 형성됐다. 현대자동차그룹 명예회장 정몽구는 21년간 현대차그룹을 이끌며 현대를 도요타와 폭스바겐, 르노닛산, 제너럴모터스(GM)에 이어 완성차 판매량 기준 세계 5위의 글로벌 자동차 기업으로 성장시켰다. 현대차그룹은 2020년 전 세계에서 449만 대의 차를 판매했다. 정몽구는 한보철강 당진공장을 인수해 현대제철을 출범시키고 현대건설을 인수하는 등 자동차-철강-건설로 이어지는 세 축을 마련했다. 특히 2011년 현대의 모태이자 창업자 정주영이 가장 애착을 가졌던 현대건설을 인수한 것은 현대가에 중요한 의미가 있다. 현대건설 인수로 현대가의 정통성은 현대자동차그룹이 갖는 것으로 사실상 마무리됐다. 정몽구는 현재 일선에서 물러났고 아들인 정의선 현대자동차그룹 회장이 그룹을 이끌고 있다. 2020년 10월 취임한 정의선은 전기차 부문 전 세계 판매량 4위 달성, 로봇 · UAM(도심항공모빌리티)으로 사업 영역을 확장하는 등 미래 영역에 주력하고 있다.

현대자동차그룹 계동사옥에 설치된 정주영 흉상. 정주영 20주기인 2021년 현재 현대가에는 새로운 질서가 형성됐다. 2000년 왕자의 난 당시 재계 서열 5위였던 현대차그룹은 2위로 성장했다.

계열분리 당시 현대자동차그룹의 재계 순위는 삼성, 현대, LG, SK에 이어 5위였지만 현재는 삼성에 이어 2위다. 2020년 연결공시 기준 매출액은 279조 원으로 자동차가 152조, 부품 57조, 철강 20조, 건설 등 기타가 31조 원을 차지했다.

현대그룹 지고 현대중공업과 현대백화점 두각

2000년 3월 왕자의 난 당시 현대그룹의 후계자는 고(故) 정몽헌이었다. 정몽헌은 1998년 현대그룹 공동회장으로 취임하면서 아버지 정주영의 후계자로 지목됐다. 그러나 대북 송금 사건으로 검찰 조사를 받던 2003년 8월 자살하면서 현대그룹은 급속도로 와해됐다. 26개 계열사를 물려받았지만 현재는 현대엘리베이터를 지주사로 계열사 11개만 보유하고 있다. 현대건설은 현대자동차그룹으로, 현대전자는 하이닉스라는 독립된 회사로 운영되다가 SK에 각각 넘어갔다. 현대상선은 산업은행 소유로 사명도 HMM으로 바뀌었다. 현대증권은 KB증권, 현대로지스틱스는 롯데택배가 됐다. 정주영이 심혈을 기울였던 현대아산은 대북사업이 중단되면서 사실상 빈껍데기 회사로 전락했다. 현대그룹은 매출 3조 원대의 중견그룹으로 2020년에는 자산총액 기준 64개 기업집단에도 끼지 못했다.

반면 셋째 아들 정몽근의 현대백화점그룹과 여섯째 아들 정몽준의 현대중공업그룹은 급성장했다. 정몽근은 현대백화점을 맡아 롯데, 신세계와 함께 우리나라 3대 백화점 시대를 열었다. 매출 20조 원의 재계 21위 그룹이다. 현대백화점을 필두로 한섬, 현대리바트 등 패션과 거주, 건자재 분야를 포괄하는 종합 유통그룹으로 성장했다. 정몽근 명예회장은 2006년 경영 일선에서 물러났고 이후 장남 정지선 회장이 그룹을 이끌고 있다.

여섯째 아들 정몽준 아산재단 이사장이 이끄는 현대중공업그룹은 매출 48조 원의 재계 9위 그룹이다. 현대중공업을 필두로 현대미포조선,

현대오일뱅크, 현대로보틱스 등 계열사 30개가 있다. 현대중공업그룹의 조선 사업군은 한국조선해양을 중간지주회사로 그 아래 현대중공업, 현대삼호중공업, 현대미포조선 등을 두고 있다. 현대중공업은 조선 분야에서 부동의 세계 1위를 고수하고 있다. 인수가 결정됐거나 확정적인 대우조선해양과 두산인프라코어까지 편입하면 현대중공업그룹의 총자산은 81조 원이 된다. 인수가 끝나면 현대중공업그룹이 포스코그룹을 제치고 재계 6위로 뛰어오를 것이란 전망도 있다. 생전 정주영은 아산재단 이사장 정몽준에 대해 "제힘으로 미국에 가서 박사학위를 받았다."라며 자랑하던 아들이었다. 서울대를 나와 미국 존스홉킨스대학에서 박사학위를 받았다. 아버지를 도와 통일국민당을 창당했고 7선의 국회의원 관록을 쌓았다. 대한축구협회장으로 2002년 한·일 월드컵축구대회를 유치했고 2002년 대선에서 아버지에 이어 대통령을 꿈꾸기도 했다. 울산대학교와 울산과학대학교가 소속된 울산공업학원, 정주영의 사회사업을 잇는 아산사회복지재단, 아산나눔재단, 8개 아산병원(서울, 금강, 강릉, 정읍, 보령, 홍천, 보성, 영덕)도 관장하고 있다. 서울아산병원에 정주영 흉상과 기념관이 있는 것도 이런 이유다.

넷째 아들 정몽우는 현대알루미늄을 맡았지만, 일찍 사망했다. 정몽우가 맡았던 현대알루미늄은 합병 등 여러 과정을 거쳐 '현대BNG스틸'로 바뀌어 현재 현대자동차그룹 계열사로 남아 있다. 일곱째 아들 정몽윤은 현대해상화재보험을, 여덟째 아들 정몽일은 현대미래로그룹을 이끌고 있다. 인천제철을 맡았던 장남 정몽필은 자동차 사고로 일찍 사망했다. 아산의 유일한 딸인 정경희는 해운 및 레저산업 업체인 선진종합 회장 정희영과 결혼했다. 정희영은 1965년 현대건설에 입사한 재원으로 현대중공업과 현대종합상사 사장을 지냈다. 선진해운을 갖고 독립해 천마산

스키장 등을 운영하는 스타힐리조트 등을 지었다.

정주영과 '캔두이즘(Can Doism)'

정주영 20주기를 맞아 현대자동차그룹 계동사옥 본관 '청년 정주영, 시대를 통(通)하다'라는 주제의 추모 사진전에는 작은 엽서가 등장했다. 정주영이 쓴 자서전 《시련은 있어도 실패는 없다》, 《이 땅에 태어나서》에서 인용한 정주영 어록으로 만든 엽서다. 어록 인쇄물은 모두 6장이다. 첫 번째 어록은 "나는 생명이 있는 한, 실패는 없다고 생각한다. 시련이 있을 뿐 실패가 아니다. 내가 실패라고 생각하지 않는 한 이것은 실패가 아니다. 낙관하자. 긍정적으로 생각하자." 두 번째는 "발전을 위해 준비되어 있는 미래를 무의미한 것으로 만드는 건 순전히 자기 자신의 책임이다. 아무리 현재가 힘들고 고생스러워도 생각이 긍정적이면 행복을 느낄 일은 얼마든지 있다." 세 번째 어록은 "주어진 시간을 적당히 낭비하지 않고 열심히 노력하는 삶을 산다면, 누구나 나름대로의 분야에서 나름대로 성과를 거두면서 발전할 수 있다는 것은 확실하다. 그리고 그 삶은 성공적인 삶인 것이다." 네 번째는 "담담한 마음을 가집시다. 담담한 마음은 당신을 바르고 굳세고 총명하게 만들 것입니다." 다섯 번째는 "이기심을 버린 담담한 마음, 도리를 알고 가치를 아는 마음, 모든 것을 배우려는 학구적인 자세와 향상심(向上心), 이러한 마음을 가지고 있는 집단이라야만 올바른 기업의 의지, 올바른 기업의 발전이 가능하다." 여섯 번째는 "우리의 생애는 본인의 생각 여하에 따라 행복이 좌우된다. 우리가 행복을 찾는 길은 주위 사람들에게 어떻게 기쁘게 하느냐에 달려 있다."

현대차 계동사옥에서 열린 정주영 20주기 추모 사진전, 리플렛에 나온 젊은 시절 정주영. 그가 후세에 남긴 건 캔두이즘, 즉 할 수 있다는 정신이다.

6가지 어록을 관통하는 핵심 키워드는 긍정이다. 정주영은 긍정이라는 에너지를 갖고 평생을 살았다. 물론 그의 삶에서도 실패가 있었다. 대통령선거에서 낙선해 혹독한 대가를 치렀고, 말년에 그룹을 자식들에게 넘기는 과정에서 이른바 왕자의 난으로 큰 어려움을 겪었다. 남북경제공동체 건설이라는 큰 꿈을 꾸고 북한에 진출했지만, 미완성으로 끝났다. 그러나 정주영은 사람들이 다 어렵다고 할 때 도전했다. 남들이 실패했다고 해도 본인은 실패라고 생각하지 않고 다시 일어섰다. 그가 후세에게 남긴 건 캔두이즘(Can Doism) 즉, '할 수 있다'라는 자신감이다.

세계의 철강왕 청암 박태준

청암 박태준
(1927~2011)

　육군 소장으로 예편한 군인이자 세계적인 기업 포스코 창립자, 한국 최고 대학 중 하나인 포항공대 등 13개 학교의 설립자, 대한민국 국무총리와 국회의원을 지낸 정치인이다. 1927년 경남 동래군(현 부산광역시 기장군) 장안면 임랑리에서 태어났다. 1945년 일본 와세다대학 기계공학과에 입학해 2년을 다녔다. 해방 후 귀국해 조선 국방경비사관학교(현 육사)에 입학했다. 생도 시절 중대장이자 탄도학 교관이었던 박정희를 만나 평생을 상관이자 은인으로 모셨다. 6·25 참전용사로 화랑무공훈장 등 여러 훈장을 받았다. 1961년 5·16쿠데타(혁명) 이후 국가재건최고회의 박정희 의장 비서실장을 지냈고 1965년 일본과의 국교 정상화막후 협상가로 활동했다. 1963년 전역해 만성적자에 시달리던 대한중석사장을 맡아 흑자로 돌려놓았고, 대한중석 사장 때 박정희의 지시로 포항제철소 건설에 착수했다. 미국과 독일 등의 차관 거절로 제철소 건설이 무산될 위기에 처하자 한·일 국교 정상화로 받은 경협자금을 제철소건설에 활용하자는 아이디어를 냈고, 제철소 건설 과정에서 일본의 협력을 이끌어 냈다. 포항제철을 건설하면서 "식민지 배상금은 조상의 피의 대가이므로 제철소가 실패하면 오른쪽으로 돌아 나아가 영일만에 빠져 죽자."라는 유명한 말을 남겼다. 1992년 광양제철소 준공식을 가진 다음 날인 10월 3일 서울 동작구 동작동 국립묘지 박정희 묘 앞에서 지시 사항을 완수했다는 보고를 올렸다. 제철소가 가동된 첫 해인 1973년 1200만 달러의 순이익을 본 이후 1992년 회장직에서 물러날 때까지 한 번도 적자를 본 적이 없다.

10·26 사건으로 박정희 대통령이 사망한 후 민주정의당 소속으로 제11대 국회의원에 당선돼 정계에 입문했고, 노태우 정부에서 민주정의당 대표최고위원을 지냈다. 노태우·김영삼·김종필 3당 합당 후 김영삼과의 불화로 1992년 포항제철 회장직과 제14대 국회의원직을 사임했다. 김영삼 대통령 임기 초인 1993년 사실상 망명을 떠나 일본에서 체류하다 1997년 문민정부 말기 포항시 북구에서 무소속으로 당선되어 정계 복귀에 성공했다. 이후 김종필의 자유민주연합에 입당해 총재로 일했다. 이른바 DJT(김대중·김종필·박태준) 연합을 통해 김대중의 대통령 당선에 기여했고, 국민의 정부에서 국무총리를 지냈다. 1997년~1998년 IMF 외환 위기 때 일본과의 협력을 통해 위기를 극복하는 데 기여한 공로자다. 포항제철 사장과 회장, 명예회장을 지냈지만 포스코 주식을 1주도 갖지 않았다. 국무총리직에서 물러날 때 "내 명의로 된 부동산은 갖지 않겠다."고 다짐한 후 죽을 때까지 그 약속을 지킬 정도로 청렴했다.

포항과 광양, 서울, 부산에 있는
박태준의 상(像)

박태준의 상(像)은 포항공대(포스텍)와 청암 박태준 학술정보관, 광양 제철소, 서울 포스코센터, 부산 기장 박태준기념관에 설치되어 있다. 가장 먼저 설치된 작품은 2011년 12월 3일 제막식을 가진 포스텍 노벨동산 전신 조각상이다. 이 작품은 실제 모습을 본떠 만든 동상이 아니라 작가 특유의 예술성을 가미해 형상화했기 때문에 조각상이라 부른다. 조각상은 세계적 작가인 중국 미술원장 우웨이산(吳爲山)의 작품이다. 우웨이산은 박태준이 포스텍 방문 때 즐겨 입던 중절모와 코트 차림을 기본으로 학위 수여식 가운을 입은 모습, 안전모를 쓰고 안전화를 신은 작업복 차림 2개 등 총 4개의 조각 작품을 만들었다. 중절모를 쓴 작품은 노벨동산에 전신 조각상으로, 그리고 학위 수여식 가운 작품은 박태준학술정보관에 흉상 조각상으로 설치됐다. 조각상이 설치된 지 열흘 후인 13일 박태준은 연세대 세브란스병원에서 수술 후유증을 극복하지 못하고 숨졌다. 1주기인 2012년 12월 서울 강남구 대치동 포스코센터 1층에 역상 조각 작품이 설치됐다. 가로 7.5m, 높이 4m 두께 1.1m 크기의 전신상이다. 이 작품은 관람자의 움직임에 따라 양각과 음각이 뒤바뀌면서 사람이 움직이는 듯한 인상을 준다. 이어 2013년 4월 1일, 포스코 창립 45주년을 맞아 포스코 광양제철소 방문센터 앞에 박태준 동상이 세워졌다. 모래사장에 철심을 박고 펄과 바다를 메워 제철소를 건설한 박태준의 역동적인 모습을 가장 잘 보여 주는 작품이다. 고향인 부산광역시 기장군 박태준기념관에도 얼굴이 강조된 작은 흉상이 있다. 박태준기념관은 2021년 6월 개관했다.

지휘봉이 빛나는
광양제철소 동상

2월 말 남쪽에서 따뜻한 바람이 불어오고 마음 바쁜 동백꽃이 꽃망울을 터뜨리던 날 광양제철소를 방문했다. 프로축구 전남 드래곤즈가 홈구장으로 쓰는 축구장을 지나 광양제철소 방문센터로 향했다. 미세먼지가 심한 날이어서 쇳물을 생산하는 고로가 뿌옇게 보였다. 오후에 도착한 광양제철소는 출퇴근 시간이 아니어서 그런지 사람이 거의 없는 한적한 모습이었다. 박태준 동상은 방문센터 앞 오른쪽으로 약 30m 정도 떨어진 곳에 세워져 있다. 동상 주위로 잘 가꿔진 소나무와 향나무가 있고 동상 뒤로 50여 미터를 가면 대나무 숲이 나온다. 작은 관목과 잔디밭도 아름답게 조성되어 있다. 박태준이 포항 250만 평, 광양 3백만 평인 제철소 부지의 삭막함을 없애기 위해 3백만 그루의 나무를 심고 갖가지 꽃과 관목들을 심었다는 말이 빈말이 아니었다. 동상 앞 정면은 광양제철소 고로의 스카이라인이 이어지면서 시원한 느낌이다.

박태준 동상은 포철 근무복에 안전화와 안전모, 짧은 지휘봉을 들고 직원들을 지휘하는 모습이다. 어깨높이로 든 오른손은 부하들에게 제철소를 넘어 광양만 앞바다로 나가라고 지시하는 듯 바다를 가리킨다. 허리춤에 붙인 왼손은 지휘봉을 잡고 있다. 지휘봉은 박태준의 트레이드마크다. 박태준은 포항제철을 건설할 때 부하들이나 현장 근로자, 심지어 일본인 감독관들이 잘못하면 지휘봉으로 그들의 안전모를 가차 없이 때렸다. 부러진 지휘봉이 몇 개인지 모를 정도였다. 왼발은 살짝 앞으로 내밀고 오른발은 뒤꿈치를 들고 있어 막 앞으로 나가는 모습이다. 마치 전쟁에 나서는 군대를 지휘하는 장군 같다. 박태준 특유의 호랑이 눈썹과 오똑한 콧날, 꽉 다문 입이 그의 의지를 잘 표현하고 있다.

광양제철소 박태준 동상, 허리에 그의 트레이드 마크인 지휘봉이 눈에 띈다. 박태준은 제철소를 건설할 때 잘못이 발견되면 지휘봉으로 부하나 현장 근로자, 일본인 감독의 안전모를 가차 없이 때렸다.

근무복은 군인들이 입는 전투복이 연상된다. 상의 주머니에는 펜이 두 자루 꽂혀 있고 바지에는 칼 같은 주름이 잡혀 있다. 소매 끝은 바닷바람과 모래를 막을 수 있도록 단추로 단단히 여미었다. 근무복 상의 안에는 와이셔츠에 넥타이를 단단히 맸다. 안전화와 안전모, 근무복에는 영문자 Z처럼 생긴 포항제철 로고가 있다. 화강석 좌대에는 '창업자 박태준 회장'이란 글씨가 한글로 새겨져 있다. 좌대와 기단은 높낮이가 차이가 없

동상으로 만난 이병철·정주영·박태준

을 정도로 낮다. 동상 옆 오른쪽에는 관람객이 동상과 함께 사진을 찍을 수 있는 포토존이 있다. 누구든지 자유롭게 와서 이용할 수 있는 개방된 공간이다. 동상 좌우에는 한글과 영문으로 박태준이 누구인지 알리는 표석이 설치되어 있다.

포항에서 쌓은 기술, 광양에서 꽃피우자!
1981년 12월 1일
이 당당한 도전의 기치를 광양만에 올린 박태준 회장이
포스코 사람들의 혼과 땀을 모아 바다를 단단한 땅으로 바꾸고
십여 년 각고의 세월을 바친 1992년 10월 2일
드디어 세계에서 가장 효율적인 최대 제철소를 완공함에,
그날은 저 1968년 철강은 국력이라는
박정희 대통령의 뜻을 받아
영일만 황량한 모래벌판에 첫발을 디딘 이래
한결같이 무사심(無私心)으로 헤쳐 나아간
제철보국의 대장정을 마무리하면서
4반세기에 걸쳐 연인원 4000만 명이 참여한
조국 근대화의 중추적 사명을 완수한 날이었다.
이제 포스코 창립 45주년을 맞아
후배들이 그 숭고한 정신과 위업을 기리고
받들기 위하여 여기 당신이 지휘하는 모습을 세우니,
아, 언제나 포스코의 앞길을 비추는 횃불이어라.

2013. 4. 1.
포스코 임직원 일동

그런데 박태준 동상이나 주변에는 작가가 누구인지 알 수 있는 단서가 전혀 없었다. 통상 작가가 자신이 만든 작품에 남겨 놓는 서명이나 낙관도 없고, 표석 등 주위에도 아무런 기록이 없다. 포스코역사관의 도움을 받아 어렵게 작가를 확인했다. 동상 제작을 총괄한 사람은 김영원 홍익대 명예교수였다. 김영원은 한국 근현대사의 주역인 대통령 박정희, 한국 자동차와 조선산업의 개척자 정주영 상을 만든 작가다. 구미 생가 박정희 동상, 서울아산병원 정주영 흉상, 그리고 광화문 세종대왕 동상, 청남대 역대 대통령 흉상, 남산 이승만 박사 상, 서울 종로구 수송공원 이종일 동상이 그의 작품이다.

광양 박태준 동상 작가에 대한 이런 대접은 2011년 세워진 포스텍(포항공대) 박태준 조각상이나, 2012년 건립된 서울 포스코센터 박태준 역상 조각 작품 작가가 누구인지 자세한 기록이 남아 있는 것과 너무 달랐다. 포스텍 박태준 조각상 작가는 중국인 우웨이산(吳爲山), 서울 포스코센터 박태준 역상 조각 작가는 서울대 이용덕 교수다. 특히 우웨이산은 조각상 앞뒤에 자신의 낙관과 이름까지 새겨 놓을 정도로 당당히 자신의 이름을 밝혔다. 어떻게 된 영문인지 확인하려고 홍익대를 통해 통화를 시도했지만, 연결이 되지 않았다. 박태준이라는 거목이 사라진 후 뒤엉켰던 포스코 역사의 한 단면을 본 것 같다. "한국인 작가와 중국인 작가를 이렇게 달리 대접해도 되는 건가?"라는 생각이 떠나지 않는다.

종합제철소의 꿈,
"자네는 제철소를 맡아"

1961년 쿠데타에 성공한 대통령 박정희의 꿈은 종합제철소 건설이었다. 산업의 쌀로 불리는 철을 생산하는 종합제철소가 없이는 가난한 농업국가 한국을 근대적 산업국가로 바꿀 수가 없었다. 더구나 철강 생산량은 국방력과 바로 연결됐다. 1964년 남한의 조강 능력은 20만 톤, 북한은 2백만 톤으로 북한이 남한을 압도했다. 북한은 일본이 패망하면서 미쓰비시와 일본제철이 만든 청진제철소(김책제철소로 변경)를 비롯해 제철 설비를 그대로 넘겨받았다. 북한을 이기려면 반드시 종합제철소가 필요했다.

1962년 박정희가 확정한 1차 경제개발계획에서 가장 중요한 건 종합제철소 건설이었다. 박정희는 연간 선철 25만 톤, 강괴(강철 덩어리) 22만 톤을 생산할 수 있는 종합제철소를 건설하려고 했다. 그러나 현실은 냉혹했다. 미국국제개발처는 철을 생산하는 것보다 수입하는 게 더 유리하다며 회의적이었다. 박정희는 종합제철소의 꿈을 2차 경제개발계획으로 연기할 수밖에 없었다.

1964년 대통령 박정희는 서독을 방문했다. 이때 지멘스 공장 '브레머이어' 소장이 박정희의 아픈 곳을 찔렀다. "각하, 철강이 없으면 근대화가 불가능합니다." 박정희는 다시 드라이브를 걸었다. 1966년 5월 13일 "한국의 50만 톤 규모의 제철공장 건설에 대한 타당성을 인정한다."라는 IBRD(세계은행) 보고서가 나왔다. 이어 미국과 독일, 영국, 이탈리아 등 4개국 7개 사가 KISA(키사/대한국제제철차관단)를 만들어 종합제철소 건설협약을 맺었다. 1967년 4월 6일 장기영 경제기획원 장관과 키사를 대표하는 '코퍼스사' 포이 회장 사이에 종합제철공장 건설을 위한 가계약이 체결됐다. 계약 내용은 「외화 규모는 1억 2500만 달러를 미국과 서독이 각 30%, 이탈리아 영국이 각 20%씩 조달하되 조건은 연리 6%, 3년 거치 12년 상환으로 하고 차관단이 교섭을 주관한다. 제철소 규모는 100만 톤으로 하되 1단계는 50만 톤으로 하고 67년 착공해 70년 5월 완공한다. 2단계 공사에서도 차관단이 독점적 지위를 유지한다.」는 내용이었다. 1년 뒤 프랑스의 '엥시드'가 추가 참여해 키사는 5개국 8개 사가 됐다. 1967년 6월, 박정희는 대한중석 사장 박태준을 청와대로 불렀다.

"아무리 둘러봐도 이 일을 맡길 사람은 자네밖에 없네. 나는 고속도로를 직접 감독할 거야. 자네는 제철소를 맡아. 고속도로가 되고 제철소가 되면 공업국가의 꿈은 실현되는 거야." 박태준은 육중한 철근이 어깨 위에 얹히는 것 같았다. 그러나 내려놓을 수 없었다. "황무지를 개간하라고 하시는군요." "그래, 황무지를 개간해야 절대빈곤의 사슬을 끊을 수 있지 않겠나. 자네의 능력과 뚝심을 믿어."

-《박태준 평전》중에서

박태준은 박정희의 지시에 따라 자본과 기술도 없는 상태에서 제철소 건설을 위한 준비에 나섰다. 제철소 용지로 충남 비인, 울산, 전남 보성, 경북 칠포가 부상했다. 모두 집권당인 공화당의 실력자나 건설부 장관, 국장 등이 미는 곳이었다. 이때 건설부 직원이었던 유호문(전 한진종합건설 대표)이 제철소 입지로 포항을 제시했다. 포항에는 오천 일대에 너른 평야가 있고 형산강 물을 이용할 수 있는데다 최적의 항구가 될 영일만이 있었다. 박태준은 이를 그대로 추천했고 박정희는 그 자리에서 결정을 내렸다. "거 잘됐군, 이대로 하게." 부지는 실력자들이 밀던 곳이 아닌 포항으로 결정됐다. 1967년 10월 종합 제철 기공식이 포항에서 열렸다. 하지만 박정희와 박태준은 참석하지 않았다. 박태준은 KISA(대한국제제철차관단)가 차관 제공에 대해 확실한 입장을 내놓지 않은 상태에서 참석할 수 없다고 버텼고, 박태준의 불참에 역정을 내던 박정희도 박태준의 설명을 듣고 같은 결정을 내렸다. 6개월 후인 1968년 4월 1일 포항종합제철(포스코)이 서울에서 공식 출범했다. 박태준은 황량한 영일만 모래밭에 '롬멜하우스'라 불리는 60평짜리 2층 목조건물을 세우고 본격적으로 부지 조성에 나섰다.

1970년 4월 1일 종합착공식에서 치사하는 박정희, 뒤로 안전모를 쓴 박태준이 보인다.
- 대통령기록관-

부지 조성은 처음부터 난항이었다. 1968년 5월 결정된 포항제철소 부지 232만 7천 평 안에는 동양 최대 규모인 예수성심시녀회가 있었다. 수녀원 부지만 18만 평, 건평이 4천 평이었다. 솔숲에 에워싸인 수녀원에는 신부 2명과 수녀 160명, 540명의 고아와 장애인, 노인 등 7백 명이 넘는 사람들이 있었다. 식구가 이렇게 늘어난 건 6 · 25전쟁 때문이었다. 전선은 포항 근처까지 밀렸고 수녀원은 전쟁 통에 생긴 고아들을 거뒀다. 고아원에서 사는 아이들만 460명이었다. 수녀원 보상비는 부지 2천 2백만 원, 건물은 1억 5백만 원으로 책정됐다. 하지만 다른 곳에 건물을 짓고 이사 가기에는 턱없이 부족했다. 프랑스 출신 길 수다니 신부와 총원장 김 벨라뎃다 수녀는 청와대로 대통령 부인 육영수 여사를 찾아가 이주비로 2천 2백만 원이 더 필요하다고 호소했다. 얼마 지나지 않아 수녀원으로 서울대교구장 김수환 추기경의 전화가 왔다. "청와대에서 박정희 대통령을 만났는데, 대통령께서 '포항 수녀원 문제를 해결해드리겠다'라고 했다." 박태준은 김학렬 부총리를 따로 만나 일단 이전비를 주고 다음 해 정부 예산에 수녀원 이전비를 반영하기로 했다. 부지 조성의 최대 걸림돌이 해결됐다.

그러나 가장 중요한 외자도입 문제는 여전히 풀리지 않고 있었다. 제철소를 세우려면 1억 달러를 빌려 와야 했지만, KISA 참여국인 미국과 독일은 결정을 차일피일 미루기만 했다. 그동안 교섭을 책임졌던 경제 관료들이 두 손을 들고 나가떨어졌다. 1969년 1월 박태준은 청와대에서 박정희와 독대했다. "이대로 앉아서 기다릴 수만은 없습니다. 피츠버그로 가서 직접 포이를 만나 보겠습니다." 포이는 KISA를 실질적으로 이끄는 코퍼스사 대표였다. "그래, 그놈들 속을 들여다봐." 박태준은 미국으로 가기 전 배수진을 쳤다. 회사로 돌아오자 기획관리부장 황경노를 따로 불렀다. "회사 청산 절차를 준비해 놓으시오." 2월 미국에 도착한 박

동상으로 만난 이병철 · 정주영 · 박태준

태준은 피츠버그에서 포이 회장을 만났다. "키사(KISA)가 포철을 지원하겠다는 결정을 내리면 IBRD(세계은행)도 차관 제공을 결정할 것입니다. 우리는 반드시 종합제철소 건설 프로젝트를 성공시키겠습니다. 종합제철소를 갖지 못한다면 한국산업의 미래는 어두워질 수밖에 없습니다. 이런 특수한 사정을 혈맹국의 입장에서 고려해 주시고 특히 회장님께서 KISA 대표들을 설득해 주시기를 희망합니다." 그러나 백전노장 자본가 포이는 냉정했고 최종 담판은 실패했다. "이것은 사업의 관점에서 접근해야 합니다. 경제적 타당성이 없는 프로젝트에 지원할 수 없습니다."

한국에 돈을 빌려주겠다는 나라는 아무 데도 없었고 막막한 박태준은 발길을 돌려야 했다. 다음 날 아침 포이가 한국으로 가려고 짐을 싸는 박태준을 찾아왔다. 노신사는 가난한 나라의 패기에 찬 젊은 사장을 빈손으로 돌려보내는 게 마음에 걸렸다. 포이는 다소 엉뚱한 제안을 했다. 하와이 와이키키 해변에 자기네 부사장이 가진 콘도가 있으니 돌아가는 길에 들러서 며칠 휴식을 취하라는 것이었다. 박태준은 제안을 받아들였다. 하와이에 도착한 박태준은 와이키키 해변으로 나갔다. "철에 인생을 건다고 했는데 그놈의 1억 달러를 못 구해서 이렇게 나가떨어져야 한다는 말인가?" 그때 갑자기 기막힌 아이디어가 떠올랐다. 바로 대일청구권 자금을 종합 제철 건설비로 전용하자는 생각이었다. 후일 포철 직원들은 이를 '하와이 구상'이라 불렀다. 박태준은 즉시 전화를 걸었고 박정희는 즉각 승인했다. "아 그래, 기막힌 아이디어야. 1억 달러는 남았을 거야. 문제는 일본 측이야."

박태준을 도와준
야스오카와 그의 제자들

하와이에서 바로 도쿄로 간 박태준은 한·일 국교 정상화 과정에서 일본에 특사로 갔을 때 많은 도움을 받았던 일본의 거물 지식인 야스오카 마사히로(安岡正篤)를 찾았다. 야스오카는 응접실까지 나와 박태준을 맞았다. 박태준은 먼저 한국이 종합제철소를 건설해야 하는 이유를 간절하게 호소했다. 그러면서 대일 청구권자금을 전용(轉用)할 수 있게 일본 내각을 설득하려면 먼저 일본 철강업계의 확고한 지지를 얻어야 한다고 말했다. 박태준의 말을 들은 야스오카는 그 자리에서 일본 재계의 지도자 이나야마 요시히로(稻山嘉寬)에게 전화를 걸었다. 이나야마는 일본철강연맹 회장으로 일본 최대 규모인 야와타제철소 사장이었다. "지금 제 사무실에 한국 포철의 박태준 사장이 와 있습니다. 그에게 당신의 충고와 지지가 필요합니다. 한·일 양국에 이익이 되는 좋은 구상을 하고 있으니 될 수 있으면 박 사장의 뜻이 실현될 수 있도록 도움이 될 방안을 찾아 주셨으면 합니다." 박태준은 야스오카에게 여러 번 고개 숙여 감사 인사를 했다.

박태준은 야하타제철소로 이나야마를 찾아갔다. "중도 폐기할 위기에 빠진 프로젝트를 구할 좋은 구상을 갖고 오셨군요. 한국의 제철소가 일본의 설비, 기자재, 기술 등을 가지고 세워지면 양국 모두에 큰 이익이 될 것입니다." 박태준은 일본 철강업계 설득에 성공했다. 최종 관문은 일본 정부였다. 일본 정·재계의 존경과 신망을 한 몸에 받는 야스오카는 박태준을 지원하는 막후 활동을 계속했다. 정계에서 기시 노부스케(岸信介), 가야 오키노리(賀屋興宣), 재계에서 해외경제협력기금 총재 다까

스키 신이찌(高彬晉一) 등을 만나게 했다. 그러나 일본 정부는 자금 전용에 난색을 보였고 특히 통산상 오히라 마사요시(大平正芳)의 반대가 극심했다. 오히라는 "한국은 일본 철강 제품을 수입하는 게 유리하다."는 입장을 고수했다. "지금 한국은 농업에 투자해야 할 때입니다. 산업화의 첫 단계는 농업 자립화입니다. 그러므로 제철소가 아니라 비료공장, 농기계 공장을 세워 농업부터 발전시켜야 합니다. 제철소 건설은 그다음이지요." 박태준은 일본의 안보를 위해 한국에 제철소 건설이 필요하다며 설득했다. "한국이 제철소를 짓겠다는 것은 산업적 수익성뿐만 아니라 안보적 차원도 고려한 정책입니다. 현재의 냉전체제 대결에서 한국의 안보는 일본의 안보와 직결되는 문제가 아닙니까?" 마침내 일본 정부도 대일청구권 자금 전용에 동의했다. 1969년 8월 15일, 일본 정부는 대일청구권 자금 전용에 대해 긍정적인 검토가 이뤄졌고 22일 각의에서 최종 결정이 내려질 것이라 발표했다. 박태준은 어렵게 일본과의 협의를 마무리 지었다.

그러나 국내로 돌아온 박태준에게는 다른 난제가 기다리고 있었다. 김학렬 경제 부총리는 한일 각료회담에서 제철소 안건이 올라오면 일본이 기술협력에 까다로울 수 있으니 일본 철강업계의 각서를 받아올 것을 요구했다. 각서는 일본의 관행에 어긋나는 일이었지만 박태준은 일본으로 다시 가서 야하타제철 이나야마 요시히로 사장, 후지제철의 나가노 시게오 사장, 니혼강관 아카사카 다케시 사장 등 3명의 도장이 찍힌 각서를 받아 왔다. 하지만 김학렬은 각서에 있는 "백만 톤 규모의 포항제철소 건설계획을 검토한 결과 일응(一應) 타당성이 있다."라는 문구 중에 '일응'이 나중에 문제가 될 수 있다며 다시 삭제를 요구했다. '일응'은 일본식 한자어로 우리 말로는 '어느 정도'로 해석된다. 각서에서 일응(一應)

이라는 글자를 지우려면 다시 일본 철강업계 대표 3명의 도장이 필요했다. 세 사람은 휴가철을 맞아 이미 휴양지로 뿔뿔이 흩어져 떠난 상태였다. 박태준은 다시 야스오카에게 도움을 청했고 야스오카의 도움으로 이들의 소재지를 찾을 수 있었다. 이나야마 회장은 하코네, 나가노 사장은 히로시마, 아카사카 사장은 도쿄에 각각 있었다. 박태준은 하루 반 동안 자동차와 비행기로 일본 전역을 누벼 이들의 도장을 받았다. 박태준이 서울로 돌아왔을 때 한일 각료회의는 하루 앞이었다. 8월 26일 도쿄에서 열린 한일 각료회의에서 한일 정부는 각서에 서명했다. "백만 톤 규모의 포항제철소 건설계획을 검토한 결과 타당성이 있다고 판단된다. 그리고 기술협력을 약속한다." 그리고 각서를 뒷받침하는 일본 철강 3사 사장들의 서명이 첨부됐다. 1969년 12월 3일 한국 종합제철소 건설자금 조달을 위한 한일 기본 협약이 조인됐다. 박태준은 좌초될 뻔했던 한국의 종합제철소 건설을 기사회생시켰다. 박태준 뒤에는 그를 지지했던 일본 내 친구들이 있었다.

박태준과 야스오카의 만남

박태준은 1964년 1월 박정희의 특사로 10개월간 일본에 체류할 때 야스오카 마사히로(安岡正篤)를 처음 만났다. 1961년 5·16 군사 쿠데타에 성공한 박정희에게 가장 시급한 현안은 경제개발을 통한 국민의 삶의 질 개선이었다. 그러기 위해서는 경제개발을 할 자금이 필요했다. 박정희는 한·일 간 국교 정상화를 통해 이를 해결하려고 했다. 실제로 4·19로 집권한 민주당 장면 정권 막바지는 한·일 국교 정상화가 거의 타결되기 직전이었다. 집권에 성공한 박정희는 장면 정권이 이용했던 막후 채널을 다시 가동했다. 박태준은 박정희에게 유력 인사들의 막후 멘토인 야스오카 마사히로(安岡正篤)를 만나야 한다고 건의했다. 야스오카는 양명학과 중국 고전에 두루 통달하고 영어에도 능통한 석학이었다. 특히 야스오카는 일본 사회의 정신적 지도자로 정·재계에 두루 인맥이 넓었다. 7년 8개월간 최장수 총리였던 사토 에이사쿠(佐藤栄作)가 야스오카를 스승으로 모시고 월 1회 관저로 초청해 가르침을 얻을 정도로 일본 내 영향력이 막강했다. 박태준은 야스오카와 선이 닿는 일본통 박철언과 가까웠다. 1964년 대통령 특사 박태준은 도쿄 분쿄구 하쿠산에 있는 야스오카의 자택을 찾아갔다. 면담이 끝난 후 야스오카는 박철언에게 말했다. "침착 중후한 인물이오. 마치 큰 바위를 대하는 듯한 무게가 있었소. 젊지만 정말 훌륭한 인물이야. 우리나라에도 저런 인물이 있다면 얼마나 좋겠나."

우향우, 실패하면
영일만 바다에 빠져 죽자

박정희는 포항종합제철소 현장에 모두 13차례 방문했다. 종합제철소 건설에 대한 무서운 집념이었다. 박정희는 준설작업이 한창이던 1968년 11월 12일 처음으로 현장을 순시했다. 박정희는 현장 사무실인 롬멜하우스에서 브리핑을 받은 후 창가로 옮겼다. 준설선이 바닷물과 모래를 함께 퍼 올린 늪과 비슷한 자리, 여기저기 찌꺼기를 태우는 곳에는 꾸역꾸역 피어오르는 연기, 이따금 자욱하게 모래 먼지를 일으키는 드센 바닷바람, 그 을씨년스러운 풍경은 치열한 전투 직후의 사막 같았다. 문득 박정희는 쓸쓸한 혼잣말을 내뱉는다. "이거 남의 집 다 헐어 놓고 제철소가 되기는 되는 건가." 키사의 차관 도입을 기다리며 애태우는 대통령의 심증이 그대로 드러났다. 박정희의 독백은 포항제철 사장 박태준, 전무 고준석, 부장 황경노·안병화의 가슴을 파고들었다. 포항제철을 완수해야 한다는 생각이 비수처럼 꽂혔다. 1년 뒤 대일청구권 자금 전용이 확정된 1969년 12월, 박태준은 영일만 황량한 모래벌판에 사원들을 집합시켰다. 그 자리에서 박태준은 '우향우'를 외쳤다. 군대 제식 동작인 우향우는 오른쪽으로 도는 것이지만 박태준이 그 말을 쓴 건 절대 실패해서는 안 된다는 뜻이었다. "우리 조상의 혈세로 짓는 제철소입니다. 실패하면 조상에게 죄를 짓는 것이고 우리 농민들에게 죄를 짓는 것이니 목숨을 걸고 일해야 합니다. 실패란 있을 수 없습니다. 실패하면 우리 모두 우향우해서 영일만 바다에 빠져 죽어야 합니다." 박태준의 각오는 그만큼 확고했다.

1970년 4월 1일 영일만 모래벌판에서 포항종합제철소 종합착공식이 열렸다. 식단 테이블 가운데 대통령 박정희, 오른쪽에 사장 박태준, 왼쪽에 부총리 김학렬이 섰다. 착공 버튼을 누르자 땅에 파일을 박는 항타기 세 대가 굉음을 내며 작동했다. 새로운 역사의 시작이었다. 공장 건설이 시작되는 첫날, 박정희는 철강 천만 톤 생산을 주문했다.

"모든 것이 순조롭게 추진되면 73년 여름에 가서는 약 100만 톤 규모의 제철 공장을 완성할 수 있게 될 것입니다. 우리나라의 공업이 발전해 나가는 추세를 보아서, 우리나라에서도 1970년대 후반기쯤 가서는 약 1000만 톤 정도의 철강재 생산 능력을 갖춰야 할 것이고, 또 그러한 공장들이 계속 건설돼 나가야 하리라고 생각하는 것입니다."(대통령기록관/포항종합제철 공장 기공식 치사)

동상으로 만난 이병철·정주영·박태준

박태준 동상, "제철소 건설에 실패하면 영일만 바다에 빠져 죽자"며 우향우를 외치는 모습이 잘 형상화됐다.

착공식에서 박태준은 완벽한 공장 건설을 다짐했다. "훌륭한 공장을 최소 비용으로 건설하고 완벽한 조업 준비 자세로서 공장 가동 시점에서 바로 정상조업에 돌입해야 하며 보장된 품질의 철강재를 원활히 공급하겠다." 박태준은 그 약속을 철저히 지켰다. 부실 공사가 발견되면 가차 없이 불도저로 밀어 버렸고, 잘못이 발견되면 한국인 현장소장이든 일본인 감독이든 지휘봉으로 헬멧을 내리쳤다.

봄날의 나른한 한낮이었다. 제강공장 건설 현장에 차를 세운 박태준은 쏟아붓는 레미콘에 강철 파일이 한쪽으로 기우는 걸 발견했다. 박태준은 불도저를 불렀다. 불도저가 파일을 건드리자 힘없이 쓰러졌다. 명백한 부실 공사였다. 박태준은 지휘봉으로 한국 건설회사 소장의 안전모를 내리쳤다. 단번에 지휘봉이 두 토막이 났다. "이 새끼 이거, 너는 민족의 반역자야. 조상의 혈세로 짓는 공장에서, 야이 이 새끼야, 저게 파일로 보이나?" 두 번째 지휘봉이 안전모 위에서 또 부러졌다. 박태준은 다시 최종 책임자인 일본 설비회사 현장 감독을 소환했다. 박태준은 일본어로 사정없이 퍼부었다. "이 나쁜 놈아, 너희 나라 공사도 이런 식으로 감독하나!" 박태준의 세 번째 지휘봉이 일본인 감독의 안전모를 후려쳤다. 이번에도 그것은 단박에 부러졌다.

-《박태준 평전》 중에서

동상으로 만난 이병철·정주영·박태준

박태준(가운데)과 직원들이 포항제철 1고로에서 첫 쇳물이 나오는 장면을 보고 만세를 부르고 있다. 다른 사람들이 웃고 있는 것과 달리 박태준의 표정은 굳어 있다. -포스코 제공-

3년이 지난 1973년 6월 9일 박태준은 고로에 올랐다. 황금색 쇳물이 나오면 성공이었다. 드디어 출선구를 뚫고 용암 같은 황금색 쇳물이 흘러나왔다. 수많은 난관을 뚫고 제철소 건설에 성공하자 그 자리에 있던 사람들은 모두 만세를 부르며 성공을 축하했다. 그런데 다른 사람들은 웃거나 심지어 기뻐서 우는 듯한 모습이지만 만세를 부르는 박태준의 표정은 딱딱하게 굳어 있다. 박태준에게는 아직 할 일이 많이 남아 있었다. 포항종합제철소 1기 조강 설비는 103만 톤, 박정희와의 약속을 지키려면 893만 톤이 더 필요했다. 한 달 후인 7월 3일 포철 1기 설비 종합준공식이 열렸다. 박정희는 "3년 3개월 만에 허허벌판이었던 곳에 초현대적인 훌륭한 종합제철공장이 준공된 데 대해 감개무량을 금할 수 없다."라며 박태준을 치하하면서 새로운 명령을 내렸다. "선진 여러 나라에는 지금

연산 1천만 톤을 넘는 대규모의 공장이 있다는 것을 생각할 때 우리의 이 공장은 이제 시작입니다. 정부는 1980년대에 가면 우리나라의 철강 수요가 국내만 하더라도 약 1200만 톤 내지 1300만 톤을 넘을 것이라는 추정하에 포항 종합 제철의 1차, 2차 확장 공사와는 별도로 연산 약 1천만 톤 규모의 제2 종합 제철 공장 건설을 지금 예의 추진하고 있습니다."(대통령기록관/포항 종합제철공장 준공식 치사) 박정희의 치사는 철강 2천만 톤 시대를 열라는 지시였다. 박태준이 반드시 지켜야 할 새로운 임무가 생겼다.

상전벽해(桑田碧海), 광양만 바다를 메우다

1973년 6월 조업을 가동을 시작한 포항제철은 첫해 46억 원의 흑자를 기록했다. 세계 제철소 역사상 신설 제철소가 가동 6개월 만에 흑자를 거둔 것은 처음 있는 일이었다. 그 자체만으로 세계 철강업계를 놀라게 했다. 1기에 이어 2기, 3기 공사가 잇따라 완공되면서 포철의 생산 능력은 550만 톤이 됐다. 이로써 해방 이후 늘 열세였던 철강생산 능력은 북한을 완벽하게 뛰어넘었다. 그즈음 제2 제철소 건설 문제가 불거졌다. 이른바 제2 제철 국·민영화 논쟁이었다. 도전자는 정주영이 이끄는 현대였다. 현대는 1978년 6월 인천제철을 인수하고 같은 해 8월 '제2 종합 제철 1기 사업 계획서'를 제출했다. 현대는 '정부 부담이 전혀 없는 순수 민간자본으로 추진한다', '아산에 이미 소요 부지를 확보하고 있다'는 이유로 제철소를 현대가 맡아야 한다고 주장했다. 더구나 정주영은 박정희의 역점 사업이었던 경부고속도로 건설의 주역이자 사우디아라비아 주베일항 공사를 수주해 한국의 외환위기를 구해 낸 인물이었다. 박태준이 이끄는 포항제철은 "철강은 산업의 쌀로 한국의 산업 구조가 자동차, 건설, 조선, 가전 등 중공업 중심으로 재편되는 과정에서 현대라는 1개 기업에 우리나라 기간산업이 모두 집중되면 안 된다."고 반박했다.

최종 결정권자인 대통령 박정희는 박태준을 선택했다. "철은 역시 박태준이야. 제2 제철소는 포철이 맡아야 한다." 하지만 당시 상공부 장관이었던 최각규가 《우리 쇳물은 제철보국이었네》에 남긴 글을 보면 애초부터 박정희의 의중은 박태준에 있었던 것으로 보인다. "내일 아침 박태준 사장에게 청와대에 들어오라고 연락하고 헬기를 대기시켜 놓으라고 지시하는 거야. 다음 날 박 사장을 헬기에 동승시켜 제철소 입지를 둘러봤어요. 실수요자와 입지를 동시에 결정한 것이나 다름없는 일이었어요. 내 뜻이 이러하니 다들 그렇게 알라는 시그널을 보내면서 소모적인 논쟁을 차단하신 거지." 박정희가 헬기로 현장을 시찰한 날은 1978년 10월 21일, 장소는 충남 서산과 태안 사이의 바다인 가로림만이었다. 박정희는 서류에 서명하면서 더 구체적으로 포철 2공장을 명시했다. "대통령께서 서류를 다시 읽어 보시더니 '제2 제철'이라고 쓴 부분을 펜으로 지우고 대신 친필로 '포철 제2공장'이라고 쓰셨어요. 그러면서 '제2 제철 아냐. 포철 제2공장이야' 하면서 아예 대못을 박듯이 말씀하셨어요." 최각규는 1978년 주무장관으로서 제2 제철 실수요자로서 포항제철이 확정됐다고 발표했다. 제2 제철 입지에 대해서도 실수요자인 포항제철이 최종적으로 조사하되 그 결과를 토대로 정부가 1979년 초까지 결정하겠다는 내용이 포함됐다. 그러나 생각하지도 않았던 돌발 변수가 발생했다. 포항제철 4기 공사가 한창 중이던 1979년 10월 26일, 박정희가 중앙정보부장 김재규가 쏜 총탄에 맞아 숨졌다. 박태준을 보호하고 있던 가장 큰 외투가 사라졌다.

10 · 26 이후 전두환이 정권을 잡으면서 제2 제철소 부지를 어디로 정할 것인지가 다시 현안으로 부상했다. 건설부는 아산만을 강력하게 밀고 있었지만, 박태준이 보낸 포철의 지질조사팀은 고개를 저었다. 평택과 아산, 당진 앞 바다인 아산만은 점토질의 악성 연약지반인데다 대형 선박이 드나들자면 갑문을 설치해야 하는 결정적인 결함을 갖고 있었다. 박태준이 제시한 대안은 광양만이었다. 광양과 여수 사이의 바다인 광양만은 만으로 둘러싸여 있어 바다가 잔잔하고 수심도 깊었다. 박태준에게 광양만을 추천한 사람은 해군 참모총장을 지낸 이맹기 전 대한해운 사장이었다. 이맹기는 해군으로 복무하면서 우리나라 바다의 특성과 해저 지형을 잘 아는 사람이었다. 그러나 광양만도 단점이 있었다. 바로 연약지반이었다. 포철 기술진과 일본의 해양컨설턴트 전문가인 가마모토 사장이 현장을 조사했다. 조사 결과 가마모토 사장은 모래말뚝공법이란 신공법으로 연약지반 문제를 충분히 해결할 수 있다고 주장했다. 모래 말뚝공법은 파이프를 연약한 지반에 박고 그 안에 모래를 투입한 후 다시 파이프를 위로 빼내면 흙 속에 있던 수분이 쉽게 빠져나가게 함으로써 지반을 다지는 공법이다. 하지만 건설부의 반대는 완강했고 결국 최종 결정은 대통령 전두환의 손으로 넘어갔다. 1981년 11월 4일, 제2 제철소 입지선정 최종회의가 열렸다. 전두환은 휴전선과의 거리 등 안보적 요인을 들어 제철소 부지로 광양만을 결정했다. 전두환은 '아산만 불가, 광양만인가'라고 쓰고 사인했다. "나는 철은 몰라도 안보는 안다. 현재의 남북관계로 볼 때 아산만에 중요한 국가기간산업을 건설한다는 것은 바람직하지 않다."

공장부지와 주택단지를 합쳐 총 450만 평이 필요한 광양만 부지 조성 공사는 또 다른 전쟁터였다. 바다 매립에는 김 양식장과 어업권 보상이, 섬 폭파와 육지 매입에는 주민 이주와 수용토지 보상 문제가 앞을 막았다. 광양 초기 요원들은 금호도 건설기지에 임시로 마련한 가설건물에서 기거했다. 동네 청년들로부터 주먹세례를 받기도 하고 상수도관을 차단하는 바람에 세수도 못 한 채 출근하기도 했다. 특히 어업권 보상 문제가 어려웠다. 광양시, 하동군, 남해군 어민들은 대화 자체를 거부하는 경우가 허다했다. "당신들은 대학을 나오고 큰 회사 다녀서 유식한 모양인데 우린 무식해서 그런 것 잘 모른다. 그러니 무식한 사람들 상대로 장난질하지 말고 우리 요구를 그대로 다 들어주면 된다." 박태준과 실무진들은 어렵게 설득을 거듭해 어업인 보상 문제를 마무리 지었다.

광양제철소를 짓는 박태준의 머릿속에는 영일만에서 포항제철을 건설하면서 얻은 노하우 즉, 광양 1, 2, 3, 4기의 제선, 제강, 열연공장을 똑같은 사양으로 통일하겠다는 구상이 들어 있었다. 박태준은 포항제철 건설과정의 시행착오를 잊지 않았다. 사양이 같으면 건설비가 적게 들어가고 원가절감과 조업 효율성을 최대한 끌어 올릴 수 있는 장점이 있다. 박태준은 모든 공장과 설비들을 철강생산과정에 따라 일직선으로 배치해 철강생산에 걸리는 시간을 최소화하고 전천후 부두를 건설하도록 했다. 박태준이 광양제철소 건설에 적용한 방식은 세계 최초였다. 이로써 광양제철소는 다른 경쟁 제철소에서 사흘이 걸리는 열연 제품을 4시간 30분 만에 생산하고, 비가 오든 눈이 오든 철강 제품을 바로 선적할 수 있게 됐다. 광양제철소가 완공되면서 포항제철은 포항과 광양을 합쳐 연산 2100만 톤을 생산하는 세계적인 철강사가 됐다. 1992년 10월 2일 광양제철소 종합운동장에서 포항제철 종합준공 행사가 열렸다. 1968년 4월 1

일 창업 이래 25년의 역사를 마무리 짓는 대역사였다. 준공식에는 포항제철 회장 박태준, 대통령 노태우, 세계철강협회장 로튼 등 내외빈 만 2천여 명이 참석했다. 박태준은 담담하게 소회를 밝혔다. "제철보국의 정신 아래 민족 기업, 인간 존중, 세계지향의 기업이념을 더욱 착실히 펼쳐 나가는 한편 21세기를 지향하는 새로운 기업상을 정립할 것입니다. 그리고 국민 여러분의 끊임없는 사랑을 바탕으로 어떤 어려움이라도 헤쳐 나가면서 기필코 다음 세기의 번영과 다음 세대의 행복을 창조하는 국민기업의 지평을 열어 갈 것입니다."

동행(同行), 태릉 육사 교정에서 시작된 인연

광양제철소 4기 준공으로 1968년 창업 이래 25년의 역사를 마무리를 짓는 대역사가 끝난 다음날인 10월 3일, 박태준은 북아현동 자택에서 하얀 와이셔츠 위에 검은 양복을 입고 검은 넥타이를 맸다. 보고를 담은 두루마리를 챙겨 가슴에 넣었다. 그가 향한 곳은 동작동 국립묘지 박정희 묘역이었다. 박정희는 1973년 7월 3일 포항제철 1기 준공식 때 철강 2천만 톤 시대의 비전을 제시했다. 자신에게 부여된 임무를 마친 박태준은 두루마리를 펼쳤다. 한지에 붓글씨로 쓴 보고문이었다.

각하! 불초 박태준,
각하의 명을 받은 지 25년 만에
포항제철 건설의 대역사를 성공적으로 완수하고
삼각 각하의 영정에 보고를 드립니다.

포항제철은 빈곤 타파와 경제부흥을 위해서는

일관제철소 건설이 필수적이라는 각하의 의지에 의해 탄생되었습니다.

그 포항제철이 바로 어제, 포항 · 광양의 양대 제철소에

연산 2천100만 톤 체제의 완공을 끝으로 4반세기에 걸친 대장정을

마무리했습니다.

돌이켜보면 참으로 형극과도 같은 세월이었습니다.

자본도 기술도 경험도 없는 불모지에서 용광로 구경조차 해 본 적이

없는 39명의 창업 요원을 이끌고 포항의 모래사장을 밟았을 때는 각

하가 원망스럽기도 했습니다.

자본과 기술을 독점한 선진 철강국의 냉대 속에서 국력의 한계를 절

감하고 한숨짓기도 했습니다.

터무니없는 모략과 질시와 수모를 받으면서 그대로 쓰러져 버리고

싶었습니다.

그때마다 저를 일으켜 세운 것은 '철강은 국력'이라는 각하의 불같은

집념,

그리고 13차례에 걸쳐 건설 현장을 찾아 주신 지극한 관심과 격려였

다는 것을 감히 말씀드립니다.

각하! 일찍이 각하께서 분부하셨고, 또 다짐 드린 대로

저는 이제 대임을 성공적으로 마쳤습니다.

그러나 이 나라가 진정한 경제의 선진화를 이룩하기에는

아직도 해야 할 일이 산적해 있습니다.

혼령이라도 계신다면,

불초 박태준이 결코 나태하거나 흔들리지 않고

25년 전의 그 마음으로 돌아가 잘사는 나라 건설을 위해
매진할 수 있도록 굳게 붙들어 주시옵소서.

1992년 10월 3일

-《박태준 평전》 중에서

박태준은 1927년 경남 동래군 장안면(현 부산광역시 기장군 장안읍)
에서 박봉관과 김소순의 장남으로 태어났다. 부친이 일본에 건설기술자
로 취직하면서 1933년 어머니와 함께 일본으로 갔다. 6살에 일본에 도착
한 박태준은 초등학교와 중학교, 대학교 2년을 일본에서 다녔다. 박태준
은 운동과 공부, 음악 등 두루 재능이 있었다. 다가 심상소(초등)학교에
서 수영과 달리기 선수였고, 5년제 이야마북중학교에서는 유도를 배우
고 하모니카를 불었다. 1945년 일본 육사에 진학하라는 권유를 뿌리치
고 와세다대 기계공학과로 진학했다. 하지만 그해 8월 15일 일본이 패망
하면서 그의 인생 행로가 완전히 바뀐다. 해방 후 귀국한 박태준은 1948
년 5월 남조선경비사관학교(현 육군사관학교) 6기생으로 입교했다. 태
릉 육사 교정에서 박태준은 평생을 은사이자 상관, 동지로 모시게 되는
박정희를 만났다. 1중대장 박정희는 탄도학 교관이었다. 탄도학은 미분
과 삼각함수 등 수학 지식이 요구되는 까다로운 과목이었다. 와세다대
기계공학도 출신이었던 박태준은 박정희가 낸 어려운 문제를 술술 풀었
다. 박정희와 박태준은 서로를 알아봤다.

태릉 육사 제2 정문, 박정희와 박태준은 이곳에서 중대장과 생도로 처음 만났다. 평생 동지가 되는 두 사람은 탄도학 수업에서 서로를 알아 봤다.

6·25전쟁이 터졌을 때 박태준은 경기도 포천에 주둔한 7사단 1연대 5중대장이었다. 탱크를 앞세운 북한군의 공세에 밀려 사흘 사이에 연대 소속 중대장 12명 중 10명이 전사했다. 박태준은 미아리에서 서울 사수에 나섰다가 실패하자 다리가 끊어진 한강을 건넜다. 낙동강까지 후퇴한 박태준은 최후의 방어선 낙동강 사수 작전에 투입됐다. 포항과 기계, 안강에서 싸우던 박태준은 맥아더 장군의 인천상륙작전 성공으로 함경북도 청진까지 북진했지만 중공군의 침략으로 흥남에서 배를 타고 철수해야 했다. 박태준은 1953년 휴전협정이 조인될 무렵에는 5연대 부연대장으로 강원도 화천에서 중공군과 싸웠다. 용맹했던 그의 가슴에는 충무무공훈장, 은성화랑무공훈장, 금성화랑무공훈장이 생겼다.

박태준은 휴전 후 육군대학에 입교했고 1954년 6월 수석으로 졸업했다. 문무를 갖춘 박태준은 상관들이 서로 데려가고 싶은 인재였다. 육사 교무처장, 국방대학을 거쳐 국방부 인사과장으로 발탁됐다. 국방부 인사과장은 군내 인사를 주무르는 요직이었다. 1년 정도 근무하던 어느 날 박정희가 찾아왔다. 당시 1군 참모장이었던 박정희는 1군 산하 25사단 참모장으로 옮길 것을 제안했다. 박정희의 말을 들은 박태준은 인사과장 자리를 미련 없이 박차고 25사단으로 떠났다. 어느 날 부대를 순시하던 참모장 박태준의 눈에 김치가 무더기로 버려져 있는 것을 발견했다. 병사들은 아무도 김치를 먹지 않았다. 즉각 조사에 착수한 박태준은 톱밥이 섞인 가짜 고춧가루가 납품된 사실을 적발했다. 납품업자가 그날 두툼한 돈 봉투를 들고 찾아왔다. 박태준의 눈에서 불꽃이 튀었다. "야, 이 새끼야! 쏴 죽이기 전에 다시는 우리 부대에 얼쩡거리지도 마!" 오래전부터 계속되던 군납 비리를 척결한 박태준은 25사단 71연대장으로 자리를 옮겼다. 박태준이 지휘하는 71연대는 그해 국군의 날 시가행진 부대로 선정됐다. 박태준이 부임하면서 문제가 많았던 25사단은 정예부대로 탈바꿈했다.

박태준은 25사단을 떠나 요직인 육군본부 인사처리과장으로 돌아왔다. 인사처리과장으로 일한 지 얼마 지나지 않은 1960년 봄, 박정희가 다시 육군본부로 찾아왔다. 부산 군수기지사령관으로 임명된 박정희는 부산으로 함께 갈 것을 제안했고 박태준은 이번에도 아무런 미련 없이 박정희를 따라나섰다. 1960년 봄은 4·19로 이승만 정권이 무너지는 격동의 시대였다. '내 일생을 국가와 민족을 위해'를 주장했던 군수기지사령관 박정희는 혁명을 이야기했고, '짧은 인생을 영원 조국에'를 외쳤던 인사참모장교 박태준은 힘을 보탰다. 혁명의 기운을 감지한 육군본부는 박정희를 광주 1관구사령관으로 보냈다. 박태준도 미국으로 연수를 떠났다. 1961년 5월 16일, 박정희는 목숨을 걸고 한강 인도교를 건넜다. 그러나 거사 명단에는 평생의 동지이자 부하인 육군본부 소속 박태준 대령은 없었다. 하지만 그날 새벽 군사혁명위원회로 온 박태준은 자연스럽게 비서실장 임무를 수행했다. 한강 다리를 함께 건너지는 않았지만, 박태준은 부하이자 동지로서 박정희와 운명을 함께했다.

혁명 후 박태준은 국가재건최고회의 의장 비서실장에 이어 재정경제위원회 상공 담당 최고위원으로 임명됐다. 이로써 박태준은 처음으로 경제 분야와 인연을 맺었다. 1963년 12월 12일, 박태준은 소장 진급과 함께 군복을 벗고 민간인 신분이 됐다. 1964년 1월 박정희는 박태준을 불러 한·일 국교 정상화 협상 막후 역할을 맡으라는 밀명을 내렸다. 박정희는 한·일 국교 정상화 대가로 대일청구권 자금을 받으면 경제개발 5개년 계획의 밑천으로 쓸 생각이었다. 야스오카 마사히로(安岡正篤) 등 일본 내 인맥을 활용한 박태준의 막후 노력으로 한·일 국교 정상화 협상은 성공리에 끝났다. 박정희의 지시를 수행한 박태준은 열 달 만인 10월 돌아왔다. 귀국 후 미국 유학을 준비 중이던 박태준은 얼마 지나지 않아 다시 박정희의 부름을 받았다. 박정희는 박태준에게 대한중석을 맡아 정상화할 것을 지시했다. 대한중석은 당시 한국의 수출품 1위였던 텅스텐을 채굴하는 중요한 회사였지만 수많은 낙하산 인맥, 정치권 외압이 얽혀 적자가 계속되고 있었다. 박태준은 박정희에게 딱 한 가지를 요청했다. "저에게 맡기신 이상 앞으로는 정부나 여당에서 일절 회사 경영에 간섭하지 않도록 보장해 주십시오." 박정희는 즉각 수락했다. "약속하지." 1965년 1월 대한중석 사장으로 취임한 박태준은 현장인 강원도 영월군 상동으로 달려갔다. 헛간 수준의 사택이 박태준의 눈에 들어왔다. 채굴 현장보다 사택이 생산성을 좀먹고 있었다. 광부 부인들의 첫 마디도 충격적이었다. "사택에 빈대약 좀 쳐 주세요." 박태준은 급한 대로 사택 환경을 개선하고 각종 경영의 불합리성을 과감하게 제거했다. 박태준이 부임한 첫해에 대한중석은 흑자로 전환됐다.

대한중석 사장으로 회생에 전력을 기울이던 그해 6월 박태준에게 또다른 과업이 떨어졌다. 박정희는 자신의 꿈인 제철소 건설을 가장 믿음직한 부하인 박태준에게 맡겼다. 박태준은 종합제철소 건설이라는 대업, 자신의 인생을 온전히 바치게 되는 지시를 이번에도 순순히 받아들였다. 국가재건최고회의 상공분과위원장을 지낸 박태준이 내각이나 정계로 진출하기로 마음먹었다면 얼마든지 가능했다. 그런 박태준이 박정희의 지시를 그대로 수용한 것은 두 사람의 특별한 관계가 아니면 설명이 되지 않는다. 박태준에게 제철소 건설을 맡긴 박정희는 박태준의 든든한 보호막이 됐다. 포철 1기 설비구매를 위한 청구권자금은 한·일 정부 간 협정이어서 포철이 직접 사용할 수 없었다. 정부 인사가 포철이 공정하게 선정한 공급업체를 퇴짜 놓거나 공급업체에서 상납과 리베이트를 받아 내려는 정치인까지 생겼다. 박태준은 설비구매가 차질을 빚으면 전체 공기에 심각한 문제가 생긴다고 생각했다. 1970년 2월 2일, 박태준은 박정희를 찾아가 상황을 보고했다. 박정희는 박태준의 보고서에 친필서명을 해서 돌려줬다. 이른바 종이마패의 탄생이었다. "내 생각에 임자에겐 이게 필요할 것 같아. 어려울 때마다 나를 만나러 오기 거북할 것 같아서 아예 서명해 주는 거야. 고생이 많을 텐데, 소신대로 밀고 나가." 종이마패는 설비구매를 원칙대로 밀고 나갈 수 있는 버팀목이 됐다. 박정희라는 보호막이 없다면 박태준도 포항종합제철소 건설이라는 거대한 국가 프로젝트를 하는 과정에서 그림자처럼 따라붙는 부패와 정치자금 요청에서 벗어나기 힘들었을 것이다. 그러나 박태준은 박정희가 살아 있을 때 한 번도 종이마패를 내민 적이 없다. 종이마패는 10·26으로 박정희가 김재규의 총탄에 숨진 후 처음 공개됐다.

평생을 이어 간
1961년 5월의 약속

박정희가 갑자기 김재규의 총탄에 숨진 다음 날인 1979년 10월 27일 아침, 박태준은 단정히 책상 앞에 앉아 눈을 감고 있었다. 그리고 꼬박 하루를 밖으로 나오지 않았다. 박태준에게는 박정희와 지켜야 할 약속이 있었다. 첫 번째는 조강 2천만 톤 달성, 광양제철소가 완공된 다음 날 박태준은 동작동 국립묘지 박정희 묘역을 찾아 임무 완수를 보고하는 걸로 한 가지 약속을 지켰다. 다음 약속은 1961년 5월에 있었던 박정희의 부탁이었다. 5·16쿠데타가 성공한 후인 5월 18일 저녁 박정희는 비서실장 박태준을 불렀다. "내가 왜 혁명동지 명단에서 자네 이름을 뺀 줄 아나? 개인적인 이유는 혁명에 실패해서 내가 군사 법정에서 사형선고를 받고 형장의 이슬로 사라지게 되면 내 처자를 자네한테 부탁하려 했어." 박정희는 혁명이 실패하면 박태준에게 가족을 맡기려고 했다. 그때만 해도 두 사람은 몰랐다. 박태준이 실제로 그 일을 하게 될 것이라는 걸.

2004년 12월 14일, 박정희의 외아들 박지만이 변호사 서향희와 결혼했다. 1974년 8월 어머니 육영수, 1979년 10월 아버지 박정희를 잃은 박지만은 젊은 시절 무수히 방황했다. 그때 박지만의 손을 잡고 어엿한 기업인으로 이끈 사람이 박태준이었다. 박태준과 부인 장옥자는 기꺼운 마음으로 정성을 다해 결혼을 준비했다. 신랑 어머니가 해야 하는 결혼 준비 및 예법 차리기는 장옥자가 맡았다. 식을 마친 신혼부부는 장옥자가 마련한 폐백을 들고 박태준 부부와 함께 박 대통령 묘소에서 혼례를 마친 인사를 올렸다. 박태준은 1961년 박정희와의 약속을 죽을 때까지 한 번도 잊은 적이 없었다. 박태준은 서울 광화문 사무실에도, 시골 고향 집

거실에도 박정희의 얼굴을 놓아뒀다. 새해 정월 초하룻날 아침에는 사진을 상 위에 모셔 놓고 정장을 입고 세배를 올렸다. "우리가 혁명을 계획할 때 약속한 게 있었고, 나는 그 약속을 철저히 지키겠다고 내 인격에 약속했으니, 내가 그 양반을 자주 봐야 흔들리다가도 금세 똑바로 서게 될 것이 아니오?"

영면(永眠), 동작동 국립묘지에서 만난 두 사람

2011년 11월 14일 '박정희 대통령 동상 제막식'이 경북 구미시 상모동 생가 인근에서 거행됐다. 동상은 5m 크기의 청동상으로 박정희가 연설문 두루마리를 오른손에 들고 걷는 자세다. 연설문은 1964년 8월 3일 국방대학원 졸업식 치사다. 이때 박정희는 조국 근대화를 강조했다. "이 세대 이 나라 국민으로 태어나서 평생의 소원이 있다면 우리 세대에 우리 조국을 근대화해서 선진 열강과 같이 잘사는 나라를 한번 만들어 보는 것이다." 기단에는 '내 一生(일생) 祖國(조국)과 民族(민족)을 위하여 1974. 5. 20 大統領(대통령) 朴正熙(박정희)'라는 글씨가 있다. 박정희 본인의 글씨를 그대로 기단에 새겼다. 기단 옆에 있는 글은 1968년 12월 5일 박정희가 공포한 '국민교육헌장' 전문이다. 2009년 4월 동상 건립추진위원회 설립을 시작으로 3년여의 시간이 걸렸다. 동상 등 실제 작품 제작에는 8개월이 소요됐다. 동상을 만든 작가는 홍익대 김영원 명예교수다. 김영원 교수는 2년 후인 2013년에는 광양제철소 박태준 동상도 제작한다.

구미 박정희 생가 인근에 있는 박정희 동상. 박태준은 박정희 동상 제작이 결정되자 자신의 조각상을 세우도록 허락했다. 그러나 박태준은 2011년 12월 13일 숨지면서 박정희 동상 제막식도 자신의 조각상 제막식도 가지 못했다.

박정희 대통령 동상 제막식을 누구보다 반긴 사람이 박태준이었다. 앞서 2008년 포항시의회 의장 최영만은 포항시민의 성금을 모아 형산강 다리 입구나 시내 적당한 곳에 박태준의 동상을 세우겠다고 제안했다. 하지만 박태준은 제안을 받아들이지 않았다. "대단히 감사한 일이지만 아직 박정희 대통령의 동상 하나 제대로 세우지 못한 상황에서 내가 먼저 받을 수 없다." 그로부터 3년 후 박태준은 2011년 12월 3일 포스텍 개교 25주년을 맞아 캠퍼스 내 노벨동산에 설립자 조각상을 세우겠다는 포스텍의 제안을 수락했다. 자신보다 박정희 동상이 구미에 먼저 제막된다는 걸 알고 난 후였다. 제막식 행사에 초청받은 박태준은 축사에 담을 내용을 구상했다.

> 돌이켜보면, 63년 전 저 태릉 골짜기의 초라한 육사 강의실에서 저는 처음으로 박정희라는 특출한 분의 눈에 띄었고, 결국 그것은 저의 운명이 되었습니다. "나는 임자를 알아. 아무 소리 말고 맡아!" 이 한 말씀에 따라 저는 제철에 목숨을 걸고 삶을 바쳐야 했습니다. 지난 1992년 10월 3일, 4반세기 대역사 끝에 포항제철소와 광양제철소를 완공하고 동작동 국립묘지의 영전 앞에서 임무 완수 보고를 올렸습니다. 그때, "각하께서 저를 조국 근대화의 제단으로 불러주셨다."고 토로했습니다만, 박정희라는 한 사람을 조국 근대화의 제단으로 불러낸 것은 우리의 시대였고 대한민국의 역사였습니다. 또한 그것은 각하의 피할 수 없는 운명이었습니다. …(중략)…각하, 이제는 저의 인생도 얼마 남지 않았습니다. 우리가 재회하여 막걸리를 나누게 되는 그날, 밀리고 밀린 이야기의 보따리를 풀어놓겠습니다. 며칠은 마셔야 저의 이야기를 어느 정도는 마칠 것 같습니다. 부디 평안히 기다려 주십시오.

> -《박태준 평전》중에서

그러나 축사는 박태준의 유작으로 남았다. 박태준은 박정희 동상 제막식에도, 자신의 조각상 제막식에도 참석하지 못했다. 박태준은 박정희 동상 제막식이 6일 앞으로 다가온 11월 8일 연세대 세브란스병원에 입원했고 끝내 일어서지 못했다. 12월 13일 그는 막걸리를 나눌 박정희 곁으로 갔다. 박태준은 12월 17일 동작동 국립묘지 국가유공자 묘역에 묻혔

동상으로 만난 이병철·정주영·박태준

다. 육사에서 시작된 두 사람의 인연은 평생 이어졌고 죽어서도 계속되고 있다. 서울 동작구 동작동 국립현충원에서 두 사람의 묘역은 그리 멀지 않다. 박정희는 국립현충원 가장 중앙인 대통령 묘역에, 박태준은 그보다 아래에 있는 국가유공자 3묘역 17구역에 묻혀 있다. 박태준의 묘에는 '국무총리 포스코 회장 박태준의 묘'라는 비명이 새겨졌고, 상석에는 박태준의 얼굴, 그리고 포항제철소의 고로가 동판 부조로 만들어져 부착되어 있다.

동작동 국립묘지 박태준 묘, 제철소 고로 부조가 인상적이다. 고로는 박태준을 상징한다.

묘비 아래 좌대에 있는 글은 소설 태백산맥을 쓴 작가 조정래가 지었다. 그의 인생을 간략하지만, 압축적으로 표현했다. 조정래가 박태준을 조국의 일꾼이자 민족의 위인이라고 쓴 게 인상적이다.

3장 세계의 철강왕 청암 박태준

20대에 '짧은 일생을 영원 조국에'란 인생 좌표를 세우고, 포스코로 '제철보국'을, 유치원에서 포항공대까지 설립해 '교육보국'의 이상을 실현시킨 당신은 이 땅의 경제의 아버지, 교육의 신개척자. 사리사욕 없이 나라 위해 일평생을 바친 당신은 조국의 일꾼이며 민족의 위인이시다.

2011. 12. 17
조정래 짓다.

조정래는 박태준과 가깝게 지냈고 박태준 사후에는 손자들을 위해 박태준 위인전을 썼다. 2020년 10월 12일 조정래는 서울 중구 세종로 한국프레스센터에서 열린 '등단 50주년 기념 기자간담회'에서 "일본에 유학을 다녀와서 친일파가 돼 버립니다."라는 발언으로 파문이 일었다. 이와 관련, 일부 언론은 '그럼 과거에 박태준 묘비에 바친 헌사는 무엇이냐?'며 문제를 제기하는 칼럼을 게재하기도 했다. 묘 왼쪽에는 문화부장관을 지낸 이어령이 글을 지은 헌시비가 있다. 박태준의 일생이 담담하게 담겨 있다.

전쟁터에서는 용맹한 장수, 일터에서는 기적의 경영인, 나라에서는 큰 정치인으로 이 시대 머릿돌이 되시니 무쇠를 녹이는 열정이 천년의 가난을 쫓고 불에 달군 강철의 의지가 만년의 번영을 열었도다.

우리가 지금 높은 베개를 베고 잠들 수 있는 것은 철의 공장에 쏟은 님의 피와 땀이 있었음이며 품에 아이를 안고 사람마다 내일의 꿈을 키우는 것은 학교를 세워 지식의 텃밭을 넓히신 님의 덕이었다니.

나라가 가정을 지킨 한 어버이의 사랑에서 시작되고 천지가 마을을 잇는 한 이웃의 정에서 열리게 된 것을 님을 따르고 또 배우니 비로소 알겠노라. 큰 강물이 잔 하나 띄우는 샘물에서 흘러온 것을

이제 님은 가는 자의 영광이요 오는 자의 희망이시니 누구나 한 핏줄이 되어 영생의 향불 앞에 서노라.

2012년 6월 26일
이어령 글을 짓고
조수호 쓰다.

박태준 스스로가 울타리가 되다

1979년 10월 26일, 박정희가 갑자기 서거하면서 박태준을 지켜주던 종이마패는 효력을 다했다. 박태준이 박정희의 종이마패를 굳이 꺼내지 않아도 다들 그 위력을 알았지만, 이제는 아니었다. 10월 30일 박태준은 임원 회의를 소집해 비장한 훈시를 했다. "앞으로는 과거보다 더 엄청난 장애 요소가 가로놓일 것입니다. 그것을 헤쳐 나가는 데는 엄청난 결단과 행동이 수반됩니다. '과거처럼 쉽게 해결되겠지', 이런 안일한 생각을 지금 이 순간부터 여러분은 버려야 합니다." 이제는 박태준 자신이 포항제철의 울타리가 되어야만 했다. 박태준은 울타리 역할을 적극적으로 수

행했다. 박태준은 제2 제철소를 포항제철이 원했던 광양으로 유치했고 1987년 5월에는 광양제철소 1기 종합준공식을 개최했다. 미국 철강업계의 자존심이라 불리는 US스틸 산하 냉연강판 공장 지분 50%를 인수해 미국 진출에도 성공했다. 미국에 합작회사를 만든 박태준은 포항제철을 만들 때 세계 철강업계가 돈을 빌려주지 않아서 겪었던 쓰라린 기억을 지울 수 있었다.

박정희 사후 박태준이 처음 만난 권력자는 전두환이었다. 육사 교무처장 시절 전두환은 4학년 생도였고 25사단에 근무할 때 전두환은 중대장이었다. 전두환은 상관이자 선배였던 박태준에게 입법회의 부의장 자리를 제안했다. 박태준은 완곡하게 거절하면서 "경제 분야에서 해야 할 일이 있다면 맡겠다."라고 말했다. 그러자 전두환은 "제1 경제위원회를 맡아 달라."고 했다. 1981년 3월 박태준은 포철 최고경영자, 입법회의 제1 경제위원장, 제11대 국회의원이 됐다.

박태준이 그다음 만난 권력자는 노태우였다. 전두환과 육사 동기인 노태우도 박태준이 육사 교무처장 시절 4학년 생도였다. 그러나 전두환과 달리 노태우는 박태준과 군에서 특별한 인연이 없었다. 노태우는 1987년 대선에서 승리했지만 1988년 총선에서 패배하면서 정치적 위기를 맞았다. 1990년 1월 대통령 노태우는 박태준에게 민정당 대표직을 제안했다. 박태준의 자리는 화려했지만, 실권은 청와대에 있었다. 박태준은 민주정의당과 통일민주당, 신민주공화당 3당 합당 과정에서 철저한 소외감을 맛봐야 했다. 당 총재 노태우는 당 대표인 박태준에게 사전에 귀띔도 없었고 양해도 구하지 않았다. 그렇지만 3당 합당의 결과물인 민자당은 2월 순조롭게 출발했다. 당 총재는 노태우, 대표는 김영삼, 박태준과 김종필은 최고위원이 됐다. 박태준은 김영삼과 한솥밥을 먹게 됐지만 두 사람은 정치적 지향, 사고방식까지 모든 게 달랐다. 김영삼이 평생 아스팔트에서 살면서 시위를 했다면 박태준은 전쟁터와 제철소 현장에서 살았다. 대선 후보 선출을 앞둔 1992년 1월 노태우는 박태준을 청와대로 불러 대선 후보 출마를 이야기했다. "경선이 제대로 이뤄지려면 박 선배께서도 운동을 시작해야죠." 민자당 대선 후보 경선이 뜨거워지던 그해 봄 김영삼은 '제한적 경선론'을 들고나왔다. 한 마디로 자신에게 대선 후보를 넘기라는 것이었다. 노태우는 김영삼에게 굴복했다. 곧바로 박태준에게 경선을 포기하라는 지시가 내려왔다. 박태준은 김영삼의 아집과 독선, 노태우의 우유부단함과 이중 행동에 질려 버렸다. 김영삼이 선대위 위원장을 제안했지만, 박태준은 미련이 없었다. 박정희에게 임무완수 보고를 마친 10월 3일 박태준은 민자당 최고위원, 김영삼 대통령 후보 선대위원장, 포항제철 회장 등 모두 3장의 사표를 썼다. 이어 민자당을 탈당했고 포항제철 회장직에서도 물러났다.

세 번째 만난 권력자는 김영삼이었다. 박태준에게는 인생에서 최악의 시기였다. 최고 권력자가 된 김영삼과 국회의원을 사퇴하고 포항제철 회장직에서도 물러난 박태준과의 승부는 뻔했다. 1993년 2월 25일 김영삼의 대통령 취임식이 열렸다. 포철 주주총회를 사흘 앞둔 3월 9일 박태준은 한 임원으로부터 나가 계시는 게 좋겠다는 건의를 받았다. 이어 김영삼의 최측근 최형우가 달려왔다. "선배님, 지금 상황으로 봐서는 밖에 나가 계시는 게 좋겠습니다." 1993년 3월 10일, 도쿄 하네다공항에 가방 하나를 든 박태준이 내렸다. 새로 출범한 김영삼 정권의 탄압을 피하기 위한 외유의 시작이었다. 박태준의 유랑, 사실상의 망명은 4년 3개월간 이어졌다. 공항에 도착한 박태준을 오랜 친구인 이토추 상사 고문 세지마 류조(瀬島龍三)가 아오야마 병원으로 이끌었다. 병실을 찾은 일본 지인들은 박태준에게 매달 100만 엔을 생활보조비로 주기로 했다. 병원에서 퇴원한 박태준은 도쿄 13평 아파트에 부인 장옥자와 짐을 풀었다. 박태준은 모친상을 당한 1994년 10월 등 모두 네 차례 잠시 귀국한 것을 제외하고 1997년 5월 포항 보궐선거를 위해 귀국할 때까지 그곳에서 살았다. 그 사이 국내에서는 포철과 박태준 개인에 대해 대대적인 세무조사가 진행됐다. 검찰은 박태준이 20개 업체로부터 39억 원을 받은 혐의가 있다며 기소했다. 박태준에 대한 공소 취소는 1995년 8월이 되어서야 이뤄졌다.

역사의 화해, 박정희의 정적 DJ와 잡은 손

김영삼의 임기가 막바지로 치닫던 1997년 5월 귀국한 박태준은 포항 보궐선거 출마를 선언했다. 7월 선거에서 박태준은 야당의 강자 이기택을 꺾고 국회에 입성했다. 박태준이 서울에 올라오자 12월 대통령선거를 앞둔 여의도는 그를 잡기 위해 뜨거웠다. 박태준이 신한국당 이회창과 손을 잡을지, 아니면 자민련 김종필과 연대할 움직임을 보인 국민회의 김대중(DJ)과 만날지가 초미의 관심이었다.

1998년 DJT 1주년 행사에서 박태준이 일어서서 건배사를 하고 있다. 오른쪽은 김대중 전 대통령, 박태준 맞은편 왼쪽 인물이 김종필 전 총리다. 2년 후 세 사람은 결별한다. -대통령기록관-

9월 29일, 김대중이 도쿄에 머물고 있던 박태준을 찾아왔다. 박태준은 김대중에게 물었다. "김 총재의 색깔은 진짜 어떤 색깔입니까?", "나는 손자가 10명이 넘는 사람입니다. 내 희망은 손자들이 자유로운 체제에서 행복하게 사는 겁니다. 그런 사람이 어떻게 다른 생각을 가질 수 있겠습니까?" 세간에서 말하는 빨갱이가 아니라는 대답이었다. 박태준이 다시 물었다. "김 총재가 대통령이 되면 호남사람들이 통·반장까지 다 해 먹을 거로 생각하는 사람들이 적지 않습니다.", "과거의 나라면 그렇게 했을지도 모릅니다. 그러나 김(영삼) 대통령이 PK(부산·경남) 출신과 자기 사람을 요직에 앉히다가 나라를 망치게 한 것을 보았는데 어떻게 그렇게 하겠습니까?" 박태준은 자신이 평생을 주군으로 모신 박정희의 정적(政敵), 김대중을 지지하기로 했다. 박태준과 가까운 사람 대부분은 여전히 김대중을 지지하지 않았다. 12월 5일 김대중은 박태준의 요청에 따라 경북 구미 박정희 생가를 방문해 산업화 세력과 민주화 세력의 화해와 연대, 호남과 영남의 통합을 외쳤다. 팽팽한 대선에서 박태준의 지원이 승부를 갈랐다. 그해 12월 18일 대통령선거에서 김대중은 39만 표 차이로 이회창을 꺾고 신승했다.

박태준,
외환위기 극복의 주역이 되다

1997년 말 대한민국은 국가 부도 위기 직전이었다. 대통령선거가 코앞인 11월 21일 대통령 김영삼은 청와대에서 유력 대통령 후보와 각 당 총재를 불러 IMF(국제통화기금)로 갈 수밖에 없는 상황을 설명했다. 자민련 총재가 된 박태준도 그 자리에 참석했다. 1월까지 갚아야 할 빚은 3백억 달러, 가지고 있는 돈은 50억 달러 정도에 불과했다. 국가 부도가 불가피한 상황이었다. 박태준은 배석한 경제 부총리 임창렬에게 사정을 물었다. "어떡할 거요?" "우선 급한 대로 IMF와 IBRD(세계은행)에 100억 달러를 부탁하고 있습니다." "나머지는?" "G7(미국, 독일, 일본, 영국, 프랑스, 이탈리아, 캐나다)에 부탁할 생각입니다." 국가 부도를 막으려면 일본의 협력이 절실했다. 28일 임창렬은 일본으로 달려갔지만, 태도는 냉랭했다. 김영삼의 "버르장머리를 고쳐 놓겠다."라는 말의 대가는 무서웠다.

30일 박태준은 일본으로 갔다. 포항제철 설립을 위한 한·일 경협자금 전용 이후 20여 년 만에 다시 일본에 큰 부탁을 해야 했다. 이번에도 나라를 위한 일이었다. 일본의 태도를 바꾸게 하려면 74대 총리를 지낸 다케시타 노보루(竹下登)를 만나야 했다. 먼저 IMF에서 10년을 근무한 대장성 심의관 사카키 바라를 찾았다. 박태준은 한국이 IMF 관리를 받게 됐으니 일본이 협조해 주기를 요청하면서 구체적인 방법을 제시했다. "G7에게 일본이 3분의 1을 미리 내겠다고 선언해 봐요. 그러면 될 거요." 사카키는 선선히 대답했다 "알겠습니다. 우리 오야붕(대장)을 직접 만나주세요." 다음 날 박태준은 와세다대 동문이자 유랑생활 동안 신세를 졌던 다케시타 전 총리를 만났다.

다케시타는 김대중을 궁금해했다. 박태준은 오히려 김대중은 일본과 관계를 개선할 것이라고 했다. "그 사람이 당선되면 일본 의회에 와서 제일 먼저 연설할 겁니다. 걱정하지 마세요. 실리파니까 일본과 특별한 문제를 만들지 않을 겁니다." 다케시타와 헤어진 박태준은 대장성 장관 미쓰즈카 히로시(三塚博) 만났다. 그는 다케시타의 전화를 받았다고 했다. IMF 외환위기 극복의 한 축이 해결됐다. 한국은 IMF의 직접지원 자금과 미국, 일본 등의 협조융자를 포함해 550억 달러의 긴급자금을 지원받기로 했다. 일본이 100억 달러 가운데 3분의 1을 내기로 했고 곧이어 미국과 유럽도 3분의 1을 내겠다고 통보했다. 박태준이 다케시타에게 얘기한 대로 후일 대통령 김대중은 오부치 게이조(小淵惠三) 일본 총리와 '21세기 한일 공동 파트너십'을 체결한다. 우리나라는 2001년 8월 23일 IMF 구제 금융 195억 달러를 상환함으로써 IMF 관리 체제에서 벗어났다. IMF 탈출은 국민의 금 모으기 동력을 이끌어 낸 대통령 김대중의 가장 큰 치적으로 꼽힌다. 그러나 그 아래에는 IMF 외환위기를 극복하는 데 결정적인 기여를 한 실질적인 해결사 박태준이 있었다.

결별(訣別),
가차 없이 버려진 대북 송금의 걸림돌

김대중이 대통령이 된 후 김대중 · 김종필 · 박태준 3자 연합에서 박태준에게 맡겨진 역할은 정치보다는 경제였다. 김대중의 준비된 대통령이라는 화려한 수사 뒤에는 준비된 손이 있었다. 포철을 세워 세계적 기업으로 키워 낸 경제인 박태준이 재벌개혁과 노 · 사 · 정(勞使政) 대타협의 선봉에 섰다. 1998년 1월 박태준은 대통령 당선인 김대중과 결합재무제표 조기 도입, 상호지급보증 해소, 재무구조 개선, 주력기업 설정, 지배주주의 책임 강화 등 재벌개혁 기본방안 5개 항에 합의했다. 2월 박태준은 한국노총과 민주노총을 각각 방문했고 곧 노사정 합의가 발표됐다. 환율이 안정되고 주가가 반등하는 등 한국 경제에 청신호가 돌기 시작했다.

박태준은 2천 년 1월 13일 국무총리로 취임했다. 박태준은 여러모로 실무에 정통한 깐깐한 총리였다. 취임 일성은 사이버 시대였다. "21세기 첫 총리로서 사이버 시대와 명실상부한 정부 관리를 하고자 하는 포부를 갖고 있습니다. 정보, 지식산업, 문화의 시대에 적극적으로 대응해 21세기 일류국가가 돼야 하는 새로운 목표를 설정해야 하며 이들 산업의 인프라 구축을 위해 정부투자를 선진국 수준으로 끌어올려야 합니다." 국무총리 집무실에는 '경제 동향 현황판', '벤처 상황판'이 걸렸다. 총리 집무실에서 주가, 환율, 국제유가 등 주요한 경제지표를 한눈에 알아볼 수 있었다. 박태준은 벤처기업에 전화하고 짬을 내서 벤처기업이 많은 테헤란로를 불쑥 찾아갔다.

하지만 정치는 경세인 총리, 실무형 총리를 가만두지 않았다. 2000년 3월 문화관광부 장관 박지원이 6월 남북 정상회담을 개최한다고 발표했고 정국은 급박하게 돌아갔다. 박태준은 남북 정상회담에 특별히 준비되는 무엇이 있는 걸 알았다. 그것은 6월 남북 정상회담을 위한 4천억 원 비자금이었다. 박태준의 깐깐한 성미로 볼 때 비자금 마련과 비밀리에 이뤄질 대북 송금을 문제 삼을 게 뻔했다. 6월 남북 정상회담, 이를 통해 노벨평화상이라는 평생의 꿈을 좇는 김대중에게 박태준은 여러모로 걸림돌이었다. 예상과 달리 남북 정상회담 발표는 선거에 악재가 됐다. 4.13총선에서 집권당은 대패했고 자민련은 교섭단체 지위를 잃었다. 5월 중순 7년 전인 1993년 김영삼 정권이 출범하면서 보복 차원에서 박태준을 조사했을 때 나왔던 증여세 문제가 법원 판결을 통해 불거졌다. 박태준 입장에서는 애초부터 자신이 책임을 질 문제가 아니었다. 그러나 대통령 사람으로 분류됐던 안정남(1941~2013) 국세청장은 이 문제와 관련해 사전에 총리인 박태준에게 한 마디도 보고하지 않았다. 5월 19일, 박태준은 청와대로 김대중을 찾았다. "배려해 주신 덕분에 국정 전반을 공부할 기회를 가질 수 있었습니다. 저의 인생에서 귀한 경험이었습니다." 김대중은 박태준을 잡지 않았다. 김대중에게는 공동정권보다는 일생의 호기이자 평생의 꿈인 남북 정상회담이 더 중요했다.

1997년 12월 대선 승리로 시작된 김대중 · 김종필 · 박태준 3인 체제는 2000년 5월 19일 박태준의 총리직 사임으로 종결됐다. 앞서 2월 25일 김종필이 이끄는 자민련이 야당 선언을 하며 공동정권에서 이탈했으나 완전 철수로 보기는 어려웠다. 1998년부터 박태준은 자민련 총재로 공동정권의 한 축을 담당했고 2000년 1월 13일부터 5월 19일까지 총리로 일했다. 기간으로 따지면 약 2년 6개월이다. 박태준은 수평적 정권교체와

IMF 사태 극복, 공동정권 유지를 위해 김대중의 조력자 역할을 충실히 수행했다. 그리고 스스로 걸어 나올 수밖에 없었다. 1997년 외환위기의 극복은 김대중·김종필·박태준 3인 체제가 정상적으로 작동하면서 이뤄 낸 성과였다. 이 축이 무너지면서 김대중을 견제할 균형추가 사라졌다. 김대중 주위에는 김대중을 민족의 지도자로 찬양하고 떠받드는 소리만 요란했다. 6월 평양에서 열린 남북 정상회담과 김대중의 노벨평화상 수상은 화려했다. 하지만 평양의 김정일은 끝내 서울에 오지 않았다. 잠시 봉인됐던 북핵 문제는 풀리기는커녕 더 악화되었다. 권력의 달콤함을 누리던 김대중의 측근들과 세 아들은 비리에 연루되어 줄줄이 구속됐고 김대중은 쓸쓸히 퇴임했다. 노무현이 등장하면서 김대중은 대북 송금 특검의 칼날 위에 서는 쓰라린 세월을 견뎌야 했다. 노벨상 상금으로 받았던 10억 원 중 남은 8억 원은 김대중과 부인 이희호가 숨진 후 두 아들의 상속 분쟁대상이 됐다.

"내 명의로 된 부동산은 다 없애"

2000년 5월 19일 청와대에서 대통령 김대중을 만나 총리직을 그만두겠다고 한 박태준은 집으로 돌아와 부인 장옥자에게 말했다. "지구상에서 내 명의로 된 부동산은 다 없애." 36년간 살아온 북아현동 주택은 그렇게 처분됐다. 박태준은 집값 14억 5천만 원 중 10억 원을 아름다운 재단에 기부했다. 처음에 북아현동 집을 살 때 박정희 대통령이 보태 줬으니 그의 입장에서는 처음부터 백% 자기 재산이 아니었다. 박태준이 북아현동 주택을 마련한 것은 1964년이었다. 박정희는 박태준에게 밀명을

동상으로 만난 이병철·정주영·박태준

내렸다. 일본에 가서 한·일 국교 정상화를 위한 사전 정지작업을 하라는 지시였다. 상당한 시일이 소요되고 자칫 매국노로 찍힐지도 모르는 상황이었다. 박정희가 봉투를 내밀었다. "자네는 여태 집도 없더구먼. 고생만 시키고, 내가 너무 무심해서 애들 엄마한테도 미안하게 됐어. 게다가 오래 나가 있게 되는데 자네 집사람은 집이라도 있어야 애들 잘 키울 거 아닌가. 집이나 장만하게." 박태준은 그 돈에다 전세금을 보태 북아현동에 집을 샀다. 문간방 사글세에서 첫딸을 잃고 열다섯 차례나 셋방살이를 전전하다 마련한 집이었다. 2011년 12월 13일 박태준은 숨졌다. 지구상에 박태준 명의로 된 부동산은 없었다. 박태준의 호는 청암(靑巖), 뜻을 풀이하면 푸른 바위다. 통상 푸른색은 고고함, 깨끗함, 이성적인 느낌을 주고 바위는 쉽게 흔들리지 않는다는 이미지를 갖고 있다. 박태준은 자기 말을 그대로 실천하고 세상을 떠났다. 청암이라는 호가 아주 잘 어울린다.

박태준 동상에 새겨진
신일철주금(新日鐵株金)의 의미는

광양제철소 박태준 동상 아래 화강석 받침돌은 아주 낮다. 좌대를 높게 세운 다른 동상과 달리 계단 하나 높이에 불과하다. 좌대 뒤에는 짧지만 평범하지 않은 글이 새겨져 있다.

신일철주금(주)이 양사 간 지속적인 우호 관계의 뜻을 담아 건립기금 일부를 출연하였습니다.

광양제철소 박태준 동상 뒤 좌대, 포스코와 신일철주금의 협력 내용이 새겨져 있다.

신일철주금(新日鐵株金)은 일본이 자랑하는 제철소인 신일본제철과 강관, 강판, 건축자재, 철도 차량용 강재 등 다양한 철강 제품을 생산하는 스미토모 금속공업이 2012년 10월 1일 합병해 탄생한 회사다. 신일철주금은 2019년 4월 1일 일본제철로 상호를 변경했다. 신일철주금으로 합병하기 전 포스코와 신일본제철은 상대방의 지분을 각각 3.50%, 5.05%씩 교차 보유한 전략적 파트너였다. 양사는 원자재 공동구매 협상, 공동 연구개발(R&D), 기술 교류를 해 왔다. 박태준 사망 2주기를 맞아 건립된 광양제철소 박태준 동상 받침돌에 신일철주금(新日鐵株金)이란 회사명이 새겨진 건 이런 이유다.

동상으로 만난 이병철·정주영·박태준

포항제철의 탄생과
일본의 협력

포항제철이 탄생하는 과정에서 일본의 협력은 절대적이었다. 1960년 대 한국이 제철소 건립을 위해 돈과 기술협력을 요청했을 때 손을 내민 유일한 나라가 일본이었고 그 협력을 끌어낸 사람이 박태준이었다. 제철 소 건설을 위한 협력은 한·일 국교정상화에 따른 경협자금 일부를 제철 소 건설자금으로 전용하기 전부터 시작됐다. 1968년 4월 1일 출발한 포 철 초기 직원 중에서 실제로 제철소를 본 사람은 극소수에 불과했다. 제 철소를 건설하고 공장을 가동하려면 훈련된 인력이 필요했다. 이때 문을 열어 준 곳이 일본 제철소였다. 1968년 11월 직원 9명이 가와사키제철소 로 떠났고 곧이어 6명이 후지제철소로 연수를 갔다. 박태준의 부탁을 받 은 이나야마 요시히로(신일본제철 회장 역임) 야하타제철 사장은 홋카 이도 무로랑제철소 전체를 포스코 연수생이 직접 돌려보게 했다. 기술자 들에게 운전을 맡긴다는 건 대단한 배려였다. 1969년 2월부터 3개월간 일본으로 연수를 떠났던 김기홍 포스콘 사장(포스코에너지 상임감사 역 임)은 《우리 쇳물은 제철보국이었네》에 쓴 글에서 당시 기술협력이 원활 히 이뤄졌다고 회고했다. "기계 전기 파트는 후지제철소 무로랑제철소로 갔고 다른 파트는 히로하다제철소로 갔다. 그들은 친절하게 가르쳐 줬 다. 무시하는 태도 같은 것은 보이지 않았고 책임 있는 지위에 있는 사람 들은 어려운 나라에서 배우러 왔으니 하나하나 꼼꼼하게 가르쳐 주라고 했다. 일본인 기술자들은 소중한 자료도 많이 건네주었다. 그 자료들은 거의 프린트물이거나 청사진이었다. 공식적으로 받은 자료, 억지를 써서 얻은 자료를 다 모아 놓으니 60kg에 달했다." 포항 1기 설비 운전은 일본 인 슈퍼바이저(감독관)들의 지도로 이루어졌다. 포항제철이 가동 첫해부터 흑자를 기록할 수 있었던 것은 그만큼 기술 지도와 연수가 철저하게 이뤄졌다는 뜻이다.

고로 착공 이전에 부지를 조성하고 항만을 만드는 데도 일본인들의 결정적인 도움이 있었다. 포항제철소 부지 모양은 바닷가의 육지를 우묵하게 파고들어 온 굴입항만이다. 바다에서 선박이 드나들 수 있도록 하고 서쪽 안벽에 원료하역 부두, 동쪽 안벽에 제품 출하 부두를 건설했다. 포항제철소 대지 모양을 결정지은 사람은 일본 가와사키 제철의 토목 엔지니어링 고문 우에노(上野) 씨였다. 우에노 고문은 대한국제제철차관단과 한국 기술진의 반대에도 불구하고 굴입항만을 주장해 관철했다. 굴입으로 조성된 항만은 해면이 잔잔해 외부의 풍랑과 관계없이 하역할 수 있다. 애초 한국과 협약을 맺고 제철소 건설을 추진하던 대한국제제철차관단(KISA)은 영일만 해안선을 따라 부두를 건설할 계획이었다. 부두에 나란히 원료 야드와 소결공장 등 원료처리설비를 배치하고 그 후면에 주변전소, 발전 송풍설비, 고로, 제강 설비를 두고 다시 그 후면에 압연공장과 기타 부대시설을 두려고 했다. 그 계획대로 제철소를 건설하면 영일만의 거센 파도를 직접 맞게 되는 등 여러 가지 면에서 불리했다. 굴입항만 조성은 후일 포철의 경쟁력을 결정적으로 높이는 요인이 됐다. 박태준 사장과 일본 최초의 임해제철소를 건설한 가와사키제철소 고위층과 맺고 있는 돈독한 협력관계에서 그런 혜안이 나왔다.

대한국제제철차관단(KISA)이 최초로 만든 제철소 계획을 수정하는 과정에서도 일본 용역단의 도움이 있었다. 국제차관단이 마련한 계획은 전형적인 소형제철소 건설로 향후 확장이 어려웠다. 1968년 5월 중순부터 미국 피츠버그에서 포스코검토단과 일본용역단이 40일간에 걸쳐 KISA

동상으로 만난 이병철·정주영·박태준

가 만든 계획안을 검토했다. 이 때 제철소 건설 경험이 풍부한 일본용역단이 주로 문제를 제기했다. 이와 관련해 포항제철 사장을 지낸 안병화(상공부장관 역임)가《우리 쇳물은 제철보국이었네》에 남긴 증언은 아주 구체적이다. "60만 톤 체제의 키사 계획에는 코크스공장, 소결공장이 없었다. 일본에서 사다 쓰는 걸로 계획돼 있었다. 게다가 압연공장은 연속식이 아닌 가역식이었다. 키사와 그대로 추진했다면 포항제철소는 부실 공장이 되고 말았을 것이다. 추후 확장사업도 불가능했을 것이다." 코크스로는 일관제철소에 꼭 필요한 공장이다. 코크스로의 가스가 없으면 고로를 돌릴 수 없어 에너지 자급이 불가능했다. 소결 설비는 철광석을 선처리하는 데 꼭 필요했다. 소결(燒結)은 가루 형태의 철광석에 석회석 등의 부원료를 혼합하고 가열해 균질한 덩어리 형태로 만드는 것이다. 계획대로라면 압연공장도 철강 반제품인 슬래브 등을 제작하는 데 주로 사용하는 가역식 공정이었고 압연기도 2기밖에 없어 자동차용 강판 등 고급제품을 제조할 수 없었다. 박태준은 KISA와의 계약이 무산된 후 이런 지적을 받아들여 포철 1기 설계를 다시 했다.

1969년 8월 26일 도쿄에서 열린 한일 각료회의에서 한일 정부는 한일 경협자금의 포항제철소 건설자금으로 전용하기로 했지만 대일청구권 자금의 포철 전용에 대한 서명과 제철소 건설공사 착공은 일본의 타당성 조사가 선행돼야 했다. 1969년 9월 17일 아카자와 쇼이치(赤澤璋一)를 단장으로 하는 일본 조사단이 도착했다. 박태준은 포항 현지 시찰을 하는 도중 아카자와 깊은 대화를 나눴다. 일본 현지로 돌아간 아카자와는 긍정적인 보고서를 썼다. 1969년 12월 3일 한국 종합제철소 건설자금 조달을 위한 한일 기본 협약이 조인됐다. 아카자와 보고서가 결정적인 도움이 됐음을 짐작할 수 있다. 15년이 지난 후 경주에서 한일경제인협회가 열렸고 참석자 중에는 아카자와도 있었다. 박태준은 아카자와를 위해 건배를 외쳤다. "우리 포항제철은 포항 1고로를 아카자와 고로라고 부릅니다. 아카자와 고로를 위해 건배!" 1973년 7월 3일 포스코는 포철 직원들의 손으로 공장 전체를 돌리는 기록을 세웠다. 포스코는 가동 첫 해부터 톤당 생산단가 경쟁에서 압도적 1위를 달성하며 흑자를 달성했다. 일본기술단이 영일만에서 완전히 철수한 것은 1978년 12월 포항제철소 3기 공사 550만 톤 체제가 끝난 직후였다. 포항제철 영일만의 신화가 탄생하는 과정에서 일본의 도움은 컸고 그 중심에 박태준이 있었다.

박태준이 꿈꾼 한 · 일 간의 공영(共榮), "친구가 되자"

6살 무렵 고향 기장을 떠나 일본에서 초 · 중 · 고를 졸업하고 와세다 대 2학년을 다녔던 박태준은 일본을 잘 아는 지일파였다. 박태준은 친일 대 반일이라는 구도로 일본을 보지 않았다. 감정에 압도당하면 일본을 알 수 없게 되고 일본을 모르면 일본의 장점을 활용할 수 없게 되며 그러면 일본에 앞설 수 없게 된다는 게 박태준의 생각이었다. 일본에 대한 그의 태도는 일본을 알자는 지일(知日), 알고 이용하자는 용일(用日), 그리고 극복하자는 극일(克日)이었다. 일본은 많은 분야에서 세계 최고 수준을 자랑한다. 극일을 하면 한국이 세계 최고 수준이 된다는 의미다. 하지만 박태준의 극일은 상대방을 때려눕히자는 게 아니었다. 박태준은 1980년부터 8년 동안 한일경제인협회 회장을 맡았다. 박태준은 미래의 한일관계를 건강하고 건설적인 방향으로 이끌어나갈 주역을 키우고 싶었다. 1985년 박태준은 한일 국교 정상화 20주년을 계기로 양국 대학생

교류를 성사시켰고 성과가 좋아지자 일본 측은 2005년 고교생 교류를 시작하자고 제안했다. 2010년 4월 14일, 중앙일보에 실린 '한·일 원로 다시 백년을 논하다' 지상 좌담회에서 박태준은 "포스코를 만들 당시 이나야마 요시히로(稻山嘉寬) 회장과는 제철소 기술을 원조받는 수준에 그치지 않고 인간적인 우정을 쌓았다."고 소개했다. 그러면서 한·일 간의 절친한 친구 관계 회복을 강조했다.

> 1965년 국교 수립 후 많은 우여곡절이 있었지만, 양국 정부는 전반적으로 윈-윈 해법으로 풀어 왔다. 그러나 아직도 유감스러운 현실이 상존한다. 한국은 일본에 대해 지리적으로는 가깝지만, 민족감정으로는 멀다고 생각한다. '친(親)'자는 매우 좋은 말이지만, 한국인에게 '친일(親日)'은 '반민족적'이란 뜻이 된다. 한국인에게 '친일'의 '친'이 '사이 좋다'라는 본래의 뜻을 회복할 때 '절친한 친구 관계'가 된다. 1차적 관건은 과거의 진실을 직시하는 일본의 역사 인식과 역사 교육에 달려 있다.

박태준의 극일은 일본과의 공영이었다. 친구가 돼 함께 발전하자는 게 그의 생각이었다.

강철거인(鋼鐵巨人)
교육위인(敎育偉人)

2월 겨울 햇살이 청명한 아침, 포항공대(포스텍) 캠퍼스를 찾았다. 조각상이 세워진 노벨동산 쪽으로 바로 들어가려고 했지만, 본관과 맞닿아 있어 주차할 공간이 마땅치 않았다. 들어갔던 길을 다시 돌아 나와 건물 뒤로 연결된 도로에 차를 세우고 노벨동산으로 갔다. 박태준의 전신 조각상은 노벨동산에 세워져 있다. 실제 모습을 본떠 만드는 동상과는 달리 작가의 예술성과 혼을 담아 형상화했기 때문에 동상이 아닌 조각상이라 부른다. 박태준 조각상은 학교에 오는 학생과 교수들에게 손을 흔들면서 인사를 하는 듯한 모습이다. 학교를 방문할 때 자주 입었던 긴 코트에 중절모를 쓴 박태준이 오른손을 어깨높이로 들고 손바닥을 펴 환영하고 있다. 안경을 쓴 얼굴은 살짝 입을 벌리고 있고 눈은 온화해 인자한 할아버지 같다.

포스텍 박태준 조각상, 학교에 들어서는 학생들에게 어서 오라고 손짓하는 듯하다.

왼손은 허리 뒤로 돌려 편안하게 뒷짐을 지고 있다. 코트 아래 통이 넉넉한 양복바지는 구두를 덮고 있다. 하지만 얼굴과 손을 빼면 코트와 하

동상으로 만난 이병철·정주영·박태준

의, 구두 모두 물건의 형태만 갖췄다. 보통 동상은 얼굴뿐 아니라 옷차림도 사실성이 강하지만 이 작품은 조각상이라 거친 질감으로 마무리했다. 좌대는 사다리꼴 형태로 삼중 구조다. 넓고 평평한 모양의 사다리꼴 석재가 맨 아래에 있고, 그 위를 정사각형 오석, 그리고 그 위에 좁고 긴 사다리꼴 모양의 석재가 받치고 있다. 멀리서 보면 마치 하늘로 향할 우주선이 발사대에 세워져 있는 것처럼 보인다. 좌대 정면에는 한자로 '강철거인(鋼鐵巨人) 교육위인(敎育偉人) 박태준(朴泰俊) 선생(先生)'이라 새겨 넣어 조각상의 주인공이 누구인지 알리고 있다. 글씨 아래에는 우웨이산(吳爲山), 그리고 그의 낙관이 새겨져 있다. 조각상 뒤 발아래에도 우웨이산이란 이름과 제작 날짜인 2010년 9월이 새겨져 있다. 동상이나 조각상 전면에 작가의 이름을 새겨 넣은 작품은 한국에서 흔하지 않다. 작가의 이름이 마치 동상의 주인공인 것처럼 전면에 나와 있는 작품 형태가 중국 특유의 풍토인지, 아니면 작가 개인의 의지가 작용했는지는 알 수 없다. 다만 한국의 정서에 그다지 맞는 일은 아니다.

'강철거인 교육위인 박태준 선생', 바로 아래 작가 '우웨이산(吳爲山)과 낙관'이 새겨져 있다.

217

작가인 우웨이산(吳爲山)은 중국 조소원 원장으로 동양인 최초의 영국 왕실조각가협회(FRBS) 회원이다. 작가로 우웨이산을 추천한 사람은 김 갑수 포항시립미술관장과 백성기 당시 포스텍 총장이다. 당시 중국 남 경대 미술연구원장이던 우웨이산은 제작에 앞서 한국을 찾아 박태준을 만났다. 한국을 방문하고 돌아간 우웨이산은 4개 조각상 모형을 제작했 다. 중국 난징 작업실을 방문한 박태준은 코트 차림에 털모자를 쓴 모형 을 골랐다. "이게 바로 나구먼. 내가 중국에 있네!" 이 작품이 현재 노벨 동산에 세워진 조각상이다. 우웨이산은 언론 인터뷰에서 "태연자약하고 기백과 도량이 넘치는 모습은 박태준 선생에 대한 존중이며, 강철거인이 자 위대한 교육자이기도 한 박태준 선생에 대해 사람들의 우러러봄을 표 현한 것."이라고 밝혔다. 하지만 개인적으로는 조각상에서 강인함과 불 굴의 의지로 역경을 헤쳐 나가고 애국심으로 평생을 보냈던 박태준의 이 미지를 찾아보기 힘들었다. 이른 아침 햇살에 비친 포스텍 박태준 조각 상을 보면서 진한 아쉬움이 남았다. 박태준 조각상 건립취지문은 받침돌 뒷면에 새겨져 있다.

짧은 인생을 영원한 조국에, 이 신념을 나침반을 따라 헤쳐 나아간 청암 박태준 선생의 일생은 제철보국 교육보국 사상을 실현하는 길 이었으니, 제철보국은 철강 불모지에 포스코를 세워 세계 일류 철강 기업으로 성장시킴으로써 조국 근대화의 견인차가 되고, 교육보국 은 14개 유 · 초 · 중 · 고교를 세워 수많은 인재를 양성하고 마침내 한국 최초 연구중심대학 포스텍을 세워 세계적 명문대학으로 육성 함으로써 이 나라 교육의 새 지평을 여는 횃불이 되었다. 이에 포스 텍 개교 25주년을 맞아 포스텍 가족과 포항시민이 선생의 그 숭고한 정신과 탁월한 위업을 길이 기리고 받들기 위해 여기 노벨동산에 삼가 전신상을 모신다.

2011년 12월 2일
청암 박태준 설립자 조각상 건립위원회

제막식에서 포스텍 정준양 이사장은 박태준의 교육보국을 강조했다. "대학건립이 시작된 1985년은 포스코로서도 대단히 어렵고 힘들었지만, 박태준 설립이사장이 가슴에 품은 '교육보국(教育報國)'의 소명 의식이 있었기에 포스텍의 설립이 가능할 수 있었습니다. 이에 포스텍 구성원들은 국제적 수준의 지식과 지성을 겸비한 과학기술계의 선도적 지도자가 되고 훌륭한 연구성과물을 창출해 국가와 인류발전에 이바지하는 것이 포스테키안이 걸어가야 할 길입니다." 건립취지문 아래에는 〈글은 이대환이 짓고 글씨는 솔뫼 정현식이 쓰다〉라는 내용이 새겨져 있다. 조각상은 한국 최초의 연구중심대학 포스텍을 설립해 한국 교육의 새 지평을 연 박태준의 업적을 기리기 위한 취지로 건립됐다. 포스텍 구성원과 포항시민, 포스코 직원과 퇴직자 등 총 2만 1973명이 성금을 냈다. 전신 조각상 좌우에는 조각상 건립에 기부를 한 사람들의 이름을 빼곡히 새긴 동판이 있다.

과학 입국과
노벨상의 꿈

1970년 가을, 박태준에게 6천만 원이라는 큰돈이 들어왔다. 포항제철 1기 건설이 시작돼 들어오는 고가의 설비에는 규정상 거래하는 양측이다 보험을 들어야 했고, 이 돈은 포항제철이 안전을 잘 지키고 사고를 내지 않은 데 따른 일종의 보험회사 사례금이었다. 박태준은 대통령선거 등으로 돈 쓸 일이 많은 박정희를 찾아가 돈을 건넸다. "포철은 절대 정치자금 안 낸다고 한 사람이 왜 이래? 임자는 앞으로 할 일이 태산이야. 가져가서 필요한 일에 마음대로 써." 박정희는 박태준이 가져온 돈을 한 푼도 받지 않았다. 포항에 내려온 박태준은 임원 회의를 소집했다. 그 자리에서 포철 임직원 자녀들의 교육을 위한 제철장학회 설립이 결정됐다. 1970년 11월 5일 재단법인 제철장학회 설립이사회가 열렸다. 박태준은 원대한 포부를 밝혔다. "오늘 조촐하게 출발의 첫발을 내디디지만, 장차 우리 사원들에게 최고의 교육시설과 장학혜택을 제공하게 될 것입니다. 사람은 교육에 의하여 그 능력을 최대한 발휘할 수 있으며 숨은 역량은 교육을 통해서만 계발되는 것입니다."

1971년 1월 27일 제철장학회가 문교부로부터 설립 승인을 받았다. 이는 포항제철소가 가동돼 쇳물이 처음 나온 1973년 7월 3일보다 2년이나 앞선 것이었다. 박태준은 국가의 도움 없이 자체적으로 학교를 설립하고 운영까지 도맡았다. 1971년 효자 제철유치원을 세웠고 이어 포항제철 지곡초, 포항제철중(지곡중학교 인수), 포항제철공고, 포항제철고가 잇따라 개교했다. 사업장이 늘어나면서 광양과 인천에도 학교를 설립했다. 유치원과 초·중·고 설립을 마친 박태준은 또 다른 꿈이 있었다. 바로 세계 최고 수준의 공과대학 설립이었다. 이때 박태준의 눈에 들어온 사람이 김호길이었다. 김호길은 영국과 미국에서 공부한 저명한 물리학자였다. 미국 메릴랜드대 물리학과와 전기공학과 교수를 지냈고 가속기의 일종인 '사이클로 토론' 분야의 대가였다. 김호길은 럭키금성(현 LG)이 4년제 연암공대를 만들기 위해 국내로 모셔왔다. 하지만 대학 인가가

동상으로 만난 이병철·정주영·박태준

나지 않은 전례가 있어 포항공대(포스텍) 설립에 대해 강한 불신감을 갖고 있었다. 1985년 6월 박태준은 포철 영빈관에서 김호길을 만났다. "캘리포니아공과대학 같은 대학을 만들고 싶은 겁니다. 당신이 우리가 만드는 대학을 맡아 주시오." 김호길도 단호하게 자신의 견해를 밝혔다. "학교의 조직이나 개설학과, 교수의 수준이나 교수와 학생의 비율 등에 대해서는 전적으로 저한테 맡기셔야 합니다." 7월 2일 문교부에서 포항공대(포스텍) 설립 인가가 나자 박태준은 대학 운영과 관련해 필요한 모든 권한을 넘겼다. 두 사람은 미국과 유럽을 돌며 포항공대에서 일할 석학들을 초청했다.

포스텍 캠퍼스를 보고 있는 박태준 조각상, 조각상 앞으로 포스텍 건물이 넓게 펼쳐져 있다.

1986년 1월, 미주 한인 중진 과학자 12명을 만난 박태준은 포항공대

3장 세계의 철강왕 청암 박태준

로 와 줄 것을 부탁했다. 박태준이 한국의 어떤 대학보다 좋은 조건을 제시하자 외국에 있던 실력 있는 교수들이 포스텍의 문을 두드렸다. 그 사람 다음은 우수 학생 유치가 관건이었다. 과감하게 학력고사 최상위권 2.4% 이내 지원자만 받는다는 원칙을 세웠다. 1987년 1월, 개교 첫해 포항공대는 학력고사 300점 이상 지원자를 94명 확보하는 등 249명의 우수한 학생을 뽑았다. 박태준은 신입생들을 "용기 있는 선택을 내린 젊은 인재들."이라며 "포항공대는 미래사회의 지도자 양성이라는 대학 본연의 임무와 함께 국가산업을 선도할 고급두뇌 육성이라는 막중한 사명을 따고 있는 국민적 소망의 결정체"라고 격려했다. 박태준이 꿈꾸는 포항공대는 단지 학문을 배우는 장소가 아니라 산업 현장과 연결된 기술을 연구하는 연구중심대학이었다. 1989년 박태준은 김호길의 건의를 받아들여 포항공대에 방사광가속기를 설치했다. 방사광가속기는 전자를 빛의 속도로 올려 방사광을 만드는 첨단 기술의 결정체다. 방사광가속기 설치는 우리나라에서는 처음이었고 전 세계로 봐도 다섯 번째였다.

포항공대 대학 본부 옆에는 노벨동산이 있다. 학교의 가장 중심지에 있는 노벨동산의 면적은 약 1440평이다. 이곳에는 노벨 화학상 수상자 브라운 박사를 비롯한 노벨상 수상자들이 심은 금송, 느티나무, 낙우송 등 30여 그루의 나무가 자라고 있다. 또 인근에는 수상자들의 흉상이 세워져 있다. 박태준 조각상은 노벨동산 중앙에 건립됐다. 박태준은 미래 최고 과학자와 노벨상 수상의 꿈을 키우는 인재를 육성하기 위해 포항공대를 설립했다. 박태준은 연구중심대학 포항공대를 세계 제일의 연구중심 공대로, 또 젊은 과학도를 양성하는 세계적인 명문 공대로 육성하고자 했다. 포항공대는 영국 더 타임스와 세계적인 연구평가기관 톰슨-로이터가 공동 시행한 세계대학평가에서 50위에 오르는 등 세계적 수준의 공대로 성장했다. 노벨동산 박태준 조각상에는 과학 입국과 노벨상, 그리고 교육보국을 실천하려던 그의 꿈이 실려 있다.

공인(公人) 박태준,
포항제철은 국민의 것

포스코그룹 본사는 경북 포항이지만 사업장은 포항, 광양, 인천 등 전국에 흩어져 있다. 그리고 홍보와 국회 업무 등 서울에서 처리할 업무를 위해 서울 테헤란로에 포스코센터를 두고 있다. 황사가 서울 거리를 무겁게 짓누르던 3월 중순 서울 포스코센터를 찾았다. 포스코센터는 지하철 2호선 선릉역에서 내려 버스로 한 정거장 거리인 포스코사거리에 있다. 포스코센터 1층 로비에는 2012년 12월 설치된 박태준의 역상 조각 작품이 있다.

중절모를 쓴 박태준은 단추 세 개짜리 양복, 하얀 와이셔츠, 사각 물방울무늬가 박힌 자주색 넥타이를 매고 있다. 굵은 눈썹, 붉은 입술, 오똑한 코, 그리고 살짝 웃음을 짓는 듯한 표정이다. 오른발을 살짝 내밀고 있고 양손을 자연스럽게 폈다. 좌대에는 한글로 '창업자 박태준 회장'이라는 글씨가 쓰여 있다. 역상 조각 작품이라 박태준 상은 자리를 옮길 때마다 마치 사진이나 동영상이 움직이듯이 얼굴과 몸이 달라져 보인다. 이 작품은 역상 조형으로 유명한 서울대 이용덕(1952~) 교수의 '철강왕 청암 박태준 회장-철은 산업의 쌀'이다. 작품 옆에는 작가와 작품을 소개하는 안내판이 있다. 박태준이 누구인지, 그리고 조각상을 세우게 된 배경이 잘 나와 있다.

서울 포스코센터 창업자 박태준 회장 상. 양복을 입고 있는 대형 역상 작품이다. 박태준은 평소 국가와 사회에 봉사하는 공인 의식을 강조했다.

이 작품은 2012년 12월 13일 고 청암 박태준 회장 서거 1주기를 기하여 생전의 업적을 기리고, 조국을 향한 애국애족의 사명감과 포스코에 남긴 정신을 이어받고자 건립되었다. 1968년 포스코 창립을 시작으로, 일생을 바쳐 불모지와 같았던, 이 땅에 희망의 씨를 심어온 고 청암 박태준 회장. 이제 세계 속 선진국으로 당당히 도약해가는 조국과 세계적 기업으로 우뚝 선 포스코를 바라보며 흐뭇한 미소를 짓고 있다.

특히 작가 이용덕이 창안한 역상 조각 기법이 사용된 이 작품은 관람자의 움직임에 따라 인물이 모습이 살아 움직이는 듯 착시 효과가 뛰어나다. 기억 속의 존재를 현실로 옮겨온 듯 실감나게 표현된 고 청암 박태준 회장의 영원한 미소 앞에서 관람객들은 그의 뜨거운 조국애를 다시금 마음 깊이 새길 것이다.

포스코 창업자 청암 박태준은 임직원들에게 늘 공인의식을 강조했다. "우리 포스코맨은 생활만을 위해 일하는 사람이라는 생각을 가져서는 안 됩니다. 우리는 먼저 국가와 사회에 봉사하고 애국한다는 차원의 높은 사명 의식을 가져야 합니다." 조각상 옆에 있는 어록은 박태준이 평생 어디를 지향했는지를 확연하게 보여 주고 있다. 시대순으로 정리된 어록은 한글과 영문으로 되어 있다.

조상의 피의 대가로 짓는 제철소입니다. 실패하면 우리 모두 '우향 우'해서 영일만 바다에 투신해야 합니다. (1969.12)

우리 세대는 다음 세대를 위해 순교자 적으로 희생해야 하는 세대입니다. (1977.5)

포항공대 설립은 먼 훗날을 위해서, 국가 장래를 위해서 큰 힘이 된다는 확신을 가져야 합니다. (1986.8)

산업화 세력과 민주화 세력의 화해, 영남과 호남의 화합은 우리의 시대적 소명입니다. (1997.11)

한 나라가 일어서는 과정에서 가장 중요한 힘은 지도층이 부패하지 않는 것과 국민이 자신감을 갖는 것입니다. (2010.1)

우리의 추억이 포스코의 역사에, 조국의 현대사에 별처럼 반짝인다는 사실을 우리 인생의 자부심과 긍지로 간직합시다. (2011.9)

-청암 박태준 어록에서

포스코는 삼성, 현대차 등 다른 민간기업과는 독특한 기업 지배구조로 되어 있다. 다른 민간 그룹은 특정 개인이 최대 주주로서 경영권을 행사지만 포스코 최고경영자는 CEO 후보추천위원회를 통해서 뽑는다. 물론 주인이 없다 보니 정치권 외풍에서 자유롭지는 않았다. 초대 회장인 박태준은 박정희의 보호 속에 1968년부터 1992년까지 재임하다 김영삼이 대통령이 되기 전 물러났다. 그 후 황경로, 정명식, 김만제, 유상부, 이구택, 정준양, 권오준까지 최고 CEO들은 임기를 제대로 채우지 못했고, 9대 최정우 회장만 정상적으로 임기를 마치고 연임에 성공했다.

포스코는 2020년 연결기준 매출액 57조 7928억 원으로 삼성, 현대차, SK, LG, 롯데에 이어 우리나라 6위의 대그룹이다. 2020년 코로나로 주춤했던 포스코는 2023년 연결기준 매출액 목표를 102조 원으로 잡고 현대차와 수소 동맹을 맺는 등 공격적인 경영을 펼치고 있다. 포스코는 기업에 시민이라는 인격을 부여한 독특한 기업관을 강조하고 있다. 기업이 현대 사회의 시민처럼 사회발전을 위해 공존·공생의 역할과 책임을 다한다는 뜻이다. 창업자 박태준은 포항제철은 국민의 것이라고 강조했다. 그러면서 구성원들에게 공인의식을 말했다. 기업 시민은 박태준이 임직원들에게 강조했던 공인의식을 시대의 변화에 맞게 바꾼 새로운 버전으로 보인다.

서울 포스코센터 정문, 태극기와 포스코 회사기가 인상적이다. 포스코는 새로운 기업관으로 기업에 시민이라는 인격을 부여한 기업 시민을 강조하고 있다. 기업 시민은 박태준의 공인의식의 새로운 버전으로 보인다.

한국의 혁신가 이병철 · 정주영 · 박태준

50년 전 한국의 아마존을
만들었던 혁신가 3인

2021년 4월 현재 세계에서 가장 혁신적인 사업가, 모험적 기업인을 꼽으라면 실리콘 밸리의 블랙홀이라는 세계에서 가장 큰 온라인 상거래 기업인 아마존의 창업자 제프 베조스다. 기업 중에서는 혁신적인 사업가 스티브 잡스가 사망했지만, 여전히 애플이 손꼽히고 있다. 미국 싱크탱크 '정책연구소(IPS)'가 3월 공개한 전 세계 억만장자 1위는 아마존 최고 경영자 제프 베조스다. 2020년 베조스의 재산은 1780억 달러, 약 201조 원이다. 프랑스 루이뷔통모에헤네시(LVMH) 그룹의 베르나르 아르노와 그 가족이 1626억 달러로 2위, 테슬라 최고경영자 일론 머스크가 3위로 1621억 달러였다. 4위는 마이크로소프트의 빌 게이츠로 1265억 달러, 5위는 페이스북 최고경영자 마크 저커버그로 1017억 달러였다. 부자 순위에서 알 수 있듯이 제프 베조스 외에도 돈이 많은 사람은 많다. 그런데도 베조스를 혁신적인 사업가라고 부르는 이유는 다른 이유가 있기 때문이다.

베조스는 지난 2000년 블루 오리진(Blue Origin)이라는 민간 로켓 회사를 만들어 우주 개발에 참여했다. 정부 기관인 미 항공우주국, NASA 가 주도하는 우주 개발에서 벗어나 새로운 생태계를 만들겠다는 꿈이다. 블루 오리진은 다양한 시험용 로켓을 쏘아 올리며 사람들에게 꿈을 심어 주고 있다. 베조스는 우주로 가는 목적을 이렇게 이야기했다. "우주로 향하는 길을 닦아서 미래 세대들이 창의성을 마음껏 발휘하게 하는 것이 우리 세대의 일입니다. 우리 세대가 우주로 가는 길을 닦고 관련 인프라를 구축해 두면 우리는 앞으로 수천 명의 미래 기업가들이 진정한 우주 산업을 구축하는 모습을 보게 될 것입니다." 제프 베조스는 또 미래 에너지원으로 청정하고 안전한 새 원자력 기술인 핵융합을 추진하고 있다. 그가 투자한 캐나다의 제너럴퓨전은 2025년까지 영국에 핵융합발전소를 세울 계획이다. 우리는 혁신적인 사업가 제프 베조스를 부러워하고 이들과 같은 기업인이 한국에 없는 것을 한탄한다. 그러면서 한국에서 베조스의 탄생은 어려울 것이라고 이야기한다. 과연 그런가? 돌이켜 보면 우리나라에도 그를 능가하는 혁신 기업가들이 있었다.

바로 한국이 낳은 세계적인 경제 영웅(英雄) 이병철 · 정주영 · 박태준 세 사람이다. 1967년 정주영은 현대자동차, 1968년 박태준은 포스코, 1969년 이병철은 삼성전자를 창업했다. 또 이들은 그 기업을 세계적 초일류 회사로 성장시킨 장본인이다. 현대자동차그룹은 현재 한국 1위, 세계 5위권의 자동차 회사가 됐다. 포스코는 세계 5위의 철강사, 삼성전자는 세계 메모리 반도체 시장에서 부동의 1위를 질주하고 있다. 이병철은 반도체 왕국의 창업자, 정주영은 한국 자동차와 조선산업의 개척자며, 박태준은 철강왕이다.

이병철은 일제의 식민 통치가 시작되던 해인 1910년, 정주영은 그로부터 5년 후인 1915년, 박태준은 식민 통치 중반기인 1927년 각각 태어났다. 세 사람은 식민 통치와 남북 분단, 전쟁과 빈곤으로 얼룩진 우리 현대사의 비극을 몸으로 겪으면서 성장했다.

한국 경제의 세 영웅 이병철·정주영·박태준 세 사람이 호암미술관을 둘러보고 있다. 1983년 무렵으로 추정된다. 세 사람이 함께 있는 모습의 사진은 이 사진이 거의 유일하다. -현대중공업 제공-

세 사람은 아무것도 없었던 불모지 한국에서 기업을 세우고 키웠다. 세 사람은 기업을 인수하기보다 창업을 한 도전 의식이 용솟음쳤던 인재들이었다. 이들은 사농공상(士農工商)의 완고한 주자학적 신분 질서를 거부하고 기업을 세워 물건을 만들고 수출한 한국의 경제 선각자였다. 이병철은 기업보국, 정주영은 애국, 박태준은 제철보국을 강조했다. 애국(愛國)과 보국(保國) 모두 나라에 대한 기여였다. 이들은 자신이 번 재산을 뚝 떼어 내 사회복지재단을 만들고, 학교를 세우고 인재를 육성했다. 서구권과 달리 정주영은 기업의 주인은 주주만이 아니라고 했고, 박태준은 후임자들이 포스코에 도입한 스톡옵션 제도를 폐지하게 했다. 또세 사람은 도덕과 공인의식을 유난히 강조했던 기업인이었다.

1. 쓰레기통에 던진 사농공상(士農工商) 주자학적 세계관

조선 후기 주자(성리)학자들은 유학을 공부해 관료로 나가는 사람들을 가장 귀하게 여기고 물건을 만드는 공인, 장사하는 상인을 천대하는 직업관을 갖고 있었다. 유학 중에서도 나라를 지키는 무인보다는 문인을 더 숭상했다. 그럼으로써 경제 행위는 비천하고 신분이 낮은 사람들이 하는 것이라는 정신 풍토를 만들었고 국방력을 무시하는 결과를 가져왔다. 이병철·정주영·박태준 세 사람은 이런 풍토를 강하게 비판했다.

이병철은 "일찍이 우리나라에는 사(士)의 역사는 있어도 농공상(農工商)의 역사는 없다. 말하자면 농공상의 역할은 천시 받고 있는 것."이라고 지적했다. 또 1963년 한국일보에 기고한 글에서는 "빈곤을 청렴과 혼동하고, 오히려 이를 자랑하는 사조와 함께 마치 폐의봉두(敝衣蓬頭/낡고 해진 옷과 어지럽게 흐트러진 머리)가 청렴의 상징인 것처럼 생각하는 경향이 있다." 박태준의 비판은 더 구체적이다. "자기 직업을 통해 제일인자가 되겠다는 직업 긍지 의식이 매우 희박하고, 내 자식만은 판·검사, 장군, 정치가를 만들어 남을 지배하는 위치에서 살게 하겠다는 사고가 사회 저변에 뿌리 깊게 조성되어 있다." 이는 과거시험을 통해 관료가 되는 걸 최고의 미덕으로 생각했던 양반계급의 생각을 질타한 것이다. 박태준은 공업과 상업을 천히 여기던 성리학적 직업관과 거리가 멀었다. 박태준은 중국이 우주의 중심이라고 믿고, 공업과 상업을 천히 여기던 사대부의 직업관과 모순된 행동을 철저하게 비판했다. 포스코 창립 요원으로 입사해 포스코 상임고문을 역임한 이상수 씨는 영국 출장 당시 박태준의 말을 통역했다. "당신네가 산업혁명을 하고 있을 때 조선시대 우리 조상들은 공업과 상업을 천히 여기며 보리밥 먹고 핫바지에 방귀나 붕붕 뀌며 살았던 겁니다." 정주영도 장사하는 것을 천시했던 한국의 풍토를 개탄했다. "유교 사상이 근본 바탕을 이루고 있는 우리나라는 예로부터 청빈낙도(淸貧樂道/청렴하고 가난하게 사는 것을 옳게 여김)를 가치 있는 삶으로 생각해 군자를 존경하고 사농공상의 맨 마지막에 있는 상(商/장사)을 천시하는 경향이 아주 강했다. 한 나라의 대통령도 앞장서서 세일즈맨 역할을 할 만큼 기업이 한 나라의 경제를 좌우하는 지금은 인식이 다소 변했다고는 하나 그래도 기업을 보는 시각은 마뜩찮은 옆눈질이다."

세 사람이 이렇게 주자학적 직업관을 비판한 것은 이들이 추구한 가치와 행동이 기존 성리학자들의 생각과 달랐기 때문이다. 조선 후기 나라를 지배했던 성리학은 '배우고 닦아 도를 깨친 후 이를 실행에 옮긴다'는 선지후행(先志後行)을 강조했다. 주자학은 실천이 뒤따르지 않아 철저한 신분제와 생산 활동을 천시하는 결과를 가져왔다. 이병철·정주영·박태준의 생각과 행동은 조선 중엽 성리학의 관념에서 벗어나 실생활의 유익을 추구한 실학(實學), 그리고 일본에서 꽃을 피웠던 양명학과 관련이 깊다. 실학은 사실에 근거하여 진리를 탐구하려는 태도인 실사구시(實事求是), 백성의 풍요로운 경제와 행복한 의·식·주생활을 추구한 이용후생(利用厚生), 세상을 다스리는 데 유용한 실익을 증진하는 경세치용(經世致用)이 핵심적 가치다. 특히 이용후생을 주장한 사람들은 상공업 육성, 농업의 전문화와 상업화, 기술개발과 소비 권장, 국가수입의 근원을 상공업에 뒀다.

양명학은 중국 명나라 중기에 태어난 왕양명(王揚明)이 주창한 유학의 한 갈래로 직관과 감정, 그리고 즉각적인 실천을 강조했다. 핵심은 '참지식은 반드시 실행이 뒤따라야 한다'는 지행합일(知行合一)이다. 즉, 아는 것과 행동이 일치해야 했다. 양명학은 일본의 유학자와 무사 등 지식인들 사이에서 크게 번성했다. 그래서 일본의 지식인들은 장사하고 물건을 만드는 것에 거부감이 없었다. 이를 대표하는 인물이 '일본 경제의 아버지'라 불리는 시부사와 에이이치(渋沢榮一)다. 1840년 사이타마(埼玉)현 후카야(深谷)에서 태어난 시부사와는 어릴 적 아버지와 삼촌에게 유학을 배웠고 평생 논어의 가르침을 중시했다. 시부사와는 메이지 시대에 정부 관리로 있으면서 수많은 기업을 설립해 경영했다. 시부사와는 일본 최초의 은행인 일본제일국립은행을 설립했고, 오사카 방적, 홋카이도 탄광 철도, 삿포로 맥주, 이시카와지마 조선소, 제국 호텔 등 평생 관계한 회사가 5백 개에 달했다. 그의 생각은 일본 지식인 사회에 큰 영향을 줬다. 시부사와는 1873년 공직에서 물러날 때 "국가의 기초는 상공업에 있다. 정부의 관리는 평범한 사람이어도 좋다. 하지만 상인은 현재(賢才/뛰어난 재능을 가진 사람)여야 한다. 예로부터 일본이 무사를 귀히 여기고 정부의 관리가 되는 것을 무한한 영광으로 받아들였으며 상인이 되는 것을 치욕이라고 여긴 것은 애초에 본말이 전도된 것이다."라고 말했다. 1889년 도쿄상업고등학교(현재 히토쓰바시대학) 1회 졸업식 치사도 유명한 어록으로 남아 있다. "상인이 명예로운 직업이 아니라고 누가 말했습니까? 상업으로 국가의 홍익(弘益)을 이룰 수 있습니다. 공업으로 국가의 부강 역시 도모할 수 있습니다. 상공업자의 실력은 능히 국가의 위치를 높이는 근본이라고 해도 좋지 않을까 생각합니다." 아울러 시부사와는 나라 전체가 풍족하려면 부(富)를 공유하고 부를 사회에 환원해야 한다고 주장했다. 논어의 가르침과 일맥상통하는 지점이다. 다만 그가

동상으로 만난 이병철·정주영·박태준

만든 제일국립은행과 철도, 전력 회사들이 후일 침략과 수탈의 첨병 노릇 역할을 했다는 점은 기억해야 할 것이다.

이병철,
논어와 실학을 경영에 반영하다

이병철의 할아버지 이홍석은 조선시대 실학의 학풍을 따른 유학자다. 이병철은 다섯 살부터 할아버지가 세운 서당인 문산정(文山亭)에서 천자문, 통감, 논어 등을 배우면서 그런 할아버지의 영향을 받았다. 이병철이 선비, 농민, 장인, 상인 순으로 귀천을 따진 사농공상(士農工商) 주자학적 직업관을 강하게 비판한 것도 이와 무관하지 않다. 이병철은 용인 자연농원에서 과일나무를 심고 숲을 가꾸고 돼지를 키웠고 전 세계를 상대로 무역을 했다. 성리학적 사고에 빠진 조선 후기 유학자들과 달리 생산 활동에 종사하고 장사를 하는 것에 대해 거부감이 없었다.

그렇다고 해서 이병철이 유학적 세계관을 벗어난 것은 아니었다. 그의 정신세계를 지배한 것은 논어였고, 경주이씨 종친회 총재를 장기간 맡을 정도로 집안에 대해 자부심이 강했다. 이병철은 사업을 영위하면서 신용을 기업의 생명으로 삼았다. 이병철은 "부친 이찬우가 '비록 손해를 보는 일이 있더라도 신용을 잃어서는 안 된다'고 말했다."며 "창업 이후 오늘에 이르기까지 삼성이 신용을 기업의 생명으로 삼아 온 것은 되돌아보면 선친의 그런 유훈이 뿌리가 되었던 것 같다."라고 한 적이 있다. 신용(信用)은 '믿고 쓴다'는 뜻이다. 유학의 가르침인 인의예지신(仁義禮智信/어질고 의롭고 예의 있고 지혜로우며 믿음이 있어야 한다)중 신(信)에 해당한다.

이병철은 가장 감명을 받은 책이나 좌우에 두고 있는 책을 꼽으라면 서슴없이 논어(論語)를 들었다. 논어는 공자와 그의 제자들이 말과 행동을 기록한 책이다. "나라는 인간을 형성하는 데 가장 큰 영향을 미친 책은 바로 논어이다. 나의 생각이나 생활이 논어의 세계에서 벗어나지 못한다고 하더라도 오히려 만족한다." 이병철은 논어를 인간이 사회인으로 살아가는 데 불가결한 마음가짐을 알려 주는 내적 규범(規範)이라고 생각했다. 특히 논어의 간결한 말속에 사상과 체험이 응축되어 있다고 봤다.

이병철은 기업을 경영하면서 논어가 가진 정신을 경영에 반영하고 사회에도 널리 알리려고 했다. 이병철은 1965년 재산을 출연해 유능한 인재를 양성하고 과학기술을 개발하기 위한 목적으로 삼성문화재단을 만들었다. 재단 설립목적 중에는 이병철이 생각한 도의(道義)가 있었다. 도의는 사람이 마땅히 해야 할 도덕상의 의리다. "정신개혁이나 인재를 양성하는 일은 결코 쉽지 않지만 모두 방관한다면 사회와 문화의 진보를 기대할 수 없다." 그런 이병철이었기에 사람들의 행동이 도의에 어긋난다고 생각했을 때는 가차 없이 포기했다. 대표적인 예가 성균관대학교다. 1965년 이병철은 경영난을 겪던 성균관대학교를 삼성문화재단을 통해 인수했다. 성균관대학교 인수 후 교사 신축 및 시설비로 14억 원, 연구비 3억 원, 장학금 6억 원 등 아낌없이 투자했지만, 1977년 수원 캠퍼스 이전 문제로 학생들이 교수를 구타하는 사건이 발생하자 운영권을 정부에 넘겨 버렸다. 이병철이 보기에 교수를 때린 학생의 행위는 "스승의 그림자도 밟지 않는다."라는 도의에 어긋난 것이었다. 이병철이 효(孝)

를 지키고자 효행상을 제정한 것도 유학적 사고에 바탕을 두고 있다.

정주영,
붉은 카펫을 싫어한 부유한 노동자

정주영은 소학교에 들어가기 3년 전 할아버지가 세운 서당에서 천자
문(千字文), 동몽선습(童蒙先習), 소학(小學), 대학(大學), 맹자(孟子), 논
어(論語) 등 유학의 교재를 배웠다. 집안에서 장자(큰 아들)였던 정주영
은 동생들 가족까지 모두 모여 제사를 지낸 것으로 유명하다. 고령교 복
구공사 때 대규모 적자로 집을 팔 때도 조상의 제사를 지낼 집은 있어야
한다며 정주영의 집은 남겨 둘 정도로 집안 분위기는 유교와 관련이 깊
었다. 그렇지만 정주영은 성리학적 직업관과는 거리가 먼 사람이었다.
정주영은 서울로 오기 전 고향 통천에서 아버지를 도와 농사를 짓고 농
토를 일구던 농부였고 서울에서는 안암동 보성전문학교 교사 신축공사
장에서 돌과 목재를 나르는 건설 노동자, 복흥상회에서는 쌀을 나르는
월급쟁이 배달부였다. 정주영은 평소 자신을 부유한 노동자라고 말했고
현대의 모든 임직원을 동지라고 생각했다. "나 자신이 노동자로 사회생
활을 시작했고 나 자신을 그저 꽤 부유한 노동자라고 생각하는 나의 일
생은 기능공, 근로자들과 함께한 생활이다." 정주영을 오랫동안 모신 현
대건설 부회장 정진행은 "정주영은 성공한 기업가가 되었는데도 불구하
고, 한 번도 노동자로서의 의식을 벗어난 적이 없으신 분."으로 규정했
다. "당시에는 현대중공업이 데모를 많이 하는 회사로 유명했습니다. 노
동자들이 막 데모를 하면 '내가 저기 있어야 할 텐데 왜 여기에 있나?' 하
는 생각이 드신데요. 이른바 성공한 기업가가 되었는데도 불구하고, 한

번도 노동자로서의 의식을 벗어난 적이 없으신 거예요."(아산사회복지
재단 홈페이지 정진행 특강)

수십만 명의 직원을 고용했던 정주영이 가장 싫어하는 말이 바로 '내가
데리고 있는 사람', '누가 누구를 키웠다'라는 말이다. 정주영은 그런 말을
하는 사람에 대해 "어리석은 객기이자 보기 싫은 오만."이라고 비판했다.
또 일이 다르고 직급의 차이가 있을지언정 인간으로서 차별을 느끼게 하
는 건 돼먹지 않은 행동이라고 생각했다. "우리는 다 같이 평등하다는 것
을 잊어서는 안 된다. 위대한 사회는 평등 의식 위에서 세워지는 법이다.
일하기 위해서 상하 질서가 있는 것이지, 직장의 상하가 인격의 상하는
결코 아니다. 직책이 높다고 거드름을 피울 것도 없고 낮다고 위축될 것
도 없다." 정주영은 중역용 엘리베이터를 놓자는 부하들의 말을 거부할
정도로 실제 행동도 소박하고 가식이 없었다. "도대체 중역용 엘리베이
터가 왜 필요한가. 중역도 사장도 다른 사람하고 뭔가 다른 대우를 누려
야 한다는 그 우월 의식이나 권위 의식 같은 게 참으로 싫다." 정주영은
이라크 철도 부설 현장에 갔을 때 현장 책임자가 윗사람에 대한 대접이
라고 카펫을 깐 것을 보고 호통을 쳤다. 검소가 사훈인 현대에서 건설 현
장에 카펫을 까는 것은 사치 중에 사치였다. "사치를 좋아하면 부패가 따
르고 사치를 좋아하는 지도자를 둔 나라가 안 망하는 걸 못 봤고, 사치한
경영주가 경영하는 회사가 잘 되는 것을 본 적이 없다."

정주영은 자기 집 응접실에 박정희 대통령이 써 준 '청렴'이라는 액
자와 함께 '부지런하면 천하에 어려움이 없다'라는 뜻의 '일근천하무난
사'(一勤天下無難事)란 글귀를 걸어 놓았다. 정주영이 가장 좋아하는 글
귀다. 그는 평생 부지런하게 농사를 짓고 사업을 일궜다. 정주영이 장사

하는 것을 천시했던 한국의 성리학적 풍토를 개탄한 것은 다 이유가 있었다.

양명학자 야스오카에 감화된 박태준

태평양전쟁이 막바지로 치닫던 1945년 5월 박태준은 일본 도쿄 히비야 공원에서 열린 당시 일본의 정신적 지도자 야스오카 마사히로(安岡正篤) 강연회에 참석했다. 양명학과 여러 동양사상을 수학하고 대학에서 법학과 정치학을 전공한 야스오카의 말이 박태준의 귀를 번쩍 뜨이게 했다. "나라를 이끌어 가는 리더십이 갖춰야 하는 책임의 덕목은 사욕을 비우는 것입니다. 사욕을 비우는 것이 가장 어렵고 가장 중요합니다. 사욕을 비우지 못하는 지도자는 자신의 지식과 비전을 자신의 행동과 일치시킬 수 없습니다."

박태준은 일본 와세다대에서 기계공학을 전공하고 육사를 나와 군인의 길을 걸었다. 전역 후에는 포항제철을 만들고 세계적 기업으로 키워냈다. 박태준도 후일 국회의원, 국무총리가 되면서 정치인이자 관료가 됐다. 하지만 박태준은 포항제철 회장으로 수십 년을 일했지만 포항제철의 주식을 한 주도 갖지 않았다. 국민의 정부 시절 김대중과 결별하고 총리직을 그만두고 나올 때 "자신의 명의로 된 부동산을 남겨 놓지 말라."는 말을 죽을 때까지 실천했다. 박태준은 양명학자 야스오카의 말을 감명 깊게 들었고 생각과 실천을 강조한 그의 말을 평생 잊지 않았다.

2. 미국과 중국의 반도체 전쟁과 보국(報國)

2021년 4월 12일 미국의 조 바이든 대통령은 삼성전자를 비롯한 글로벌 반도체, IT, 자동차 기업 경영진이 참석한 가운데 미국 현지 생산을 중심으로 하는 반도체 자립을 선언했다. "내가 여기에 있는 것은 우리가 어떻게 미국 내 반도체 산업을 강화할 것인지 말하기 위한 것."이라며 "당신들이 어떻게 어디에 투자하느냐에 달려 있다."라고 말했다. 바이든의 반도체 발언을 보면 1983년 이병철이 반도체 사업에 진출할 때 "반도체는 철이나 쌀과 같은 것."이라고 한 말이 생각난다. 이병철·정주영·박태준이 추구하는 가치에는 국가가 있었다. 이병철과 박태준은 이를 보국(報國)이라 했고 정주영은 애국애족(愛國愛族)이라 했다. 보국은 나라의 은혜를 갚고 나라에 충성을 다한다는 뜻이다. 보국을 다른 말로 바꾸면 애국심이 된다. 회사나 개인의 이익을 최우선으로 하는 기업인과 공적인 성격이 강한 애국심이 잘 연결되는 것은 아니다. 그러나 이들은 실제로 보국과 애국애족을 실천했다. 이병철과 정주영의 자서전, 박태준 평전에는 이런 흔적들이 무수히 많다.

이병철, "반도체는 제철이나 쌀과 같은 것"

이병철은 사업보국(事業報國)을 첫 번째 경영이념으로 삼았다. 창업하거나 기업을 인수하면서 국가와 국민에 대한 봉사를 생각했다. "나는 하나라도 더 많은 공장을 짓는 것이 급선무라고 믿고 있었다. 그것이 국가 발전과 민족번영에 유일한 길이라고 믿었다." 이병철은 1945년 해방 이후의 혼란을 경험하면서 국가가 있어야 기업이 존재하며 사회질서가 안정되어야 국민이 안심하고 생업에 종사할 수 있다는 생각을 굳혔다. "독립국 한국의 기업가로서 과연 무엇을 해야 할까. 나라 부강의 기초가 되는 민족자본의 형성이야말로 당면한 최우선의 과제다. 사회 혼란의 소용돌이 속에서 사업보국의 결의를 몇 번이고 다졌다."

이병철은 중요한 결정을 할 때마다 이 사업이 국가에 도움이 되는지를 따졌다. 1969년 1월 이병철이 삼성전자공업을 설립할 때 이병철은 전자산업이야말로 기술과 노동력, 부가가치, 내수와 수출 전망 등 어느 모로 보나 우리나라에 꼭 알맞은 산업이라고 판단했다. 1983년 반도체 산업 진출을 결단할 때도 한국은 제2의 도약이 필요하다고 생각했다. 이병철은 《호암자전》에 자기 생각을 명확하게 기록해 놓았다.

"삼성이 반도체 사업을 시작하게 된 동기는 세계적인 장기불황과 선진국들의 보호무역주의 강화로 값싼 제품의 대량 수출에 의한 무역도 이젠 한계에 와 있어 이를 극복하고 제2의 도약을 하기 위해서는 첨단 기술 개발밖에 없다고 판단했기 때문입니다." 이병철은 반도체를 삼성만을 위한 게 아니라 나라의 미래를 바꿀 수 있는 사업으로 봤다. "반도체 자체는 제철이나 쌀과 같은 것이어서 반도체 없는 나라는 고등기술의 발전이 있을 수 없습니다. 국가경쟁력을 확보하기 위해서는 피나는 반도체 개발 전쟁에 참여해야만 합니다. 이런 반도체를 외국에서만 수입할 때 모든 산업의 예속화를 면할 수 없고 상대국과의 제품경쟁으로 반도체 공급을 중단하면 하루아침에 문을 닫아야 하는 지경을 당하게 됩니다."

4장 한국의 혁신가 이병철·정주영·박태준

정주영, "큰 기업을 운영하면서 애국애족하지 않는 기업가는 없다"

정주영도 마찬가지였다. 정주영은 사업을 하면서 애국애족(愛國愛族)을 유난히 강조했다. 박정희의 호통을 들으면서 조선소 건설을 위한 차관을 얻으러 유럽으로 떠난 정주영, 서산 간척지를 만들기 위해 바다를 막고 땅을 개간했던 정주영의 모습은 개인의 이익 추구를 위해서라는 이유만으로는 쉽게 설명이 되지 않는다. 정주영의 마음은 나라와 민족을 위한 애국심이었다. 특히 정주영은 애국애족하는 사람이 기업도 더 잘 경영한다고 생각한 사람이었다. "큰 기업을 운영하면서 애국애족하지 않는 기업가는 없다. 국가의 이익보다 기업 이익을 우선시하거나 정신적 가치보다 물질적인 만족이 우선인 사고방식으로 기업을 운영하는 사람은 절대로 대성할 수 없다." 유치 가능성이 낮은데도 불구하고 88서울올림픽 유치에 나섰던 것도 나라를 생각한 애국심이었다. "당시 정부를 위해서가 아니었다. 내가 태어나 살고 일하고, 우리 후손들이 살아갈 내 나라를 위해서였다."

박태준, "짧은 인생을 영원 조국에"

박태준의 좌우명은 〈짧은 인생을 영원 조국에〉, 이 글이 박태준의 정신세계를 축약해서 보여 준다. 박태준의 인생 전부를 놓고 볼 때 애국이라는 단어를 빼면 그를 설명할 수 없다. 박태준 경영의 핵심은 제철보국(製鐵報國)이다. 포항제철소를 건설한 것도, 경영을 통해 흑자를 낸 것도 모두 나라의 은혜를 갚는 보국이었다. 박태준은 포항제철소 4층 건물 2층 사장실 방문 위에 붓글씨로 쓴 제철보국이라는 현판을 걸어 놓았다. 특히 "포항제철소를 건설하지 못하면 영일만에 빠져 죽자."는 그의 말은 "조상의 피의 대가로 세우는 제철소가 결코 실패해서는 안 된다."는 다짐이었다. 군인 출신 기업인 박태준의 생각은 남달랐다. 박태준은 포스코가 기업으로서 이익을 추구하더라도 포스코 임직원은 군인처럼 나라을 위해 일하는 공인이어야 했다. 포철 건설 당시 암반 부실 공사를 발견한 박태준은 공사 관계자들에게 역적이라고 질타했다. 박태준에게 공인인 포철 임직원이 회사 일을 나태하게 하거나 불량하게 하는 것은 역적과 같았다. 박태준에게는 국가의 행복이 곧 나의 행복이고, 국가의 부흥이 곧 나의 부흥이며, 국가의 안전이 곧 나의 안전이었다.

3. 주주만 기업의 주인이냐?

　미국식 경영으로 볼 때 주식 1주만 가지더라도 주주권을 행사하고, 그 것이 경영 원칙상 당연한 것으로 받아들여진다. 그래서 기업은 주식을 제일 많이 가진 사람이 경영권을 행사한다. 또 일반적으로 공개된 주식 회사의 일차 목표는 주주이익 극대화다. 주주이익이 극대화되지 않으면, 주주들은 주주총회를 통해 임명된 대리인인 CEO와 임원을 교체하게 된 다. 이 과정에서 대리인인 전문경영자도 자신들의 이익을 챙기기 위해 기회를 엿보는 경우가 많다. 종업원들도 회사가 이익을 내면 그걸 나눠 야 한다고 생각한다. 그러나 이병철·정주영·박태준은 회사를 경영해 흑자가 나더라도 주주와 종업원만 생각하지 않았다. 이들은 자신이 일군 재산을 과감히 국가와 사회와 나눌 줄 알았다.

이병철,
"나의 부는 이미 개인 소유를 넘어섰다"

　1965년 2월 이병철은 육영재단 및 문화 복지사업을 위해 삼성문화재 단을 설립한다고 공식 발표했다. "개인 생활을 영위하는 데에 필요한 범 위를 초월한 저의 재산은 그것을 그대로 제 개인의 사유물로 사장(死藏) 시키는 것보다는 국가와 사회를 위해 좀 더 유용한 부문에 기여할 수 있 도록 전환하여 널리 활용하는 것이 정도라고 믿게 되었습니다. 저는 우 선 양도가 가능한 저 자신의 주택을 포함한 소유 부동산 및 주식 등 저

동상으로 만난 이병철·정주영·박태준

개인의 재산을 삼성문화재단의 기금으로 제공하기로 했습니다." 이병철은 재단을 창설하면서 금융기관에 자신의 자산총액 평가를 의뢰했고 당시 금액으로 약 150억 원이었다. 그는 이 돈을 삼등분했다. 50억 원은 삼성문화재단에, 70억 원은 직계 가족에 대한 상속분 및 사내 유공자 기금으로, 나머지 30억 원 중에서 10억 원은 사원공제조합(후일 삼성공제회로 변경)에, 그리고 20억 원은 이병철 자신이 일시적으로 보관하고 있다가 나중에 적절한 대상과 시기를 선정하여 처리하기로 했다. 또 후일 그 자산들이 사적이익을 위해 이용되거나 사장되는 일이 없도록 미리 재단 해산 시 잔여재산은 국가에 귀속한다는 취지의 정관도 삽입했다. 이병철은 6년 후인 1971년 두 번째로 사재 처분을 단행했다. 180억 원 중 60억 원은 삼성문화재단에 추가 출연하고 60억 원은 가족과 삼성그룹 유공사원에 주식으로 배분했다. 나머지는 사원공제조합 기금 등으로 사용했다. 이병철은 삼성문화문고, 학술연구단체와 학자들에 대한 연구비 지원, 장학회 설립 등을 이어 갔다. 이병철은 국보 12점, 보물 9점을 비롯해 천여 점의 문화재들은 그의 수집품이지만 이미 개인이 소장할 수 있는 한계를 넘어섰으며 이 또한 민족공동의 문화재로써 사회에 환원되어야 한다고 판단했다. 이병철은 그런 취지로 호암미술관을 지어 자신이 애지중지 수집한 문화재도 사회와 나눴다.

이병철의 나눔은 후대로 이어졌다. 삼성가는 2021년 4월 삼성그룹 회장을 지낸 고 이건희의 유산 가운데 1조 원을 코로나를 비롯한 인류 최대 위협이 된 감염병에 대응하고 이를 극복하기 위한 인프라 구축을 위해 7천억 원, 소아암·희귀질환 어린이 지원에 3천억 원을 각각 기부하기로 결정했다. 인프라 구축을 위한 7천억 원 중 5천억 원은 한국 최초의 감염병 전문병원인 중앙감염병 전문병원 건립에 사용하기로 했다. 서울대어린이병원에 기부한 3천억 원은 10년간 국내 소아암 · 희귀질환 환아 진단 · 치료 · 임상연구 등에 사용된다.

정주영, "경영자는 기업을 수탁해서 관리하는 청지기"

1975년 무렵 정부는 기업 공개 대상 105개를 발표했다. 당시 굴지의 기업이던 현대건설도 당연히 포함됐다. 정주영은 1977년까지 비난 여론에도 불구하고 기업 공개를 하지 않았다. 기업 공개 시 돈이 많은 부자들에게 더 큰 이익이 돌아가는 것을 우려했다. "현대건설을 공개하면 우리 주식을 산 사람들에게는 이익 배당이 돌아간다. 그런데 주식을 살 수 있는 사람들은 주식을 살 만큼은 여유가 있는 사람들이다. 주식을 살 수 있는 사람보다 살 수 없는 어려운 형편의 사람이 더 많은 사회에서 여유 있는 사람한테 더 많은 이익을 주게 하는 방식의 기업 공개는 진정한 의미의 사회 환원도 기업의 사회적인 책임 수행도 아니라는 생각이 들었다." 정주영은 "현대건설을 공개하면 주식의 반만 팔아도 세금 한 푼 내지 않고 4백억~5백억 원을 개인 돈으로 쓸 수 있어서 개인으로 보면 남는 장사였다."며 "하지만 가난한 사람, 병이 들어도 병원에 갈 수 없는 사람, 학자금이 없어 학업을 중단해야 하는 청소년들을 돕고 지원하는 것이 소수의 가진 이들을 위한 기업 공개보다 좋다고 판단했다."고 밝혔다.

1977년 7월 1일 정주영은 현대건설 개인 주식 50%로 의료와 사회복지 지원, 연구개발 지원, 장학 사업을 수행할 아산사회복지재단을 설립했다. 정주영은 아산재단을 미국의 록펠러나 포드재단에 버금가는 재단으로 성장시키고 싶었다. 매년 50억 원의 배당 이익금으로 사회복지 사업을 하고 복지재단이 유명무실한 간판만 달고 절세수단으로 쓰이는 걸 막기 위해 향후 5년간 해야 할 사업까지 못 박았다. 특히 병원의 70%가 서울과 부산에 집중되어 있고 농촌의 3분의 1에는 의사가 한 명도 없다는 사실에 주목했다. 1978년 7월 전북 정읍을 시작으로 보성, 보령, 영덕, 홍천, 강릉 등 중소도시에서 잇따라 병원이 문을 열었고 1989년에는 서울아산병원이 개원했다. 정주영의 뜻은 1981년 2월 25일 서울신문에 기고한 글에 잘 나와 있다. "사람을 괴롭히는 두 가지가 있습니다. 병고와 가난이 그것입니다. 병고와 가난은 악순환을 일으킵니다. 병치레하다 보면 가난할 수밖에 없고, 가난하기에 온전히 치료받을 수 없게 됩니다. 현대는 건강하고 유능한 수많은 사람의 힘으로 오늘날까지 성장을 지속할 수 있었습니다. 현대의 재산을 어려운 사람들을 위한 일에 뜻깊게 쓰고 싶다는 것이 저의 오랜 소망이었습니다. 아산재단은 더욱 많은 사람에게 더욱 많은 혜택을 주기 위해서 합리적인 검토와 연구를 계속하겠습니다."

정주영은 사업에 성공하고 나서도 내 호주머니에 있는 돈만이 내 돈이고 집으로 타가는 생활비만이 내 돈이라고 생각한 사람이었다. "기업은 규모가 작을 때는 개인의 것이지만 규모가 커지면 종업원 공통의 것이요, 나아가 사회, 국가의 것으로 생각해야 한다. 내 경우 옛날 쌀가게를 했을 무렵까지는 그것이 나 개인의 재산이었다. 경영자는 국가, 사회로부터 기업을 수탁해서 관리하는 청지기일 뿐이다."

박태준,
"스톡옵션은 창업 철학에 정면으로 도전하는 것"

스톡옵션은 기업이 임직원에게 일정 기간이 지난 후 일정 수량의 주식을 일정한 가격으로 살 수 있는 권한을 인정하는 제도다. 영업이익 확대나 상장 등으로 주식값이 오르면 그 차익을 볼 수 있는 장점이 있다. 반면 경영자가 스톡옵션을 행사하기 위해 단기 경영 성과에 집착하거나 주가를 띄우는 데 앞장설 우려가 있다. 스톡옵션은 주로 채용 당시 높은 임금을 줄 수 없지만 사업성이 높은 벤처기업에서 많이 실시한다. 네이버와 카카오 등 한국과 미국 여러 회사에서 시행 중이고 포스코와 삼성에서도 한때 실시한 적이 있다. 포스코에서는 민영화 절차를 마친 2001년 스톡옵션제를 도입했다. 그러자 박태준은 포스코에 스톡옵션은 적합한 제도가 아니라며 강하게 반대했다. 2005년 10월 박태준은 평전 중국어판 출판기념회에 인사차 찾아온 포스코 사장 강창오에게 단호하게 말했다. "스톡옵션은 포스코의 종잣돈이 일본 국권 침탈 배상금이라는 조상의 혈세라는 사실을 망각한 것이고 제철보국이라는 창업 철학에 정면으로 도전하는 것이다. 스톡옵션 도입이 정당했다고 주장하는 임원이 있다면 지금 당장 자기 발로 포스코에서 사라져야 한다." 포스코는 2006년 2월 스톡옵션 제도를 폐지했다. 대신 박태준의 조언을 받아들여 성과연봉제를 도입했다.

1987년 정부는 포항제철 주식을 국민주로 발행하기로 했다. 특정 재벌이나 개인이 포항제철 주식의 1% 이상 소유할 수 없고, 외국인의 주식 취득을 금지하며, 기업 공개 시 종업원에 대한 주식배당을 20%까지 허용한다는 내용이 핵심이었다. 다음 해인 1988년 6월 국민주 발행에 따라 포철 사원이 주주 자격으로 배당받게 되는 주식은 발생주식 총수의 10%인 917만 8천 914주였다. 영일만 모래밭에 파일을 박을 때부터 세계적 기업으로 키워 낸 박태준도 포철 임직원 만 9천여 명 중 한 사람으로서 주식을 받을 자격이 있었다. 더구나 박태준은 창립자였다. 포스코 가동 첫해인 1973년 매출액은 416억, 당기 순이익은 46억 원이었고, 박태준이 경영 일선에서 물러난 1992년 매출액은 6조 1821억 원, 순이익은 1852억 원이었다. 매출액은 149배, 순이익은 40배 성장했다.

포스텍 박태준미래전략연구소 앞에 설치된 박태준 조각상. 흉상 작품으로 중국인 조각가 우웨이산(吳爲山)이 제작했다. 박태준은 자신이 받을 수 있는 주식 등을 모두 후세의 교육을 위한 재원으로 사용했다. -박태준미래전략연구소 제공-

이런 상황에서 창업자인 박태준이 개인이 받을 수 있는 1% 한도 내에서 주식을 받는다고 해도 이의를 제기할 사람은 없었을 것이다. 2021년 6월 11일 현재 포스코 한 주의 가격은 34만 9500원, 그가 받을 수 있었던 주식의 가치는 현재 시세로 3천 2백억 원이 넘는다. 박태준이 사장과 회장으로 재임할 할 때 포스코는 한 번도 적자를 내지 않았다. 1997년 IMF 외환위기로 나라가 휘청일 때도 적자가 아니었다. 정부는 2000년 10월 산업은행이 보유하고 있던 지분 36%를 매각해 민영화시켰다. 2002년에는 회사 이름도 포항종합제철주식회사에서 주식회사 포스코로 바뀌었다. 박태준이 국민주 공모 때 주식을 챙기고 스톡옵션을 선택했으면 박태준의 재산은 수조 원대로 불어났을지 모른다. 그 돈이면 현재 어느 재벌 부럽지 않고, 자식들에게도 많은 재산을 물려줄 수 있었다. 어쩌면 포스코의 명실상부한 대주주가 됐을 수도 있다. 하지만 박태준은 포항제철 주식을 한 주도 받지 않았다. 2011년 박태준이 타계했을 때 그에게는 자식들에게 넘겨줄 포항제철 주식이 한 주도 없었다. 박태준의 신념은 확고했다. "포철에는 환금 가치로 셈할 수 없는 인간의 영혼이 깃들어 있다." 박태준은 자기 소유가 아닌 기업을 국가에 대한 헌신으로 세계적 기업으로 키워 낸 특이한 인물이다.

4. 이병철 · 정주영 · 박태준의 기업관과 경영철학

이병철은 기업의 이윤을 죄악시해서는 안 된다는 뜻을 고수했고 정주영은 민간주도형 경제를, 박태준은 경제의 국혼(國魂)을 강조했다. 이병철은 일생에 걸쳐 총 57가지 사업을 벌였다. 도정업을 시작으로 타계 직전까지 삼성데이타시스템과 삼성경제연구소를 설립했다. 이병철은 어떤 기업을 하든 철저하게 조사하고 접근했다. 이러한 태도는 일의 규모와 중요성에 상관없이 같이 적용됐고 그룹 전체로 번져 나갔다. 그래서 삼성이 하면 다르다는 신화가 생겼다. 정주영은 그의 인생 자체가 도전이었다. 맨손으로 현대건설을 만들고 현대자동차, 현대중공업을 키웠다. "나는 누구에게든 무엇이든 필요한 것은 모두 내 것으로 만든다는 생각, 진취적인 자세로 작은 경험을 확대해 큰 현실로 만들어 내는 것에 평생 주저해 본 일이 없습니다." 포스코는 박태준이 박정희와의 인연으로 일군 기업이었다. 박태준이 영일만 모래밭에서 새로운 역사를 만든 것이기에 박태준의 국가관이 기업에 그대로 녹아 있다.

이병철,
기업의 이윤 죄악시해서는 안 돼

이병철은 국가를 부흥하게 하는 길은 정부의 적절한 경제정책 추진과 함께 왕성한 기업가정신에 의한 경제활동이라고 생각했다. 기업이야말로 자본주의의 핵심이며 생산, 수출, 고용 등을 통해 국가를 풍요롭게 만든다고 봤다. 그래서 기업가는 경영 활동을 통해 사회에 봉사하고 창의와 계발을 통해 이윤을 높이고 자본을 축적해 기업을 확장해야 한다고 믿었다. 이를 위해서는 공정한 자유경쟁에 의한 기업의 발전, 기업가의 창조적인 노력이 필요하다고 봤다. 아울러 국가나 사회에서 기업에 대한 이해의 폭이 너무 좁아 기업의 이윤을 죄악시하고, 경영자를 정당하게 평가하지 않는 풍조가 생기면 나라의 발전을 저해할 것이라고 생각했다. 그는 이런 자신의 의견을 5·16 후 최고 권력자 박정희 앞에서도 당당히 말했다. "부정축재라는 죄를 추궁당하고 있는 기업가들 대부분은 좋든 싫든 한국경제를 움직이고 있는 중추이며 원동력입니다. 그들의 경험을 살려 경제 재건에 참가할 수 있는 기회를 주는 것이 유익하다고 생각합니다." 하지만 이병철은 창의적인 기업가 정신이 없이 정부의 지원이나 특혜를 기대하는 기업풍토에 대해서는 강하게 비판했다.

정주영,
민간주도형 경제 지향

정주영은 민간주도형 경제를 지속해서 주장했다. 정부는 국가 전체의 경제를 관리하는 처지에서 경제에 대한 큰 줄거리와 방향 설정을 하면 된다고 봤다. 공업 진흥 정책을 쓰는 것, 부실기업의 정리가 필요할 때 큰 기준과 윤곽을 제시하고 그다음은 기업들이 세계시장의 변화에 맞추어 자율적인 판단으로 움직이게 해야 한다고 생각했다. 정부가 민간의 재산이라고 할 수 있는 산업 생산활동이나 생산품까지 시시콜콜 관여하고 민간이 알아서 할 일까지 정부의 힘으로 이래라저래라하는 것은 옳은 것이 아니고 그래보았자 아무 효율도 없다고 주장했다. 특히 결과에 대한 통찰 없이 시장경제를 뒤흔드는 외과적 수술로 문제를 해결하려 드는 건 구태의연한 태도라고 봤다. "과정의 능력과 노력에 차이가 있었다는 것은 생각하지 않고 결과의 불균형에 대해서만 불평한다. 어떤 기업의 키가 좀 크다고 다른 기업과 맞도록 잘라 키 맞추기를 하는 것은 균형 경제와 자유 경제의 정도가 아니다." 정주영은 정치가들에 의해 기업이 겪었던 어려움을 신랄하게 비판했다. "정치의 변화 때마다 그 서투른 정치가들에 의해서 기업이 너무 커졌기 때문에, 또 기업이 어떻기 때문에, 또는 국민이 가난하기 때문에 기업을 혼내야 한다는 식의 발상으로 많은 파란을 겪었다. 정부가 부패해서 부정을 일삼으면 기업이나 다른 모든 분야와 국민도 함께 부정 심리에 물들어 부정을 당연시하는 풍조가 되고 그런 사회에서는 기업의 효율도 국민의 능력 발휘도 기대할 수 없다."

또 정부가 산업 현장과 괴리된 정책을 만드는 것을 극히 싫어했다. "정부는 아무리 작은 정책 하나를 만드는 데에도 어떤 박사 한 사람이 만든 리포트만으로 덜컥 성급히 결정하여 성급한 추진을 결행하는 어리석음을 범하지 말고 각계각층의 중지를 모으고 정책 담당자가 이론과 실물 경제를 다루는 사람의 구체적 의견까지 취합해서 신중하고 침착하게 가장 합리적이고 발전적인 결론을 도출하도록 노력해야 한다." 아울러 정부는 창의와 능률을 최대로 발휘해서 성장하고 발전하는 기업이나 개인은 성공할 수 있다는 긍정적인 사회 분위기를 조성해서 기업이나 근로자, 소비자가 다 함께 정부를 신뢰하고 편안한 마음으로 경제활동을 할 수 있게 만들어 줬으면 하는 희망을 품었다.

박태준,
국가를 위한 기업 국혼(國魂)

박태준의 기업관은 다른 민간 기업인들과는 달랐다. 박태준도 장사하는 기업이 이윤을 내지 못한다면 존재가치가 없다고 봤다. 그러나 그의 이윤추구는 동시에 국가 발전에 이바지해야 한다는 것이었다. 포항제철은 공기업이었지만 세계시장에서 경쟁해야 했다. 박태준은 공기업 경영주이면서도 철저한 시장주의자였다. 공기업을 잘못 운영하면 폐쇄성과 관료제로 인해 적자를 보거나 정부에 의존해 세금만 먹는 하마로 전락할 수 있다는 점을 경계했다. 그래서 조직을 관료적으로 운영하지 않고 시장원리에 따라 운영했다. "기업의 가장 큰 불충은 적자경영이나 도산으로 국가와 국민에게 부담을 주는 일이다." 박태준은 포항제철소 가동 첫해 흑자를 기록했고 재임 기간 내내 흑자를 이어 갔다.

박태준은 1990년대 포항제철 민영화 과정에서 특정 대기업이 포철의 대주주가 되는 것을 경계했다. 포항제철은 일반 사기업이 아니라 대일청구권 자금으로 시작한 기업인 만큼 포철의 대주주는 민족과 역사, 국가라고 생각했다. 포스코에서는 이를 국혼(國魂) 즉, 나라의 정신이라고 규정한다. 박태준은 포항 1기 고로 공사 중 노(爐)안에 혼(魂)이라는 글씨를 썼다. 어떤 일이든 혼을 담고 성실하게 하면 불가능이 없다고 할 정도로 혼은 사람의 정신적 지주이자 자유의 의지다. 박태준이 혼이라는 글씨를 쓴 것은 그런 역사의식과 사명감, 투철한 국가관으로 무장했다는 뜻이다. 백기복 국민대 교수는 모든 한계와 장애를 뛰어넘어 포항제철을 성공시켰다는 점에서 박태준의 경영을 '혼을 녹여 내 이룬다'는 용혼(熔魂)으로 표현했다. 박태준의 기업관에는 기업의 이익보다 공공의 이익, 국가를 위한 기업이 먼저라는 생각이 녹아 있다.

5. 백년지계(百年之計)의 꿈, 사람나무를 심다

이병철 · 정주영 · 박태준 세 사람은 인재 육성에 깊은 관심을 두고 사람을 키웠다. 사람이 곧 기업이라는 경영 원리가 이들에게 모두 적용된다. 사람을 키우는 일을 백년지계(百年之計)로 생각했다. 인재가 머무는 기업은 경영 환경이 어떻게 변하든 결국 살아남는다고 믿었다. 세 사람의 사람 키우기는 자신들이 설립한 회사에 머물지 않았다. 이들은 학교를 인수하거나 설립해 교육으로 나라와 사회에 기여하고자 했다. 이병철은 대구대학과 성균관대를 인수해 운영했다. 이병철이 당시 사들인 수원 땅이 현재의 성균관대 자연과학캠퍼스가 됐다. 정주영은 울산대학교와 울산과학대, 그리고 중고등학교 등 모두 8개의 학교를 설립할 정도로 교육에 큰 관심을 보였다. 정주영의 이런 교육에 대한 투자는 자신이 초등학교 졸업이라는 학교의 한계를 후세들에게 남기지 않으려는 의지였다. 박태준은 포항공대를 비롯해 유치원부터 대학까지 모든 과정의 학교를 설립했다. 박태준은 공장의 말뚝도 박기 전에 사원 주택과 학교 부지를 사들였다. 박태준은 1971년 6천만 원을 내놓아 제철장학회를 설립했다. 현재 포스코가 운영하는 학교는 중고교와 대학 등 총 13개다.

이병철의 혜안, 성균관대 자연과학캠퍼스(수원)

1960년대 이병철이 대학 두 곳을 인수해 운영한 것을 보면 이병철의 인재관과 교육관을 알 수 있다. 이병철은 1964년 자금 부족으로 운영난을 겪고 있던 대구대학을 인수했다. 대학 운영이 어렵다고 해도 대학이 문을 닫는 것은 문화민족으로서 치욕이라고 생각했다. 당시 대구대학의 인수금액은 서울에서 웬만한 일류대학 하나를 인수할 수 있을 정도의 큰 금액이었다. 하지만 이병철은 교육·문화의 서울 집중을 막고 지방에도 골고루 대학을 키워 보자는 생각으로 기꺼이 대구대학을 인수했다. 대구대학은 후일 청구대학과 합병해 오늘날의 영남대학교로 발전했다. 1965년에는 재정난과 내분으로 운영난에 빠져있던 성균관대학교를 인수했다. 현재 성균관대가 인문과 자연계열, 공대를 고루 갖춘 종합대학으로 발전한 것은 이병철의 선견지명 덕이다. 이병철은 성균관대가 인문계열에 치중되어 있고 이공계가 취약하다고 생각했다. 이병철은 경기도 수원시 천천동에 50만 제곱미터(약 15만 평)의 부지를 사서 제2캠퍼스를 조성했다. 그곳에 자연과 공대 계열 학과가 들어갔다. 이병철이 1977년 재단 운영을 정부에 이관할 때까지 성균관대의 교세는 크게 발전했다.

2015년 정규상 성균관대 총장은 한국대학신문과의 인터뷰에서 자연과학캠퍼스 위치가 학교 발전에 크게 기여하고 있다는 점을 강조했다. "자연과학캠퍼스는 위치를 기가 막히게 잘 잡았다고 생각합니다. 그쪽이 삼성전자 등이 위치한 산업벨트 지역입니다. 그 한가운데에 있다 보니 입지 조건이 굉장히 좋습니다. 산학협력에 굉장히 유리합니다. 세계적인 연구소들도 들어와 시너지 효과를 내고 세계 평가에서 치고 올라가는 것에도 한몫을 단단히 했습니다." 1970년대 말 삼성이 손을 떼면서 성균관대는 침체기를 겪었다. 1996년 이병철의 아들 이건희는 성균관대 재단을 다시 인수했다. 삼성이 돌아오면서 성균관대는 과거의 위상을 회복했다. "삼성이 재단으로 들어오면서 삼성의 경영 혁신 마인드가 학교 곳곳에 뿌리내렸습니다. 이후 정책 결정을 할 때 비전을 고려한 종합적 판단을 할 수 있게 됐습니다. 아울러 성균관대는 삼성으로부터 매년 다양한 지원을 받고 있습니다. 삼성과의 공동연구 등을 통해 수원에 있는 자연과학캠퍼스가 빠르게 성장했습니다. 성균관대는 소프트웨어학과, 반도체학과 등을 통해서 삼성에 필요한 인재를 공급해 주는 창구 기능을 하고 있습니다."

설립자 정주영과
수위가 함께 쓴 창학정신비

젊은 시절 건물 신축공사장에서 벽돌과 목재를 나르던 정주영은 인재를 양성하는 게 사회발전에 중요한 원동력이라는 걸 일찍 깨달았다. 정주영은 사업이 본궤도에 오르자 적극적으로 학교를 세우고 학생들을 키우기 시작했다. 그가 기초를 놓은 학교는 대학 2곳, 고등학교 4곳, 중학교 2곳 등 모두 8개다. 서울 현대고 교정에 있는 188자로 된 '창학정신비'는 교육에 대한 정주영의 생각을 잘 보여 준다. 좋은 인재를 길러야 한다는 정주영의 뜻은 창학정신비에 있는 한 글자로 요약된다. "세계의 빛이되기를 바란다." 창학정신에서 현대고의 교훈, '너희는 세계의 빛이라'가 나왔다.

서울 현대고등학교 창학정신비, 설립자부터 수위까지 모두 참여했다. -현대고 제공-

창학정신,

젊은 시절 어느 학교 공사장에서 돌을 지고 나르며

바라본 학생들은 학교 교육을 제대로 받지 못한 나에게

부러움과 동경의 대상이었다.

그때 이루지 못했던 배움에 대한 갈망이

여기에 배움의 주춧돌을 놓게 하니,

비로소 젊은 날 나의 꿈 하나가 결실을 맺게 됐다.

향학에 불타는 젊은이들이

이 배움의 터전에서 담담한 마음을 가지고

개척의 정신과 창조의 능력을 갈고닦아

세계의 빛이 되기를 바란다.

1978년 4월 29일

현대고등학교 설립자 정주영

동상으로 만난 이병철·정주영·박태준

더 놀라운 건 창학정신비를 세우는 과정에서 보여 준 정주영의 행동이다. 3대 교장 김재규 씨는 창학정신비가 세워진 과정을 '아산과 나'라는 제목으로 기고한 글에 자세히 남겼다. 그는 초등학교 학력으로 행정고시에 합격해 문교부(현 교육부) 보통교육국장, 중앙교육연수원 원장, 여의도고, 경동고, 현대고 교장, 영동대 총장을 지냈다. 초등학교만 나온 정주영이 초등학교 학력인 김 교장을 특별히 초빙했다. 창학정신비에 새겨진 내용은 현대고 교사들이 먼저 만든 뒤 정주영이 직접 교정을 봤다. 창학정신비 문안을 확정한 김재규는 정주영에게 창학정신비 글씨를 직접 쓰는 방안과 학교 관계자가 쓰는 방안, 당대 명필에게 맡기는 방안을 보고했다. 그러자 정주영은 화강암에 새길 창학정신비 188자를 설립자, 이사장, 교직원, 수위, 미화원까지 58명이 한 단어씩 쓰도록 결정했다.

"화강암에 새길 창학정신 188자를 설립자와 법인 이사, 부임 순서에 의한 교직원 그리고 미화원과 수위 등 58명이 한 단어씩 나누어 쓴 전무후무한 비문은 그렇게 탄생했다. 비문에 새겨진 글씨체가 제각각인 건 그래서이다. 다양함 속에서 조화를 찾으려는 설립자의 인생관과 세계관이 담겨 있다고 봐도 좋을 것이다. 참고삼아 말하자면, 비문 제목인 '창학정신'과 마지막의 '정주영'은 설립자의 글씨다."

-《아산 정주영과 나》 중에서

창학정신비 글씨에는 모든 직원을 평등하게 대하겠다는 정주영의 생각이 담겨 있다. 정주영은 1995년 2월 10일 현대고등학교 10년사 발간사에서 인재 양성의 중요성을 강조했다. "나무를 심는 것은 한 나라의 십년지계(十年之計)요, 인재를 양성하는 것은 백년대계(百年大計)라고 했다.

즉 물질적인 자원은 어느 정도 한계가 있지만, 인적자원은 앞으로의 무한한 발전 가능성을 안고 있다."

박태준의 교육보국과 포스텍 국립화?

제철을 통해 나라에 보답한다는 굳은 신념, 제철보국(製鐵報國)을 외쳤던 박태준은 교육을 통해서도 나라에 보답해야 한다는 교육보국(敎育報國) 철학을 굳게 갖고 있었다. 박태준에게 교육은 국가부흥의 에너지이자 밀알이었다. 박태준은 교육을 통해 보국 이념을 현장에서 구현할 수 있는 인재를 양성하고자 했다. 박태준은 유치원부터 초등학교, 중학교, 고등학교, 대학교까지 교육 과정 전 단계에 필요한 학교 14개를 세웠고 초등학교 2곳이 통합돼 현재 13개가 남아 있다.

1987년 5월, 박태준은 철강업계의 노벨상인 베서머 금상을 받았다. 영국 출신의 헨리 베서머(1813~1898)는 1856년 철강업계에 일대 혁명을 불러오는 새로운 제강법, 용광로에서 나온 쇳물을 더 단단한 쇠, 강철로 만드는 베서머 제강법을 탄생시킨 사람이다. 영국철강협회는 베서머의 위업을 기려 베서머 상을 제정했다. 1904년 미국의 철강왕 카네기가 상을 받았다. 그로부터 83년 후 박태준이 수상자로 선정됐다. 퇴직 전에 베서머 메달을 받은 사람은 박태준이 처음이었다. 베서머 금상 수상을 계기로 포스코장학회는 1999년 '베서머 수상 기념재단'을 만들었다. 박태준은 상금을 모두 재단에 기부했다. 재단은 과학고와 민족사관고의 우수 과학영재를 선발해 장학금을 지급했다. 2005년, 박태준의 호를 따서 각종 사회공헌사업과 아시아펠로 프로젝트를 통해 인재 양성을 돕는 포스코청암재단이 설립됐다. 2008년 5월 하순, 박태준의 서울 광화문 파이낸스센터 사무실에 포항제철 1기인 포스코그룹 회장 이구택이 찾아왔다. 이구택은 박태준에게 포스코청암재단 이사장을 맡아 달라고 부탁했다. 이사장을 맡은 박태준은 평소 지론을 말했다. "일본은 이미 과학 분야에 노벨상 수상자를 많이 배출했는데 우리나라는 한 명도 없어요. 부존자원이 빈약한 우리나라가 선진국으로 진입하려면 무엇보다도 과학 정예인재를 길러 내야 합니다." 같은 해 12월, '베서머 수상 기념재단'은 이사회를 열고 25억 4천만 원을 포스코청암재단에 증여함으로써 두 재단이 통합됐다. 박태준이 이사장으로 취임한 후 1년 뒤인 2009년 재단기금은 2000억 원으로 늘었다. 과학 정예인재를 기르자는 박태준의 제안은 '청암과학펠로십' 사업으로 구체화됐다. 청암재단은 매년 '청암과학펠로십'을 통해 수학, 물리학, 화학, 생명과학 등 4개 기초 과학 분야를 연구하는 과학자들 30명에게 연구비를 지원하고 있다.

1976년 설립돼 유치원부터 대학까지 운영하던 학교법인 제철학원은 1995년 재단 운영의 효율화를 기하기 위해 고교 이하는 '포스코교육재단', 포항공대는 '학교법인 포항공과대학교'로 분리했다. 2021년 현재 포스코교육재단에 속한 학교는 유치원 2개, 초등학교 4개, 중학교 2개, 고등학교 4개교 등 모두 12개다. 지역별로는 포항 6개, 광양 5개, 인천 1개교다. 박태준은 학교를 세우고 운영하면서 국가로부터 지원을 한 푼도 받지 않았고 포항공대에는 포스코 주식 335만 주, 포스코건설 등 자회사 주식도 기부했다. 포스코 주식이 한때 주당 60만 원까지 올랐을 때 재단이 갖고 있는 주식 평가액이 무려 2조 원에 달하기도 했다. 교육보국이라는 박태준의 교육철학과 건학이념은 박태준이 세운 13개 학교와 포스코청암재단을 통해 이어지고 있다.

2021년 3월, 한 일간지에 '포스텍 운영 힘드니 국립화'란 기사가 나왔다. 그러자 포스텍 김무환 총장은 급히 동문들에게 편지를 보냈다. "사립대학인 포스텍은 자산투자부터 등록금에 이르기까지 종합사립대학을 기준으로 하는 정부 방침에 따라야 하고 발전기금 유치 역시 저들 대학에 비교해 상대적으로 녹록지 않은 것도 사실입니다. 그러나 대학의 자산은 현시점에서 2020년 2월 대비 약 3691억 원이 증가한 상황으로 대학 운영에는 아무런 어려움이 없습니다. 경영진과 법인도 대학 재정건전성 향상을 위한 가장 이상적인 방법을 강구하겠습니다." 박태준의 뜻은 포항공대를 설립할 때 한 말에 잘 나와 있다. "포항공대는 회사 백년대계를 좌우하는 구심점이 되고 국가산업 발전에 기여하며 과학영재를 길러내는 대학이 되어야 한다. 지금 당장의 이윤추구가 아니라 국가 장래를 위해서 큰 힘이 된다고 하는 확신을 우리 스스로 가져야 하며, 특히 간부들이 이에 대한 소신을 가져야 한다." 박태준은 자신이 가지거나 누릴 수 있는 몫까지 모두 교육에 쏟아 부었다. 박태준의 교육보국 이념이 살아 있는 한 포스텍 국립화라는 말은 쉽게 나올 것 같지 않다.

6. 한국 경제를 일군 영웅들의 대화

이병철은 반도체 왕국의 창업자, 정주영은 한국 자동차와 조선의 개척자, 박태준은 철강왕이다. 이병철 · 정주영 · 박태준 세 사람은 한국이 낳은 세계적인 경제 영웅(英雄)이다. 이병철은 일제의 식민 통치가 시작되던 해인 1910년, 정주영은 그로부터 5년 후인 1915년, 박태준은 식민 통치 중반기인 1927년 각각 태어났다. 식민 통치와 남북 분단, 전쟁과 빈곤으로 얼룩진 우리 현대사의 비극을 몸으로 겪으면서 이병철은 삼성, 정주영은 현대, 박태준은 포스코를 세계적인 기업으로 키웠다. 이병철 1987년, 정주영 2001년, 박태준 2011년 각각 사망했다. 동시대를 살면서 세 사람은 때로는 경쟁하고 때로는 협력하면서 한국 경제를 세계 10위권 경제로 만들었다. 이병철과 정주영은 경쟁자이자 협력자였고 이병철과 박태준은 교감을 나누는 선후배였다. 두 사람은 고향도 가깝고 일본에서 공부했고 생각도 비슷했다. 포스코와 현대라는 거대기업을 경영하면서 협력자로 만난 정주영과 박태준은 후일 제2 제철을 놓고 경쟁했다. 1992년 대통령 선거를 앞두고 두 사람은 손을 잡을 뻔했지만 결국 갈라섰다.

백자 선물,
서먹함이 풀린 이병철과 정주영

최근 위상이 떨어졌지만 한국 재계를 대표하는 전국경제인연합(이하 전경련) 회장은 흔히 '재계 총리'로 불렸다. 한국을 대표하는 대기업 총수 등 14명이 회장으로 이름을 올렸다. 유일하게 국무총리를 지낸 유창순 회장(19, 20대)만 전경련 역사상 유일한 관료 출신 회장이다. 1961년 전경련(당시는 경제인협회) 초대 회장은 삼성의 이병철이었다. 이병철은 경제 재건을 위해 민간 외자도입 교섭단을 미국과 유럽지역에 파견해 민간경제협력의 첫 장을 열고 울산공업단지 건설에 기틀을 닦았다. 또한 전경련에 사무국 직원 공채제도를 도입에 조직의 기틀을 닦는데도 큰 기여를 했다. 정주영 현대그룹 회장(13~17대)이 재임한 10년은 전경련의 전성기로 불린다. 재계의 힘을 결집해 88서울올림픽 유치라는 대성과를 이뤄 냈고 재임 도중 경제인들의 숙원사업이었던 여의도 전경련 회관을 건립했다. 이병철과 정주영 두 사람의 사진이 함께 남아 있는 건 회갑과 칠순 등 축하연과 각종 모임 등 전경련 행사가 대부분이다.

1979년 5월 29일 전경련이 마련한 이병철 고희(70세) 기념 액자 전달식에 참석한 이병철(왼쪽 두 번째)과 정주영(오른쪽 첫 번째). 이병철과 정주영은 경쟁자이자 협력자였다. 정주영은 나이가 많은 이병철을 형님으로 모셨다. -전국경제인엽회 제공-

동상으로 만난 이병철·정주영·박태준

1950년대 제일제당과 제일모직을 설립해 1960년대와 1970년대 중반까지 부동의 한국 재계 1위였던 삼성 이병철과 1970년대 중반 이후 건설, 조선, 자동차를 필두로 재계 1위가 된 현대 정주영은 경쟁자였다. 1982년 7월 17일, 이병철은 울산을 방문하기 위해 서울 삼성본관에서 헬기를 탔다. 삼성은 전년도 결산에서 재계 1위 자리를 현대에게 넘겨줬다. 현대는 매출, 자산, 수출 등 모든 부문에서 근소한 차이로 삼성을 앞섰다. 이병철은 현대의 주력사업장이 있는 울산을 직접 가 보기로 했다. 정주영은 미리 나와서 울산에 도착하는 이병철을 맞았다. "형님, 이거 몇 해 만이외까? 서로 바쁘게 살다 보니 그동안 소원했습니다." 정주영은 헬기를 타고 현대자동차와 현대중공업을 돌아본 이병철을 만찬장으로 이끌었다. 울산이 현대의 본거지가 된 건 이병철의 공도 컸다. 전경련 초대 회장이던 이병철은 5·16 이후 울산을 공업단지로 추천했고 박정희가 그 제안을 받아들였다. "내가 마, 한비(한국비료)사건 이후론 울산에 발길을 안 했는데 아우님 덕분에 와 보니 참 많이도 변했구먼." 이병철의 칭찬에 정주영이 화답했다. "형님이 이렇게 찾아오실 줄은 꿈에도 몰랐소이다. 앞으로 형님을 자주 찾아뵐 것이외다."

재계 순위를 다투는 과정에서 두 사람의 관계는 서먹한 적이 많았다. 이병철과 정주영, 두 사람은 태생부터가 달랐다. 이병철은 경남의 내로라하는 지주 집안 출신이었지만 정주영은 평범한 농사꾼 아들이었다. 이병철은 최고급품과 음식을 즐기고, 미술품과 골동품을 수집하고, 서예와 국악에도 조예가 깊었다. 정주영은 돈은 많아도 생활은 일반 서민과 크게 다르지 않았다. 해진 구두를 신고 다니면서도 부끄러워하지 않았고 고향인 강원도 통천에서 먹던 값싼 음식을 즐겼다. 정주영은 이병철에 대해 비아냥 섞어 '고상한 양반'이라 했다. "그래, 자기는 부잣집 아들로

4장 한국의 혁신가 이병철·정주영·박태준

자라 유학도 가보고, 국보급 골동품으로 가득한 서재에서 고려자기를 쓰다듬으며 정원에 노는 공작새를 감상하는 고상한 양반이고, 나는 막노동자 출신이라 무식한 사람이라 이거지."(박정웅, 《이봐, 해봤어?》, 프리이코노미북스) 두 사람의 불편함은 이병철이 숨지기 2년 전 먼저 손을 내밀면서 풀렸다. 전국경제인연합회에서 정주영을 18년간 모신 박정웅은 그 장면을 생생히 기록했다. 1985년 11월 20일, 칠순 생일을 맞는 정주영을 위해 전국경제인연합회에서 고희(古稀) 잔치가 열렸다. 당시 와병 중이던 이병철이 부축을 받으며 사전 예고 없이 고희연 장소에 나타났다. 그리고 정주영에게 선물 상자를 전달했다. 정주영이 그 자리에서 열어보니 크고 우아한 백자였다. 백자에는 한국 재계를 이끌어 온 정주영에 대한 헌사가 가득 새겨져 있었다. 정주영은 감사 인사를 했고 두 사람의 해묵은 감정이 눈 녹듯 사라졌다. "사실 이런 헌사는 바로 저기 계신 이회장님께나 어울리는 것입니다. 이 회장님은 일찍이 전경련의 토대를 마련해 주셨고 제가 이나마 전경련 회장으로 일을 할 수 있었던 것도 알게 모르게 다 이 회장님과 같은 분의 성원이 있었기 때문입니다."

깊은 우정을 나눈 이병철과 박태준

이병철과 정주영이 약간 불편한 관계였다면 이병철과 박태준은 격의 없는 대화를 나누는 친한 선후배였다. 두 사람은 닮은 점이 많고 서로를 신뢰했다. 이병철은 경남 서부인 의령, 박태준은 동부인 기장(현재는 부산광역시)에서 태어났고 두 사람 모두 일본의 명문대학인 와세다대를 다녔다. 당시 식민지 조선 출신들이 일본 명문대학에 간다는 건 쉽지 않은 일이었다. 이병철은 경제, 박태준은 기계공학을 공부했다. 공교롭게도 한 사람은 병으로, 한 사람은 해방으로 인한 귀국으로 졸업을 하지 못했다. 이병철은 후배였던 박태준을 높이 평가하고 좋아했다. 두 사람의 관계는 이대환이 쓴 박태준 평전에 비교적 자세히 기술되어 있다. 이병철이 타계하기 직전인 1987년 11월 박태준의 회갑연을 준비하는 사람들이 원고를 청탁하자 이병철은 기꺼이 비서에게 구술했다. "지금까지 20년 세월 동안 박 회장과 나는 사업보국이라는 길을 함께 걷는 길벗이었다. 신앙이 무엇이냐고 물으면 그는 서슴없이 철이라고 대답한다. 군인의 기와 혼을 가진 사람이다. 경영에 관한 한 불패의 명장이다. 우리 풍토에서 박 회장이야말로 후세의 경영자들을 위한 살아 있는 교재로서 귀중한 존재이다."

이병철이 작고하자 박태준은 1961년 5·16 직후 첫 만남을 회고하는 추모사를 남겼다. 두 사람이 처음 만난 건 부정 축재자로 몰린 이병철이 일본에서 귀국한 직후였다. 이병철은 비서실장 박태준의 안내를 받아 국가재건최고회의 청사(명동 및 회현동 근처로 현재는 철거)에서 최고 권력자 박정희를 만났다. 박태준은 추모사에 이병철이 박정희에게 경제인으로서 소신을 갖고 했던 말을 담았다. "1961년 어느 날이었지요. 혁명이 지닌 어쩔 수 없는 속성 때문에 정상적 절차보다 힘이 우선할 수밖에 없었던 당시의 상황에서도 회장님께서는 평소의 소신을 굽히지 않고 당당히 설득력 있는 논리를 전개하셨던 것을 저는 분명히 알고 있습니다."

이병철은 사업을 하면서 필요할 경우 후배 박태준에게 기꺼이 도움의 손길을 내밀었다. 1983년 무렵 광양제철소를 건설하고 있던 박태준은 중요한 파트너인 일본 철강업계가 한국이 광양제철소를 건설하면 일본에 부메랑 효과가 생길 것이라며 기술협력에 반대하면서 적지 않은 곤란을 겪고 있었다. 그해 8월, 일본에 체류하던 이병철은 박태준을 휴양지 '가루이자와'로 불렀다. 가루이자와(軽井沢)는 도쿄에서 신칸센으로 1시간 10분, 자동차로 약 3시간 정도 북쪽으로 달리면 도착하는 해발 1000m 고원지대다. 일본 기업인과 정치가들이 도쿄의 한여름 더위를 피해 별장을 지어놓고 찾아오는 피서지로 유명한 곳이다. 이병철은 신일본제철 회장을 지낸 일본 철강업계의 거물 이나야마, 그리고 정·재계의 숨은 실력자 세지마 류조와 함께 있었다. 네 사람은 식사를 하고 골프를 쳤다. 며칠 후 일본 철강업계는 박태준이 추진하는 광양제철소 건설에 참여하고 기술협력을 한다고 결정했다.

반대로 박태준이 손을 내민 적도 있다. 포스코 사장 대우, 포스코경영연구소 회장을 역임한 장경환은 이례적으로 삼성중공업 사장, 일본 총괄 사장이란 삼성의 직함이 있다. 장경환이 삼성 사람이 된 건 박태준의 지시 때문이다. 이병철은 설립 후 계속해서 적자를 보는 삼성중공업을 박태준이 인수해 경영할 것을 제안했다. 그러나 광양제철소 건설에 매진하던 박태준은 삼성중공업을 인수할 여력이 없었다. 대신 박태준은 자신이 아끼던 장경환을 삼성중공업 대표이사 부사장으로 보냈다. 장경환은 매년 270억~280억 원의 적자를 보던 삼성중공업을 포스코 경영방식을 도입해 4년 만에 흑자로 전환시켰다. 하지만 이병철이 삼성중공업을 박태준에게 넘기려고 했던 것은 후배의 노후를 생각하는 마음도 있었다. 2011년 12월 박태준이 타개한 후 동아일보는 다음과 같은 일화를 실었다.

1980년대 초였다. 호암(이병철)은 청암(박태준)을 자주 불러 경영

동상으로 만난 이병철·정주영·박태준

에 대한 의견을 교환하곤 했다. 하루는 호암이 "삼성중공업이 적자에 허덕이고 있는데, 연간 300억 원씩 5년을 지원할 테니 자네 회사로 받아 가서 책임지고 살려라."라고 말했다. 이에 대해 청암은 "과분한 선물에 감사드립니다. 그러나 저는 제 일이 끝나지 않았습니다. 제가 국가의 일을 맡아 중도에 그만둘 수야 없지 않습니까."라고 답했다. 호암은 "자네다운 대답이고, 아름다운 대답."이라고 했다.

이를 두고 박태준은 "저의 노후를 염려하신 그 뜨거운 인간적 애정만은 저의 영혼에 지금도 가장 고귀한 보석처럼 박혀 있습니다."라고 회고했다. 2010년 2월 5일, 호암 이병철 탄생 백 주년 기념식이 서울 호암 아트홀에서 열렸다. 이날 박태준은 축사에서 "이병철 전 삼성 회장은 국권 피탈이 있던 그해 난세에 태어난 영웅."이라며 "탄생 100주년인 현재 사업보국의 꿈이 마침내 이뤄졌다."라고 말했다. 그다음 해인 2011년 박태준도 이병철의 곁으로 갔다. 이병철과 박태준은 삼성의 총수와 박정희의 비서실장으로 처음 만났지만 두 사람은 평생 서로를 아끼고 존경했다.

박태준 키즈와
정주영 장손자의 만남

최초 정주영과 박태준은 협력자이자 경쟁자였다. 그 중심에는 박정희가 있었다. 박정희는 경제인 중에 정주영과 박태준을 가장 많이 찾았다. 재임 18년 중에 가장 많은 면담을 한 경제인은 정주영으로 43회, 그다음이 박태준으로 39회였다. 다른 기업인들은 주로 경제 부총리가 만났고 대통령이 직접 만나는 일은 드물었다. 그만큼 두 사람이 중요한 일을 수행했고 박정희가 아꼈다는 의미다.

1970년대 초 박태준은 심혈을 기울여 포항제철소를 건설하고 있었다. 앞으로 포항제철이 철을 생산하면 대량의 철강 제품을 소비할 곳이 필요했다. 대통령 박정희는 정주영을 불러 조선소 건설을 권유했다. 1970년 3월 조선사업부를 만든 정주영은 1972년 2월 유조선 2척을 수주했다. 박태준은 정주영이라는 큰 고객을 얻었다. 하지만 8년 뒤 정주영과 박태준은 경쟁자로 만났다. 정주영이 경영하는 자동차와 조선, 건설에는 철이 많이 사용됐다. 1978년 정주영은 자본금 2억 달러의 현대제철소를 건설하겠다고 선언했다. 포항제철과 경쟁하겠다는 것이었다. 정주영이 청와대 비서실을 비롯해 상당한 우군을 확보하자, 박태준은 언론을 통해 반격했다. 최종 결정은 박정희의 몫이었다. "정주영은 불도저같이 일하지. 국가 경제 발전에 공헌도 크고.", "그러나 역시 철은 박태준이야." 박정희는 혁명동지인 박태준을 선택했다.

다음 두 사람이 다시 만난 건 정치의 무대였다. 1992년 국민당 대표 정주영은 대통령의 꿈을 꾸고 있었다. 민자당 탈당과 최고위원직 사퇴를 선언한 박태준은 민자당 대통령 후보가 된 김영삼과 사이가 좋지 않았다. 1992년 10월 7일, 서울 성북구 성북동 소재 현대그룹 영빈관에서 정주영과 박태준이 만났다. 당시 상황은 오피니언 뉴스에 자세히 나와 있다. "국민당에 입당해 나를 도와주세요. 내가 대통령이 되면 국무총리 자리를 주겠습니다." 박태준은 받아들이지 않았다. "저는 집권당의 최고위원을 지낸 만큼 의리를 저버리고 혼자 입당할 수 없지요." 오히려 박태준은 정주영에게 신당 창당과 내각제를 제안했다. "양김(兩金) 시대 청산과 정치개혁을 위해 민자당이나 민주당, 무소속의원을 합쳐 신당을 만듭

시다. 신당에서 국민의 지지를 받는 국민대표를 내고 집권하면 내각제로 전환, 지역 패권주의를 뿌리를 뽑아야 합니다. 대통령 당선 후 2년만 하다가 내각제로 전환, 내각 수반에 실권을 넘기겠다는 공약을 내세우십시오." 그러나 대통령이 되려는 꿈을 꾸고 있던 정주영은 이를 거부했다. 두 사람의 만남은 소득 없이 끝났다. 군인 출신인 박태준은 전사처럼 기업을 경영했다. 반면 정주영은 통이 크고 부하 직원과 스스럼없이 어울리며 상상력이 풍부한 열정가였다. 성격이 다른 두 사람이 정치적으로 손을 잡기는 쉽지 않았을 것이다.

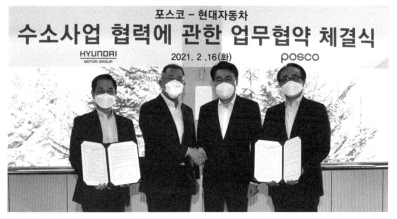

현대차그룹과 포스코그룹이 '수소 사업 협력에 관한 업무협약'을 체결했다. 최정우 포스코그룹 회장과 정의선 현대차그룹 회장이 악수를 나고 있다. -포스코 제공-

2021년 2월 16일 최정우 포스코그룹 회장과 정의선 현대자동차그룹 회장이 포스코그룹이 영빈관으로 사용하는 청송대에서 만났다. 경북 포항에 있는 청송대는 박태준이 최고경영자로 있던 시절 건립된 시설로 포스코의 역사가 살아 있는 곳이다. 청송대 주위에는 포스텍(포항공과대학), 철강산업을 연구하는 각종 연구기관과 방사광가속기연구소 등 포스코의 산학협력과 연구개발을 상징하는 핵심적인 시설이 몰려 있다. 현대차와 포스코는 포항과 광양제철소에서 운영 중인 트럭 등 차량 1500대를 단계적으로 수소전기차로 전환하고 제철소 내 상용차용 수소충전소 구축을 위해 협력하기로 했다. 포스코가 수소를, 현대차가 수소연료전지를 공급하는 형태의 연료전지 발전사업도 공동으로 추진하기로 했다. 포스코 최정우 회장은 박태준이 회장으로 있을 때 뽑은 이른바 박태준 키즈, 현대자동차그룹 회장 정의선은 할아버지 정주영의 맥을 잇고 있는 장손자다. 올해는 정주영 20주기, 박태준 10주기인 해이다. 박태준 키즈와 정주영의 장손자가 향후 30년 내 약 2800조 원 규모로 커질 것이라는 수소경제를 위해 손을 잡았다. 두 사람이 펼칠 미래가 주목된다.

동상으로 만난 이병철 · 정주영 · 박태준

참고 자료

도서

박시온, 《이병철처럼 : 반도체 신화를 넘어 위대한 대한민국으로》, FKI미디어, 2012.

박상하, 《이기는 정주영 지지 않는 이병철》, 무한, 2009.

이우각, 《이병철 회장의 24가지 질문에 대한 명품답변》, NC미디어, 2015.

야지만 긴지, 《이병철의 기업가정신》, W미디어, 2012.

홍하상, 《이병철 경영대전》, 바다출판사, 2004.

김찬웅, 《이병철, 거대한 신화를 꿈꾸다》, 세종미디어, 2010.

이병철, 《호암자전: 삼성 창업자 호암 이병철 자서전》, 나남, 2014.

야마자키 가쓰히코, 《크게 보고 멀리 보라》, 김영사, 2010.

홍하상, 《이병철 대 정주영》, 한국경제신문사, 2004.

명진규, 《청년 이건희》, 팬덤북스, 2013.

이채윤, 《삼성가 사람들 이야기》, 성안북스, 2014.

신원동, 《삼성의 인재경영》, 청림출판, 2007.

미야모토 마타오, 《일본의 기업가 정신》, 논형, 2020.

정주영, 《이 땅에 태어나서》, 솔, 2011.

정주영, 《시련은 있어도 실패는 없다》, 제삼기획, 2009.

이채윤, 《정주영과 잭 웰치의 팔씨름: 경영의 신들에게 배우는 신의 한 수》, 상상 나무, 2015.

박정웅, 《이봐, 해봤어? 세기의 도전자 위기의 승부사 정주영》, 프리이코노미북스, 2015.

박시온, 《정주영처럼: 빈곤과 굶주림의 나라에서 선진 산업국으로》, FKI미디어,

2012.

조상행,《정주영, 희망을 경영하다》, 조상행, 2012.

이채윤,《실천하라 정주영처럼》, 가림출판사, 2011.

김태형,《기업가의 탄생: 이병철. 정주영. 김우중을 통해 본 기업가의 심리와 자격》, 위즈덤하우스, 2010.

심정택,《현대자동차를 말한다》, RHK, 2015.

안병화 · 여상환 편저,《우리 쇳물은 제철보국이었네》, 아시아, 2018.

송복 · 최진덕 · 전상인 · 김왕배 · 백기복,《박태준 사상 미래를 열다》, 아시아, 2012.

이대환,《박태준 평전》, 아시아, 2016.

이경윤,《박태준처럼: 목숨을 걸면 세계가 내 손 안에》, FKI미디어, 2013.

신중선,《강철왕 박태준》, 신중선, 2013.

고정일,《위대한 창업자들》, 조선뉴스프레스, 2017.

페터 슈나이너,《우주를 향한 골드러시》, 쌤엔 파커스, 2021.

오세웅,《엘런 머스크의 가치 있는 상상》, 아틀라스 북스, 2014.

제프 베조스/월터 아이작스,《제프 베조스 발명과 방황》, 위즈덤하우스, 2021.

김화진,《소유와 경영》, 더 벨, 2020.

커크 도널드,《김대중 신화:30년 경력의 서울특파원이 쓴 DJ의 삶과 햇볕정책》, 정명진 옮김, 부굴북스, 2010.

강준식,《대한민국의 대통령들: 누구나 대통령을 알지만 누구도 대통령을 모른다》, 김영사, 2017.

김경재,《박정희와 김대중이 꿈꾸던 나라: 국민의 평안한 100% 대한민국을 위하여》, 도전과 미래, 2016.

문소영,《박정희 혁명: 쿠데타에서 혁명으로, 못난 조선: 16~18세기 조선 · 일본

비교》, 나남출판, 2013.

송창달, 《박정희 왜 위대한 대통령인가》, 그린비전코리아, 2012.

오인환, 《이승만의 삶과 국가》, 나남출판, 2013.

기사 및 기고

고승희, '호암 이병철의 기업가정신 재조명', 월간조선 2010년 3월호.

이문규, '[신라호텔의 탄생과 이병철3] 초밥에 밥알이 몇 개요?', TSN 뉴스, 2019. 6. 23.

류동학, '[류동학의 인문명리] 이병철 삼성 창업주 사주와 식신생재', 경북일보, 2020. 6. 29.

정장렬, '박정희와 이병철의 만남이 대한민국의 운명을 바꿨다', 프리미엄 조선, 2017. 11. 21.

황형규, '이재철, 최승균 기자, 다시 기업가정신이다/③ 삼성그룹 故 이병철 선대회장(창업주)', 매일경제, 2018. 9. 5.

조우현 기자, '속도경영·사업보국…삼성 경영 DNA와 호암 이병철', 미디어펜, 2016. 11. 16.

김정민 기자, '[창업주 DNA] 신뢰의 '인재경영' 초일류 삼성 일군 힘', 아시아경제, 2010. 1. 22.

이태호, '[한국 자본시장을 뒤흔든 사건(21)] '반도체 신화' 삼성전자 탄생 뒤엔 최악의 실패 〈한비 사태〉 있었다', 한국 경제, 2019. 05. 10.

배준수 대구본부 취재부장, '호암 동상의 미소', 경북일보, 2020. 11. 4.

이동현 기자, '이병철 집무실 개방은 언제', 대구일보, 2020. 10. 28.

정욱진 기자, "호암 동상이 지역경제 보듬는 상징 됐으면…", 매일신문, 2010. 3. 4.

최홍섭, '이건희 누구인가 ①외톨이 소년에서 삼성 후계자로', 조선일보, 2020. 10. 25.

위정환, '故 정주영 명예회장 〈아산로〉 기념비 설립', 매일경제, 2001. 9. 26.

'POSTECH 개교 25주년 기념 박태준 설립이사장 조각상 건립', 포스텍, 2011. 10. 31.

남현정 기자, '청암 박태준 동상 한 곳에서 만난다', 경북일보, 2014. 10. 8.

이세원 기자, '포스코, 박태준 회장 1주기 추모행사 열어', 연합뉴스, 2012. 12. 13.

소설가 고정일, '수학 잘해 박정희와 인연, 세계적 강철인 된 박태준', 조선펍, 2016. 2. 20.

이창원 · 서철인, '청와대 16년 치 개인 면담 日誌 단독 入手-朴正熙 16년의 궤적', 월간조선, 2008. 2.

이영기, '글로벌 억만장자 재산, 팬데믹 1년간 54% 증가', 뉴스핌, 2021. 4. 2.

신은진, '삼성전자 주주, 국내만 500만 명…3년 새 20배로', 조선일보, 2021. 4. 26.

김선우, '고 이병철, 박태준의 인연', 동아일보, 2011. 12. 16.

오동희, '이건희 회장, 미술품 기증할 것, 5년 전 한 삼성 고위 임원의 장담', 머니투데이, 2021. 4. 28.

이영완, '탄소 제로 30년 전쟁〈10〉', 조선일보, 2021. 7. 10.

동상으로 만난
이병철·정주영·박태준

ⓒ 이상도, 2021

초판 1쇄 발행 2021년 9월 6일

지은이	이상도
펴낸이	이기봉
편집	좋은땅 편집팀
펴낸곳	도서출판 좋은땅
주소	서울 마포구 성지길 25 보광빌딩 2층
전화	02)374-8616~7
팩스	02)374-8614
이메일	gworldbook@naver.com
홈페이지	www.g-world.co.kr

ISBN 979-11-388-0167-6 (03320)